日本比較法研究所翻訳叢書
53

ペーター・ギレス教授講演集
民事司法システムの将来
憲法化・国際化・電子化

ペーター・ギレス著
小島武司編

The Future of Civil Justice System:
Constitutionalization, Internationalization
and Computerization

By
Peter Gilles

中央大学出版部

装幀　道吉　剛

はしがき

　本訳書の主な内容は，民事訴訟法研究の分野で指導的な研究者として名高いフランクフルト大学のギレス教授が中央大学客員教授として日本滞在中に行った，講演の翻訳からなる．その論述から明らかなように，同教授は，その学風は比較法的知見をベースに学際的な考察による総合的な理論の構築にあり，民事訴訟法改革の動向を人間化，憲法化，民主化，国際的調和統合，現代化，電子化，脱構築と再構築・最適モデルの探求などに求めるものである．具体的には，全四章では，ドイツ司法改革，ヨーロッパ法の統一，E（電子）訴訟法などの未来志向のテーマが論じられており，ギレス教授の知的世界が独自の光彩を放っている．

　付篇は，二つの英文論考，ラウンドテーブルの基調報告及び西欧的視点からみたタイ司法制度論からなる．

　なお，末尾に著作目録を掲げた．これは，同教授がフランクフルト大学において講義は続けられているものの，名誉教授となられた，この時点での出版であることを考慮してのことである．

　本書の刊行に際しては，各論文の翻訳の労をとっていただいた川嶋四郎，森　勇，佐野裕志，石垣茂光，藤原正則の各教授及び金井幸子氏，編集作業に関しご尽力をいただいた，日本比較法研究所の藤村　潔，五島功二，中央大学出版部の平山勝基，小川砂織の各氏に，この場を借りて御礼申し上げたい．

2005年9月

　　　　　　　　　　　　　　　　　　　　　　　　　　　小　島　武　司

目　次

編者はしがき

第1章　司法運営と訴訟手続の領域における世界的な改革動向：「民事司法システム2002年」とその後
　　　　　　　　　　　　　　　　　　川嶋四郎訳 … 1

Ⅰ　はじめに……………………………………………………………… 1
Ⅱ　東西世界における民事司法，民事訴訟およびそれに関する法，実務および理論についての現在の改革動向……………………… 6
　1．国家司法および裁判手続の「民主化」および「人間化」に向けた動向：「法の支配」に関するリーガル・サービス，および，「司法上または手続上の基本的人権」の重要性の増大
　　　……………………………………………………………………… 6
　2．通常の裁判所法および訴訟法の「憲法化」および「正統化」にに向けた動向：「技術的な手続」から「手続上の正義」への転換
　　　……………………………………………………………………… 14
　3．司法組織および手続構造の「再構築」に向けた動向と，それと対照的な「脱構築」に向けた動向：東洋世界における司法および手続システムの構築と，西洋世界におけるその脱構築
　　　……………………………………………………………………… 20
　4．リーガル・サービスの「国際化」および「トランスナショナル化」に向けた動向：手続法の「比較」（比較手続法）および新たな規律としての手続法の「統合」または「調和」の重要性の増大…………………………………………………………… 25

5．司法システムおよび裁判手続の「現代化」および「ヴァーチャル化」に向けた動向（「2000年の司法」とその後）：裁判所内外の紛争解決手続における将来志向的な「理念的なモデル」または「最適化モデル」の第一歩 ………………………………………… 33
　Ⅲ　おわりに………………………………………………………………… 38

第2章　激動期にある司法システム …………森　　勇　訳… 41
　　　　　　　　　　　　　　　　　　　　　金井幸子

　Ⅰ　はじめに………………………………………………………………… 41
　Ⅱ　改革の機運……………………………………………………………… 43
　Ⅲ　問題の諸相……………………………………………………………… 45
　Ⅳ　改革の2つの方向——その1 ………………………………………… 49
　Ⅴ　改革の2つの方向——その2 ………………………………………… 50
　Ⅵ　ドイツの司法の現状…………………………………………………… 53
　Ⅶ　ドイツにおける司法改革の核心部分とその問題点………………… 60

第3章　複数国家間での法制度の統一化と同一化：その実例としての民事訴訟法のヨーロッパ統一化
　　　　　　　　　　　………………………………佐野裕志 訳… 67

　Ⅰ　法のグローバル化……………………………………………………… 67
　Ⅱ　法のヨーロッパ統一化とは…………………………………………… 72
　Ⅲ　法のヨーロッパ統一化に向けた様々な取組み……………………… 73
　Ⅳ　法のヨーロッパ統一化に向けた理論………………………………… 77
　Ⅴ　法の同一化の困難さ…………………………………………………… 80
　Ⅵ　法の同一化の対象……………………………………………………… 83

Ⅶ	既存の枠組みの限界	85
Ⅷ	法の統一化に向けて	88
Ⅸ	法統一の手法	89
Ⅹ	おわりに	90

第4章　裁判手続，遠隔通信技術，「E（電子）訴訟法」： ドイツにおける訴訟の電子化の始まりと，その法化について

　　　　　　　　　　　　　　　　　　　　石垣茂光
　　　　　　　　　　　　　　　　　　　　藤原正則　訳… 91

Ⅰ	本章のテーマと「法と遠隔通信技術」に関係する二・三の基本的な概念に関するはしがき	91
Ⅱ	情報化時代の司法と遠隔通信技術	96
Ⅲ	上記のテーマに対する，ドイツの法学，法実務，法政策，立法の対応	102
	1．法　　学	102
	2．法　実　務	114
	3．法政策と立法	117
Ⅳ	従来の問題の経緯と将来の課題に関する批判的覚え書き	127
Ⅴ	おわりに	131
	資料Ⅰ　民事訴訟法174条（送達の受取）ほか	133
	資料Ⅱ　「2011年以降の司法―結果の要約」からの抜粋	136

付　篇

　Ⅰ　Procedural Law for the Third Millennium
　　　Round Table Discussion …………………………………………… 139

Ⅱ　The Thai Justice System - Its Special Features and
　　　its Recent Reforms - from a European Point of View 153

　ペーター・ギレス教授著作目録

第 1 章
司法運営と訴訟手続の領域における世界的な改革動向:「民事司法システム2002年」とその後[*]

Worldwide Reform Movements in the Area of Judicial Administration and Court Procedures

I　は じ め に

　われわれが，比較法の見地から，世界の異なる場所において行われている民事紛争を処理する「司法運営」や「訴訟手続」に関する継続的な改革または来たるべき改革に着目した場合に，この領域で，数多くの新たな動向を観察することができる．しかも，そのいくつかは，明らかに，多くの国における重大な変革を含んだ巨大な世界的動向となっており，また，国によってはかなりラディカルな様相を呈している．

　しかも，そのような変革は，その国の経済，社会，政治，文化および精神性にも関わるものであり，単に，法，司法制度および紛争解決手段だけに関わるものではない．このことは，とりわけ，いわゆる「変革の中にある国家」，「発展途上の国々」，もしくは，「変革を開始した国家」と呼ばれる国々に，確かに

---

[*]　本章は，"Law, Justice and Open Society in ASEAN" というテーマで行われた A South East Asian Symposium における論考である．これは，The Institute of Comparative Law and Public Policy, Faculty of Law, Thammasat University の主催により，1997年10月に，Bangkok and Cham-Am, Thailand で行われた．これについては，Pirunah Tingsabad (ed.), South East Asian Symposium on the topic of 'Law, Justice and open Society in ASEAN' organized by the Institute of Comparative Law and Public Policy, Faculty of Law, Thammasat University Bangkok, 1997. を参照．

妥当する．つまり，東南アジア，ラテン・アメリカおよび東ヨーロッパにおいて，その動向が看取できる．そこでは，かつての共産主義または社会主義システムが，いわゆる資本主義システムの方向に突き動かされているのであり，そのような変革や移行が行われた国々の中に，変革の動向が，顕著に見られるのである．その中には，もちろん，例えばヴェトナムやドイツのような(再)統一された国家も含まれている．

われわれが観察することができるこのような改革過程または再変革過程は，しばしば，「民主化」，「脱官僚主義化」，「自由化」，「社会化」，「人間化」，「経済化」，「西欧化」，「現代化」等のヘッドラインやキーワードによって記述されている．「変革の中にある国家」の多くにおいて，主要な政治的経済的変化としては，次のような変革が見られる．

すなわち，まず第1に，新憲法の制定や憲法改正の要求等によって特徴づけられた法に関する根源的な変革が行われ，次に第2に，主として刑法および経済法（ビジネス関係法，商取引関係法，会社法，貿易関係法，信託法，競争法および知的財産法）の領域，および，特に契約法といった実体私法の領域に，その変革の波が押し寄せ，さらに第3に，周辺的には，消費者保護法および環境保護法の領域における新法制定や法改正に関する変革が導かれたのである．しかも，それらと併行して，司法関係法や手続法の領域においても，法改革が行われたのである．

これらの法改革は，一方で，例えば，ヴェトナム，カンボジア，ラオスまたはビルマ，さらには，中華人民共和国等では，比較的弱い形で見られる．他方で，その他の国，例えばタイにおいては[1]，行政官や立法者の意図に従って，

---

1) Peter Gilles, Reform developments in the Thai Justice System, in: Centre for European Studies/European Studies Programm/Chulalongkorn University, Thailand (ed.), Research Monographs No. 19, February 1999, Competitive Law, Thai-German resp. Asian-European Problem, Bangkok/Thailand, 1999; Peter Gilles, Reforms of the Thai Justice System - from a German Perspective, in: Zeitschrift für Zivilprozeß-International (ZZPInt), Jahrbuch des Internationalen Prozeßrechts, Vol.

すでに比較的強い形で，その種の改革を見ることができる．それらは，単に，彼ら自身の政治的職務を遂行させ，または，既存の憲法的要請を達成させるためだけに，行われるのではない．それだけではなく，また，近隣諸国または諸外国の期待，二国間または多国間のパートナーシップ，共同体，または条約の要請，もしくは，国際的経済的な依頼者の期待を満たすためにも，遂行されたのである．

ところでまた，法システムや司法制度の改革を求めるある種の強い動向を，われわれは，今日，単に上記の発展途上国だけに見出すのではない．まさに，日本や大韓民国，北アメリカや西洋諸国またはその他の「資本主義」諸国のように，高度に発展した国々においても，また，見ることができるのである．しかも，それには，裁判所組織，裁判所内外の紛争解決制度，法専門職および法学教育等の改革も含まれる．

これらの動向のある部分は，いわゆる「正義へのアクセス運動」[2]のように，少なくとも約30年前に，その起源を遡ることができる．それは，最初，1970年代の初めに，世界各地から集まった手続法学者の国際的な研究プロジェクトによって始められた．当初は，純粋に学問的な研究対象にすぎなかったが，その後，世界の多くの場所で，明らかに，広範な裁判実務的，政治的および立法的な事業の指導理念または起動軸になった．

---

4 1999, pp. 409-428 を参照．

2) Mauro Cappelletti/Denise Tallon (ed.), Fundamental guarantees of the parties in civil litigation. Studies in national, international and comparative law, Milano 1973；Mauro Cappelletti/Brian Garth, Access to justice. A world survey, Book I, Vol. I, Milano 1978；Mauro Cappelletti/John Weisner (ed.), Access to justice. Promising institutions, Book I, Vol. II, Milano 1978；Mauro Cappelletti/Brian Garth (ed.), Access to justice. A world survey, Book II, Vol. I, Milano 1978；Mauro Cappelletti/John Weisner (ed.), Access to justice. Promising institutions, Book II, Vol. II, Milano 1979；Mauro Cappelletti/Brian Garth, Access to justice. Emerging issues and perspectives, Vol. III, Milano 1979；Klaus-Friedrich Koch (ed.), Access to justice. The anthropological perspective. Patterns of conflict management：Essays in the ethnography of law, Vol IV., Milano 1979. を参照．

これは，当初は単に学問的な論議にすぎなかった「正義へのアクセス」のトピックが，それ以来，世界的な手続運動の海図にまで高められたことを意味する．いわば，実際には世界的な動向にまで変位したのであり，それは，例えば，消費者保護法または環境保護法の領域における展開にも，つながって行ったのである．

この世界的な潮流は，1970年代初頭のアメリカ合衆国から始まった．そして，「正義へのアクセス運動」は，1980年代初頭にヨーロッパに到達した．その間，少なくとも1990年代の初め以降には，アジアにおいてもまた一大ブームになったのである．そのさい，国際的な視野をもった学者たちは，この大きな動向を，「3期にわたる波」と特徴づけた．

その現時点での意味としては，広範な論点が含まれている．すなわち，それは，国家機関による法的支援を求める一般市民がいわゆる「障害（例，経済的障害，専門知識的障害，感情面や肉体面での障害等）」に直面して，単なる司法システムまたは裁判所の手続への「アクセス可能性」を保障する（「第1の波」）だけでない．しかもまた，例えば，「リーガル・エイド」，「リーガル・アドバイス」，「法的な代理」，「コストの支援」によってそれらの「障害」を克服するための手段，措置および戦略を拡大する（「第2の波」）だけでもない．さらに，それらを超えて，「国家における正義の機構」，「第3の権力」，さらに，あらゆる事実的かつ法的現象を伴う国家全体としての「法サービス産業」，裁判制度や訴訟制度・施設および個別手続の構築等をも含んでいる（「第3の波」）のである．それは，近時，法専門職およびその専門的活動全体も視野に納め，国家の組織ではない手段ないしは裁判外の手段という意味において，いわゆる国家の司法機構に対していわば「代替的な作用をもつもの」（「代替的紛争解決手続（ADR）」）[3]にまで，拡大して行ったのである．

---

3) Takeshi Kojima (ed.), Perspectives on civil justice and ADR: Japan and the USA, Tokyo 1990; Takeshi Kojima, A planetary system of justice - Conceptualising the relationship between litigation and ADR, in: Studio onore di Vittorio Denti, CEDAM, Vol. I, pp. 457 ff., Italy 1994; Akira Ishikawa, Problempunkte im Bereich

第1章　司法運営と訴訟手続の領域における世界的な改革動向　5

換言すれば，われわれが，現代的意味における「正義へのアクセス」について語るとき，このトピックは，紛争解決の国家，社会および私的システムにおけるすべての要因および要素を含んでいる．しかも，それには，一方で，特に個人の権利に関わる訴訟手続や強制執行手続において問題を生じさせまたはそれらの手続を妨げる諸種の現象が含まれている．そしてまた，他方で，正義の探究を容易にしまたは促進することができるあらゆる現象が，そこには含まれているのである[4]．

したがって，本章では，そのような大きな次元のトピック，そのような複雑

---

der außergerichtlichen Streitbeilegung, in : ZZPInt, Vol. 5, 2000, pp. 393 ff. を参照.
4) The Editorial Board of the ISCJ (ed.), The International Symposium on Civil Justice in the Era of Globalization, Tokyo August 1992, Collected reports and particularly the contributions there to Session IV, Dispute Resolution Systems and Legal Culture by Morris Rosenberg, Courts and alternative dispute resolution in the United States, pp. 465 ff. ; Unnar Bergholtz, Alternative dispute resolution in Sweden, pp. 480 ff. ; Erhard R. Blankenburg, National report on Neitherlandish law - alternative dispute resolution in the Neitherlands compared with the German predominance of courts, pp. 531 ff. ; Peter Gilles, ADR from a German point of view, pp. 491 ff. ; Takeshi Komina, Dispute resolution and legal culture, pp. 496 ff. ; および，以下のナショナル・レポートを参照．Erhard Blankenburg, Federico Carpi, Peter Gilles, Sang-Hyun Song, Peter G. Stein und Vibeke Vendelöv ; また，以下の文献も参照．Akira Ishikawa (N. 3) ; Takeshi Kojima, The role of law in ADR, in : The Institute of Comparative Law in Japan (ed.), Toward comparative law in the 21st century, Chuo University Press 1998, pp. 685 ff. ; Dieter Strempel, Der japanische Beitrag zur Fortentwicklung außerforensischer und vermitteln der Konfliktsregelung in der Bundesrepublik Deutschland, in : Hans G. Leser, Tamotsu Isomura (ed.), Wege zum japanischen Recht, Festschrift für Zentaro Kitagawa, Berlin 1992 ; Hanns Prütting, Streitschlichtung nach japanischem und deutschem Recht, in : Institute of Comparative Law Waseda University (ed.), Law in the East and West, Waseda University Press Tokyo 1988, pp. 719 ff. ; Takeshi Kojima, Legal families in procedural law revisited, in : Italo Andolina (ed.), International Association of Procedural Law, X. World Congress on Procedural Law, Transnational aspects of procedural law, Taormina 1995, General reports, Vol. II, pp. 566 ff. を参照.

なトピック，さらには，学際的かつ国際的な性格をもったトピックについて論じたい．ただ，そのさいには，関係する国々の国家的な特質について，その細目に立ち入りまたは詳細に論じることは，不可能となるであろう．それゆえ，本章は，東西世界における民事紛争の処理を担う民事司法および民事訴訟の運営の領域における現実の「動向」を論じることに，その焦点を絞りたい．したがって，ここでは，最も重要な比較的新しい傾向または展開に関するラフな概観，すなわち「パノラマ」の呈示を行うことに終始したい．しかも，それは，かなり一般的でかつ基礎的な特質をもち，さらに，国家横断的な性格をもつ論点を，強調するにすぎないのである．

そのさい，私は，すでに若干言及したが，「民主化」，「人間化」，「憲法化」，「正統化」，「(再)構築」，「脱構築」，「国際化」，「トランスナショナル化」，「現代化」および「ヴァーチャル化」といったキーワードを用いたい．

II 東西世界における民事司法，民事訴訟およびそれに関する法，実務および理論についての現在の改革動向

以下では，包括的でかつ高度に複雑な5つの傾向が呈示されるが，それは，粗い描写として記されるにすぎないものである．

1．国家司法および裁判手続の「民主化」および「人間化」に向けた動向：「法の支配」に関するリーガル・サービス，および，「司法上または手続上の基本的人権」の重要性の増大

まず，最初に，主として民事事件に関して，司法運営および民事訴訟の手続処方における中心的な改革の動向の中に，「民主化」および/または「人間化」（「社会化」）への移行傾向が存在することは，特筆に値する．それらの傾向は，司法および手続の領域においても，また，「民主的」，「社会的」および/また

は「人間的」な理想を実現するという広い意味を有している．そのような移行傾向が，弱い形で現われる国もあれば，また強い形で現われる国もある．また，まさに始まったばかりの国もあれば，すでに進行中の国もある．

ともかく，われわれは，今日，ほとんどすべての国において，そのような傾向を垣間見ることができる．しかもそれは，現時における政治システム，政府形態，または憲法体制の違いにかかわらず，看取できるのである．

また，われわれが，独裁政治，軍事政権または一党独裁体制を克服しようと努力を重ね続けている国家においてさえ，そのような傾向を看取することができることは，注目に値する．そこでは，為政者またはその対抗勢力が，現在，より民主的な政治，すなわち，三権分立制度の構築を志向しているのであり，なかでも，独立しかつとりわけ腐敗していない真に強い「第3の権力」の構築を求めて，努力を重ねているのである．

裁判手続や国家司法全体に対する「民主的」,「社会的」または「人間的」な価値を示す指標は，容易かつ大量に，検出することができる．まず，第1に，かなり多くの既存の法の規定の中に，その指標を見出すことができる．しかも，その数が，年々増加している．つまり，既存のものであれ，改訂されたものであれ，また，全面的に新たに制定されたものであれ，ほとんどすべての「憲法」や，国家間の「条約や協定」の中にも，見出すことができる．しかも，第2に，それは，しばしば内国の裁判法や民事訴訟法の中にも規定されており，それには，いわゆる「基本権」または「憲法保障」[5]と呼ばれる諸種の規定を含んで

---

5) Mauro Cappelletti/Denise Tallon (ed.) (注2)). また, Italo Andolina/Giuseppe Vignera, I fundamenti constituzionali della justizia civile. Il modello constituzionale del processo civile Italioano, Turino; seconda editione, Torino 1997; Mauro Cappelletti, 'Constitutional justice' and the overcoming of antitheses 'equity law' and 'national-positive law', in: The Institute of Compartive Law in Japan (ed.), Conflict and integration. Comparative law in the world today, Chuo University Press, Japan 1989, pp. 1 ff. を参照．今日の比較民事訴訟法のいわゆる「民主的アプローチ」に関しては, Peter Gilles, Prozeßrechts-vergleichung/Comparative Procedural Law, Köln 1996, pp. 131 ff. を参照．

いるのである.

　例えば、次の通りである.

① 国家権力における「権力分立」および「第3の権力」の創設に関する保障
② 「単一の裁判権」,「裁判所および裁判官の独立（裁判所および裁判官の公平性および客観性の維持）」だけではなく,「司法全体の独立」の保障
③ 権限のある国家司法の保障，国家の裁判手続や国家裁判官の一般的な保障
④ 裁判官のみに法適用の権限と責任を委ねることの保障
⑤ 法に基づいた判断形成，および，法のみに基づいた判断形成に司法を従わせることの保障
⑥ 裁判所内で，単独体で裁判を行ったり，合議体で行ったりするように，裁判管轄権の分化と専門化の保障
⑦ 上訴審裁判所，最高裁判所または憲法裁判所等を含む審級制度の保障
⑧ 「法の支配の原則（法治国家主義）」を貫徹するための手続に関する「公正な審理」または「デュー・プロセス」の保障
⑨ 裁判所，法および手続の面前におけるあらゆる人々の平等の保障，等

　同様のことは，より広く一連のいわゆる個人の「基本権」または「人権」についても妥当する．しかも，その保障は，次第に増大する傾向にあり，より一般的な特質をもったものである．それは，次に列記するように，国家の司法システムに対しても，疑いなく一定の重要な影響力を有している．そうでなくても，少なくとも間接的に，重要な影響力を有している．

① 尊敬されるべきものとしてのあらゆる「人間の権利」および「人間の尊厳」を保障する権利
② 個人の自由な発展を含み，すべての者が「自由」を求める権利

③ 法および国家権力によって，すべての個人が「平等」に取り扱われるべき権利，等

このことは，より多くかつより明確な形で，既存の「個人の人権」の地平にも妥当する．それは，次に述べるように，「司法上または手続上の人権」，とりわけ「司法上または手続上の基本権」と，今日呼ばれる司法運営，裁判上の手続または裁判官の活動に，直接関係するものである．

① 訴訟において積極的な「参加」を求める権利
② 法的に権限が保障されかつ相応の能力のある「裁判官による裁判を受ける権利」
③ 裁判所によって「聴聞」され，十分に「情報」が与えられ，「コミュニケーション」をとることができる権利
④ アクセス可能でかつ効果的な公開の手続を求める権利，または，いわゆる「法の支配（法治国家主義）」の要件を満たす手続を求める権利

このような直接的な「司法上の人権」または「手続上の人権」は，裁判所の保護を求める国家に対するすべての個人の「包括的な実体権（司法保護請求権）」において，集約的に保障されている．それは，例えば，人権および基本的自由の保護についてのヨーロッパ条約第6条にも，現われている[6]．

第6条
　第1項　市民の権利および義務の裁判，または，市民に対する刑事責任の裁判にさいして，すべての者は，法によって確立された独立かつ公正な法廷による合理的な時間内での公正な公開審理を求める権利を有している．判決は，公表されなければならない．ただし，民主主義社会において道徳，公序または国家

---

6) Eckart Pache, Der Grundsatz des fairen gerichtlichen Verfahrens auf europäischer Ebene, EuGRZ 2000, pp. 601 ff.

安全保障といった利益を保護するために，審理の全部または一部において，少年の利益または当事者の私生活の保護が必要となる場合，または，当該情報の公開が正義の利益を害するような特別な状況がある場合には，裁判所は，マスコミおよび一般市民に，法廷からの退席を命じることができる。

さらに，より重要なことは，われわれが，新たな思考および行動を確立する次の段階として，「書かれた法」の中に，憲法保障の要素を，単に認識するだけではない。さらに，それを超えて，われわれは，新たな学説上の見解，法実務，および，社会や市民の法意識に適合するように，新たな理念等を形成するための試みを，その中に認識することもできるのである。しかも，現在それは，多少とも注目すべき首尾よい成果を収めている。

それは，いわば「書かれた法」または「書物の中の法」を，「生きた法」または「訴訟における法」に，変形させる試みなのである。

このように，新たに独自に制定されたものであれ，また，外国から輸入されたものであれ，新たな憲法および法律の改正および修正の「実現」[7]といった

---

7) Heinrich Siedentopf, Testing draft laws and implementation studies, in: Siedentopf/Hauschild/Sommermann (Hrsg.), Speyerer Forschungsbericht Nr. 129, 2. Aufl., 1994, pp. 61 ff.; Christoph Hauschild, Performance orientation in civil service: a necessity for the implementation of laws, in: Siedentopf/Hauschild/Sommermann (Hrsg.), Speyerer Forschungsberichte Nr. 142, 1994, pp. 81 ff.; Rüdiger Voigt (Hrsg.), Durchsetzung und Wirkung von Rechtsentscheidungen. Die Bedeutung der Implementations- und Wirkungsforschung für die Rechtswissenschaft, Baden-Baden 1990; Christoph Hauschild, Training in techniques of legislation, in: Siedentopf/Hauschild/Sommermann (Hrsg.), in: Speyerer Forschungsberichte Nr. 142, 1994, S. 71 ff.; Heinrich Siedentopf, Simulation and planning games as a tool in the drafting process: testing law, drafts and training of officials, in: Siedentopf/Hauschild/Sommermann (Hrsg.), Modernization of legislation and implementation of laws, Speyerer Forschungsgerichte No. 142, 1994, pp. 17 ff.; Karl-Peter Sommermann, Implementation of laws and the role of administrative courts, in: Siedentopf/Hauschild/Sommermann (Hrsg.), Modernization of legislation and implementation of laws, Speyerer Forschungsberichte Nr. 142, 1994, pp. 93

動向が見られる．それは，注目すべきものであるが，特に東南アジアの多くの国々では，なお，かなり長い道のりが続いて行くであろう．そのことは，また，「変革の中の国家」である東ヨーロッパやラテン・アメリカ諸国の多くの国々にも，同様に当てはまる．

　東南アジア，および，おそらく全アジアにおける民主化過程を見た場合には，この文脈で言及すべきもうひとつ別の大きな問題が存在する．すなわち，それは，民主主義というものについての理解が，東西諸国ですべて同一ではないという問題である．例えば，「西洋人は民主化しつつある！」といったカンボジア人研究者の批判的コメントなどから，そのことが明らかになる．そしてまた，西洋式スタイルの民主主義は，アジア固有の民主化といった新たな問題を惹き起こすのである．いわゆる「アジア的価値」[8]の問題である．

---

ff.
8)　これらの「アジア的な価値」は，長い間，次のような属性で表現されている．すなわち，「柔らかな権威主義」，「共産主義」，「市場経済による正統性」，「社会的調和主義」，または，「政治的なパターナリズム」などである．また，アジア的なメンタリティや行動様式に関して，「ヒエラルヒー」，「選別的」，「義務志向的」，「市民の責任と不平等な義務のために用いられる」，「示威された美徳」，「家族関係的」，「自己依存的」，「集団的」，「集団利益志向的」などと言われ，それらは，次のような「西欧的な価値」と対立する．すなわち，「対立当事者的」，「市民権志向的」，「訴訟好き」，「個人および平等な権利のために用いられる」，「法の支配のために用いられる」，「法システムのために用いられる」，さらには，「個人主義」，「自由主義」，「anthropo-centrism」，「自己中心的」，「政治的な正統性」，または，「法の支配」，「法システムに対する意識」等である．Thio Li-ann, Human rights and Asian values : At the periphery of ASEAN-EU-relations, in : Journal of European Studies, Chulalongkorn University, 1997, Vol. 5, pp. 27-70 ; Jürgen Rüland, Asian values and liberal democracy : a European perspective, in : Journal of European Studies, Chulalongkorn University, 1997, Vol. 5, pp. 71-88. ; Kim Dae Jung, Is culture destiny? The myth of Asia's anti-democratic values, Foreign Affairs, Vol. 73 No. 6, 1994, pp. 189-194. ; William Callahan, The discourse of democracy in Thailand, in : Asian Review, 1993, pp. 126-170 ; Donald K. Emmerson, Singapore and the 'Asian values' debate, in : Journal of Democracy, Vol. 6 No. 4, 1995, pp. 80-103 ; Michael Freeman, Human rights, democracy and Asian values, in : Pacific Review,

さらに，司法の領域および手続法の領域において，「民主的」，「社会的」または「人間的」争点は，ますます重要性を帯びてくるが，そのことを示す指標を，われわれは，数多くの国際的な会議等における理論的な成果においても，また垣間見ることができる．具体的には，国際手続法学会の世界大会において，例えば，『人間の顔をもった司法』といったテーマが論じられたが，その成果は，『人間の顔をもった司法に向けて』または『司法的保護および憲法的要請の有効性』[9]といったテーマの出版物として結実した．

Vol. 9 No. 3, 1996, pp. 352-366 ; Stephanie Lawson, Cultural relativism and democracy : Political myths about Asia and the West, in : Richard Robinson (ed.), Pathways to Asia. The politics of engagement, Sidney 1996, pp. 108-130 ; Tommy Koh, The ten values that undergird East Asian's strength and success, in : International Herold Tribune, 11th December 1993 ; Richard Robinson, The politics of Asian values, in : The Pacific Review, Vol. 9 No. 3, 1996, pp. 309-327 ; Oskar Weggel, Die Asiaten. Gesellschaftsordnungen, Wirtschaftssysteme, Denkformen, Glaubensweisen, Alltagsleben, Verhandlungsstile, München, Verlag C. H. Beck, 1989. しかし，また，著名なドイツの"Der Spiegel"は，ノーベル平和賞を受賞したビルマ人 Aung San Suu Kyi に，次のような質問を行った．「多くのアジアの統治者は，西欧的な民主主義を維持しているが，彼らは，その統治におけるカオスとアナーキーをもたらしてきた．アジア的な価値と民主主義は，相互に排他的か．」これに対して，彼女は，次のように答えた．「その答えは，ノー．民主主義は，人間の価値に根差している．わたしたちの各々は，価値と尊厳を有する個人として尊重されることを欲している．民主主義の基礎は，人間の権利であり，それらは，人間性に基づいている．これは，ユニヴァーサルな概念であり，それは，西欧に属しているものでも，東洋に属しているものでもなければ，また，北半球の地域に属しているのでもなければ，南半球の地域に属しているのでもない．」

9) 例えば，Marcel Storme/Helene Casman (ed.), Towards Justice with a Human Face. The First International Congress on the Law of Civil Procedure, Antwerpen/ Deventer, 1978 ; Peter Gilles (Hrsg.), Humane Justiz. Die deutschen Landesberichte zum 1. internationalen Kongreß für Zivilprozeßrecht in Gent, 1977, Kronberg 1977 ; Walther J. Habscheid (Hrsg.), Effektiver Rechtsschutz und verfassungsmäßige Ordnung. Die Generalberichte zum VII. Internationalen Kongreß für Prozeßrecht, Würzburg 1983, Bielefeld 1983 ; Walther J. Habscheid (Hrsg.), Effektiver Rechtsschutz und verfassungsmäßige Ordnung. Diskussionsberichte zum VII. Inter-

ここで描いた動向を示す指標の中には，強調するに値する重要なものが存在する．それは，アメリカ合衆国やドイツにおいて特に重要性を認められたものだからである．つまり，裁判規範，手続規範および司法活動を「憲法的」な要請に適合させるという，途方もなく大きいコントロールの要請なのである．
　このコントロールの職務は，すでに大きな権限を獲得した「憲法裁判所」および／または「最高裁判所」[10]によって遂行されている．そして，近年，訴訟における個人の権利に対する脅威や侵害に対する「裁判所の司法的感性」は，着実に増大しつつあるのである．
　最後に，少なくとも西洋世界においては，「民主的」，「社会的」または「人間的」な正義の運営および裁判所の手続の構築といった傾向にとっては，次の点が重要となる．すなわち，それは，法専門職のあり方における重大な変化であり，司法システム，手続，裁判所，裁判官または弁護士についての公的な「理解」のあり方である．つまり，その者たちはいかなる存在であり，いかなる存在となるべきであり，そして，何に奉仕すべきであるか，を明確にすることである．

　　「司法システムは，もはや，当事者の強制的な宥和によって，または，『法と命令』
　　による紛争の強制的な抑圧によって，その強制権力を発揮するのではない．しかも，

---

　　nationalen Kongreß für Prozeßrecht, Würzburg 1983, Bielefeld 1985 ; Peter Gilles (Hrsg.), Effektivität des Rechtsschutzes und verfassungsmäßige Ordnung. Die deutschen Landesberichte zum VII. Internationale Kongreß für Prozeßrecht in Würzburg 1983, Köln 1983. を参照．
10)　P. Yessiou-Faltsi (ed.), The role of the Supreme Courts at the national and international level. Reports for the Thessaloniki International Colloquium, 21-25 May, 1997, Thessaloniki 1998, in concern of the role and function of the Federal Supreme Court in Germany, see : Joachim Wieland, Das Bundesverfassungsgericht am Scheideweg, in : KritV 1998, pp. 171 ff. ; Manfred H. Wiegandt, Meinungsfreiheit und rüfungskompetenz des Bundesverfassungsgerichts, in : KritV 1997, pp. 19 ff. ; Christina Stresemann, Die wahren Gründe für den Ansehensverlust des Bundesverfassungsgerichts, in : KritV 1997, pp. 59 ff. を参照．

それは，国民に知られていない奇妙で遠い存在としての『国家の装置（司法機構）』として理解されるべきではない．むしろ，国民に奉仕しかつ私的および社会的利益を保護することによって，個人に法的な保護を与えるために，国家が設置したシステムとして理解すべきであり，現在そのように理解されているのである．このような司法全体についての新たな理解に従えば，民事訴訟は，裁判官の中立的な監視の下で純粋に私的な利益のために私人が争うアリーナとして理解されるべきではなく，むしろ，私人，法専門家，および公的な関与者が，公正かつ公平な紛争解決という共通目的を達成する場として，理解されるべきである．したがって，その帰結として，対立当事者，代理人および裁判官の役割と機能についての見解[11]もまた，今日，相当大きく変化しているのである．」

2．通常の裁判所法および訴訟法の「憲法化」および「正統化」に向けた動向：「技術的な手続」から「手続上の正義」への転換

これまで述べてきた動向の中に見られるように，われわれは，少なくとも，西欧諸国やアメリカにおけるだけではなく，東欧諸国においても，かなり学問的なレベルでの新たな傾向を，垣間見ることができる．すなわち，法の現実や法実務における以上に，裁判法と手続法の理論および基本思潮の中に，新たな傾向を看取することができるのである．

---

11) Paul Oberhammer (ed.), Richterbild und Rechtsreform in Mitteleuropa, Wien 2001 ; Peter Gilles (Hrsg.), Deutsche Landesberichte zur VIII. Weltkonferenz für Prozeßrecht in Utrecht 1987. Effiziente Rechtsverfolgung, Heidelberg 1987 ; A. M. Pessoa Vaz (ed.), XI. Congresso Mundial de Direito Judiciario. Papel e Organizao de Magistrados e Advogados nas Sociedades Contemporaneas Relatorios Gerais, Coimbra/Lisbon, 1991 ; Peter Gilles (Hrsg.), Anwaltsberuf und Richterberuf in der heutigen Gesellschaft. Deutsche Landesberichte zur IX. Weltkonferenz für Prozeßrecht in Coimbra und Lissabon, 1991, Baden-Baden 1991 ; Oleg de Lusanoff, Der europäische Rechtsanwalt zwischen Rechtspflege und Dienstleistung. Report on the meeting of the German Association of Civil Procedural Lawyers in Zurich, March 2002, not yet published MS ; Regina Ogorek, Zum Richterbild in der Mediengesellschaft, in : KritV 1997, pp. 5 ff. を参照．

第1章　司法運営と訴訟手続の領域における世界的な改革動向　15

われわれは，これらの変化を，法の領域における「憲法化」[12]および/または「正統化」(要するに「実質化」)[13]の傾向と記述してきたが，それは，一世紀以上の間，まさに「フォーマルな」，「実務的な」，「技術的な」または法の

---

12) 上記，注2) を参照．
13) 以下については，例えば，Niklas Luhmann, Legitimation durch Verfahren, 3. Aufl. 1978; Günther Stahlmann, Zur Theorie des Zivilprozeßrechts. Von der Legitimation durch Erkenntnis zur Legitimation durch Verfahren, 1979; Klaus Röhl, Verfahrensgerechtigkeit (procedural justice), in: Zeitschrift für Rechtssoziologie, pp. 1 ff.; Roland Hoffmann, Verfahrensgerechtigkeit. Studien zu einer Theorie prozessualer Gerechtigkeit, Paderborn 1992; Wilfried Bottke, Materielle und formelle Verfahrensgerechtigkeit im demokratischen Rechtsstaat, Berlin 1991; Ulf Neumann, Materiale und prozessuale Gerechtigkeit im Strafverfahren, in: Zeitschrift für die gesamte Strafrechtswissenschaft, 101 (1989), pp. 52 ff. Stephan Barton, Verfahrensgerechtigkeit und Zeugenbeweis, Baden-Baden 2002; Astrid Epp, Divergierende Konzepte von Verfahrensgerechtigkeit: Eine Kritik der Procedural-Justice-Forschung, Berlin 1998; Günter Bierbrauer (Hrsg.), Verfahrensgerechtigkeit: Rechtspsychologische Forschungsbeiträge für die Justizpraxis, Köln 1995; Volker H. Schmidt, Procedural aspects of distributive justice, Bremen 1992; Thomas F. Gordon, The pleadings game: An artificial intelligence model of procedural justice, Darmstadt 1993; Rudolf Wiethölter, Materialization and proceduralization in modern law, in: Günther Teubner (ed.), Dilemmas of law in the welfarestate, 1986; Rudolf Wiethölter, Proceduralization of the category of law, in: Joerges/Trubek (ed.), Critical legal thought: An American-German debate, 1989, pp. 501 ff.; Rudolf Wiethölter, Ist unserem Recht der Prozeß zu machen?, in: Honnet/McCarthy/Offer/Wellmer (Hrsg.), Zwischenbetrachtung im Prozeß der Aufklärung, Jürgen Habermas zum 60. Geburtstag, 1989, pp. 794 ff.; for further references see also Peter Gilles, Prozeßrechtsvergleichung (注5)), pp. 47 ff. ("materialistische Phase", "multi- und interdisziplinäre Phase", "legitimationstheoretische Phase" and "universelle Phase"); Peter Gilles, Zum Bedeutungszuwachs und Funktionswandel des Prozeßrechts, in: Juristische Schulung 1981, pp. 402 ff.; Peter Gilles, "From technical procedure to procedural justice - Material vs. formal views of procedure and legitimation of judicial decision making through procedural norms", Procedural Justice Workshop, 8 - 13. 06. 1992, Onati (Spain), multiplied manuscript, Onati 1992. を参照．

「組織化された」領域として，過小評価されてきたものである．それが意味するのは，道徳的なものであれ，政治的なものであれ，固有の価値がそのまま発現することであり，「現実の」社会や「真の」社会，すなわち「実質法」または「実体法」に対するまさに「奉仕機能」を伴うものである．

換言すれば，フランス，イタリアおよびドイツにおけるように，主としてヨーロッパ大陸の高度に学問的，理論的かつ法実証主義的な伝統に関する指導的な意見によれば，裁判法および手続法は，実体法をめぐる紛争をある秩序だった型に当てはめて解決するための一連の道具のようなものにすぎないと考えられてきた．また，それは，司法的な工作物に関するマニュアルのような何かにすぎないものとされてきた．そうでなければ，手続法は，法廷で仕事に携わる弁護士のための指南書または指示書の大要のようなものにすぎないと考えられてきたのである．

このような旧来からの考え方は，最初に，科学的に相当発達した国々で，大きく変化した．そして，後に，発展途上国でも，少なからず変化してきた．さらに，その種の旧来からの見解は，国際的な法学会における進歩的な人々や，「フォーマルな」（または，形式主義的な）手続法のいわゆる「実質化」に向けた近時の学問的な展開によって，克服されてきたのである．このような展開は，以下に述べる様々なキーワードによって素描される法的思考，教育および研究の数多くの部分を，網羅している．

① 「実体法」とさしあたり厳格に分離された「手続法」との間において，時に無視されまたは看過された深い相互関係の(再)認識
② 手続規範のいわゆる「実体的価値（正義の価値）」の(再)発見，および，それによって明らかに技術的または形式的な特質を有しているにすぎない手続ルールと比較して，手続ルールのかなりの部分の「実質的」または「実体的」特徴の(再)発見
③ 「正統化」といったより発展的な概念の帰結を伴って，手続規範の「合法性」の背後にある「正統性」に関するより多くの問題の提起

④　法の発見および判断形成における手続自体の正当化機能という意味で，いわゆる「手続による正統化（手続を通じた正統化）」というすでに広く推奨された概念の展開

⑤　裁判所の手続におけるできるだけ望ましい目的および結果としてのいわゆる「手続的正義」という近時成長しつつある理念．これは，真の事実に基づいて実体法を適用することによって司法的な判断形成を行うという，伝統的に分配されまたは目的化された結果としての「分配的正義」または「実体的正義」を補完し，または，これと対立する概念である．

しかもこれらは，新たな概念であり，単に，「手続的正義の理論（手続的正義）」によってだけではなく，「ユニヴァーサル」なアプローチに従うものである．それは，現在では，現代法哲学，法理論および法社会学の最高位のテーマの中で論じられている．一般に，「手続化」と呼ばれるものである．

⑥　「リーガル・リアリズム」または「リーガル・プラクティシズム」という意味において手続法の背景にある「現実」のより一層深い認識と分析．それは，アメリカ法やスカンジナビア法の伝統に従ったものであり，かつ，今なお圧倒的な勢力を保っている学問的，規範的および実証主義法学と，対をなすものである．それは，「法と事実」および／または「理論と実務」の統合の試みをも伴っている．

⑦　法規範の「経済的」，「社会的」および「政治的」評価の認識と分析，および，その内容および効果の認識と分析の増大．すなわち，これは，手続法の「経済化」，「社会化」および「実務化」と名付けられた傾向である．それは，あちこちの領域で，「法学」，「経済学」，「社会学」および「政治学」，そして後にはその帰結として，隣接諸科学の統合に向けられたのであり，多かれ少なかれ首尾よい試みを導いてきた．

⑧　法領域，特に手続法以外の多くの法領域（もちろん，憲法それ自体の例外はあるが）は，それぞれの国のイデオロギー的，政治的，憲法的な状況

や条件を明瞭に映し出していること．これは，多くの国々で著名な研究者の中で，長い間忘れられた事柄である．

そして，少なからぬ影響として，次の点が指摘できる．

⑨　裁判法および手続法における広範囲にわたるいわゆる「憲法化」の傾向の存在．すなわち，それは，裁判法および手続法の憲法的な基礎，要件および効果に焦点を当てた傾向であり，かつ，いわゆる「実質化」を示すものである．

この手続法の「憲法化」の傾向は，次の点に見出すこともできる．

⑩　これまで十分に研究され，しかも，しばしば用いられている手続ルールの解釈と適用におけるいわゆる「憲法的手続」の重要性．それは，司法運営および裁判所の手続に関して，「憲法保障」および「人権」を尊重し，または，それに照らして，手続ルールを解釈し適用することを意味する．
⑪　それだけではなく，また，「適用された憲法」または「具体化された憲法」として，手続法を位置づけて考える新たな見解の中にも，その傾向を見出すことができる．

しかし，この点において，ヨーロッパ大陸，特にドイツにおいて，主として個々の展開に向けられた批判的な見解にも，また，言及する必要がある．

⑫　この間，手続法の「過度の憲法化」[14]が生じている．その理由は，ほと

---

14)　これについては，より広範なものとして，Gunnar Folke Schuppert/Christian Bumke, Die Konstitutionalisierung der Rechtsordnung, Baden-Baden 2000 ; Peter Gilles, Zu den rechts- und verfassungs-, verfahrens- und justizpolitischen Aspekten des Themas : Grundrechtsverletzungen bei der Zwangsvollstreckung, in : Dike

んどすべてのかなり細かな手続上の問題から，重大な憲法上の問題を作出しようとするドイツの学界，または，その他のヨーロッパの法律家たちのある特質の中に，見出すことができる．すなわち，「それは憲法に反する」または「法治国家の原理に反する」といった，馴染みの些末な議論を行うことによって，法律の条文，立法の革新，または裁判所の判決を攻撃することは，特にドイツの学者，裁判官，弁護士および政治家の間で，ごく普通に見られる現象なのである．

　これらの議論の展開によって，現在，手続法は，従前とは異なり，注目を浴び，かつ，重要性を増して来ている．それは，「今日，手続法は，法の最も重要な領域となっている．」[15] という，1970年代の初めにすでに語られていたマウロ・カペレッティの印象を，おそらく証明するものである．
　私見によれば，この注目すべき一節は，少なくとも，以下の見解から，明らかになる．すなわち，ますます「膨張し」かつ「細分化した」実体法は，当初有していたはずの「正統化機能」の多くを，現在，失ってきているということである．すなわち，実体法は，法専門家に，法的行為や法的判断を命じる潜在的な能力を失ったのである．その結果として手続法および特に法的に執行された裁判所の手続それ自体が，かつては公式には適用された実体法に割り当てられていたにすぎなかった「正統化」の機能をもち，かつ，取って代わる必要が生じたのである．
　この過程は，今日，「法による正統化から，手続による正統化へ」というスローガンによって表現されているのである．これが，いわゆる「手続を通じた正統化」である．
　これまで論じてきた第2の変化は，理論的に専門化した手続法学者または法

　　International (Athen), 1996, pp. 111 ff. を参照．
15)　また，すでに挙げた，Peter Gilles, Zum Bedeutungszuwachs und Funktionswandel des Prozeßrechts (注13))．を参照．

哲学者にのみ関心を生じさせるような類のものであるが，次の第3の傾向は，より実務的かつ具体的なものであることを，あらかじめ約束しておきたい．

3. 司法組織および手続構造の「再構築」に向けた動向と，それと対照的な「脱構築」に向けた動向：東洋世界における司法および手続システムの構築と，西洋世界におけるその脱構築

例えば，ビルマ，カンボジア，ヴェトナム等は，「小さなタイガー」ではあるが，かつてはあまり民主的な国ではなかったものの，司法運営および手続運営の現実的または事実的な側面を見た場合に，現在，特にいわゆる「新たなタイガー国家」として発展してきた．東南アジアの諸国には，次のような新たな傾向が見られる．

すなわち，西欧志向的または資本主義的な見地から見れば，概して，これらの国々の司法システムは，比較的弱くまたあまり独立していない恨みがある．司法の設備および人員に関して見た場合に，それは，かなり小さく，また，裁判所制度や審級制度を見た場合には，比較的単純である．処理事件数や審理期間に関しては，かなり非効率であり，かつ，国民によってさほど高く評価されておらず，また，あまり受け入れらてもおらず，用いられてもいないのである．

したがって，これらの国々において，多かれ少なかれ明白な改革の意図と努力は，既存の司法システムの「改編」に向けられることになる．また，より初歩的には，全く新たな国家の司法制度および裁判所制度の「構築」または「再構築」に向けられているのである．その改革の方向性は，より強力な権限を有しかつ独立したものを目指し，裁判権，裁判所およびその権限に関して，より大きなサイズのシステム構築を志向するものである．しかも，最後に，言葉の真の意味において，効率的で，しかも，国内外において受け入れられ尊敬され信頼される「第3の権力」の創造に向けられたものなのである

これらはすべて，ソ連邦の崩壊以後の中華人民共和国または東欧諸国におい

て現在行われつつある改革動向と，多くの類似性を示している．すなわち，それらには，旧ソ連邦諸国の独立国家共同体，ポーランド，ハンガリー，バルト海沿岸諸国，または，旧ユーゴスラビアやチェコスロバキアで新たに建設された国々を含んでいる．

われわれは，東南アジアや東ヨーロッパにおける裁判と訴訟の領域におけるそのような構造的かつ機能的な改革の具体的な帰結を，例えば，伝統的な通常の裁判所組織や司法システムを豊かなものにするための諸構想の中に，見出すことができる．それは，伝統的には，単に民事司法部門および刑事司法部門のみに関するものにすぎなかったが，現在では，非訟事件，家事事件および労働事件の裁判権，および，個々の裁判所にまで及び，さらに行政訴訟事件や憲法訴訟事件の裁判権にまで及んでいる．

しかも，そこには，裁判官，弁護士その他の法の専門家の数を増加させる試みも伴っている．多くの他の意図や努力に加えて，われわれは，学識と技能に長けた法曹で満ちたかなり印象的で豪華で「迅速な正義の王宮」の構築の中にも，近時の継続的な改革の帰結を，見出すことができるであろう．

ここで述べた視点とともに，私見では，われわれは，司法システムの(再)構築の過程において，ほとんどの東南アジアおよび東ヨーロッパ諸国によって取り組まれるべきかなり大きな障害に直面する．すなわち，それは，十分な法学教育を受けかつ法の訓練を受けた裁判官や弁護士の十分な員数が，大きく欠けていることである．年配の世代およびより若い世代において，単に専門的な能力だけでなく，新たに建設される「第3の権力」を十全なものにするために必要な倫理的な資質をも兼ね備えた相当数の法曹が，必要になるということである．

ここでおおまかに描かれた東南アジアおよび東ヨーロッパのシステムにおける展開は，司法改革の分野において，西ヨーロッパのほとんどの国々で現在生じている改革の動向と，鋭い「対照」をなす[16]．

---

16) Peter Gilles, Justizreformen im Ost-West-Vergleich, Report for a Conference in

ここで，西ヨーロッパの多くの国々の司法制度，なかでも，今日の統一されたドイツ連邦共和国の司法制度[17]は，統合に由来する難題を抱えている．それらは，単に，強い権力を有しており，すでに権力過剰になっているだけではない．それと同時に，あらゆる点で巨大であり，かつ，すでに巨大すぎるサイズになっている．しかも，適切に多様化しているが，複雑すぎる形態ともなっている．しかし，大きな供給が大きな需要を創造するという経済的な命題が証明するように，このシステムは，すでに負担過重となっている．ただ，それにもかかわらず，なお，比較的短い期間に，相応な費用で毎年定期的に相当効果的な事件処理を，数多く行っているのである．

最悪の例として，このドイツの混合的な司法形態を示すために，1998年〜2000年[18]の統計上の数値を示したい．

① 人口（再統一後）：約8,400万人
② 連邦裁判官および州裁判官（合計）：約21,000人
③ 裁判官（通常の裁判権のみ）：16,000人
④ 弁護士：約117,000人（2002年の初めの時点で）
⑤ 裁判権：通常裁判権，それは，民事，非訟および刑事裁判権に分かれる．

　　Chonqing (People's Republic of China) 22-24. March 2001, in : International Symposium on Civil and Economic Law. Academic Papers, 22.-23. 3. 2001, Chonqing (China), pp. 101 ff. を参照．

17)　Peter Gilles, Rechtsstaat und Justizstaat in der Krise. Zur gegenwärtigen Misere hochentwickelter Rechts- und Justizsysteme - am Beispiel Deutschland, in : The Institute of Comparative Law in Japan (ed.), Toward comparative law in the 21st century, 1998 (Japan), pp. 439 ff. ; Peter Gilles, Rechtsstaat und Justizstaat in der Krise, in : Neue Justiz 1998, pp. 125 ff. ; Peter Gilles, Aktuelle Justizprobleme und Justizreformen in Deutschland - im transnationalen Kontext (Hungarian translation Ujilaki Laszlo), in : Magyar Jog (Ungarn), 2001, pp. 609 ff. を参照．

18)　Statistisches Bundesamt (Hrsg.), Statistisches Jahrbuch 2001, pp. 358 ff. 等を参照．

(そこには，家事事件の裁判権も含まれる），労働裁判権，行政裁判権，社会裁判権，財政裁判権（さらに，特別裁判権に加えて）

⑥ 裁判所：1連邦裁判所，16州憲法裁判所，および，5つの主要な連邦最高裁判所（さらに他の裁判所に加えて）

通常裁判権については，582の部を含む25の上級裁判所，3024の部を含む116の地方裁判所，多数の部をもつ685の区裁判所，それらに加えて，その他の裁判権に関するすべての上級裁判所および区裁判所が存在する．

⑦ 事件数（通常裁判権の民事事件に限る），すなわち，1年ごとの新受事件の数（50万件以上の家事事件および約60万件の労働事件を除く），第1審の区裁判所の民事事件は約150万件，支払督促は約1,200万件，執行事件や非訟事件の件数も約100万件．このことが意味するのは，他のあらゆる裁判所における事件数によってドイツの司法システムに，さらに負荷が加えられていることを度外視しても，第1審の区裁判所の民事手続によって処理される事件数は，年間1,500万件以上存在することである．

したがって，主要な西ヨーロッパの改革の傾向の中では，そこでは「元凶」[19]として裁判所の「負担加重」と，それがいかにして克服されるべきかの課題が，主要な役割を演じている．それゆえ，まさに，東南アジア，東ヨーロッパおよびその他の地域で進行しつつある改革とは，対局の位置に存在するのである．

すなわち，一方で，われわれは，東洋世界において，裁判制度および手続制度の「設立」を見ることができるが，他方で，西洋世界においては，裁判制度や手続制度の「削減」を観察しなければならないのである．それは，「司法運営のスリム化」，「手続のスリム化」，「リーガル・サービスの合理化や経済化」，

---

19) これについては，Peter Gilles, Anmerkungen zum Thema Justizbelastung und zur Notwendigkeit eines Entlastungsstrategiekonzepts, in : Jürgen Brand/Dieter Strempel (Hrsg.), Soziologie des Rechts, Festschrift für Ehrhard Blankenburg zum 60. Geburtstag, Baden-Baden 1998, pp. 531 ff. を参照．

その「削減」,「中央集権化」,「集中化」および「単純化」といった構造や目的によって特徴づけられるものである.要するに,西欧においては,その圧倒的な傾向は,「削減」や「破壊」に向けられているのである.

より詳しく見た場合に,民事訴訟の特徴的な領域における西欧的改革の動向は,例えば,次のような試みの中に現われている.

① 「少額訴訟」手続
② 「単純化された手続」,「略式化された手続」,いわゆる「迅速な手続」,「ミニ・トライアル」
③ 裁判権,裁判所,その支部および裁判所の権能の削減,廃止または統合
④ 審級制度における審級の削減,および,判決に対する既存の数多い救済方法の削減または制限
⑤ 単独体の審理によって,合議体の審理に取って代わること,または,事件処理を受命裁判官に委託すること
⑥ 上級審裁判所における裁判官の数の削減
⑦ 国法上の裁判所に代えて,または,それを補充する形で,裁判外紛争解決システム(ADR)を新たに設けること.これは,裁判所内の制度ではなく,裁判所よりも迅速に活動ができる紛争解決制度を設けることを意味する.この代替的な紛争解決制度は,国家の裁判所の負担を軽減することを期待して,創設されるものである.

再びアジアの状況に立ち戻った場合に,ここで述べた西欧の司法システム,とりわけドイツの司法形態とその消極的な帰結は,アジア諸国においても,ヨーロッパの方式を真似て改革を遂行する場合には,記憶に留めておくべきであろう.

つまり,このことは,諸外国で生じている問題点の承継を回避するために,他国の司法システムの欠点をも考慮すべきであり,西欧の裁判所システムを猿真似して継受すべきではないという警告として,理解すべきである.

ここで述べてきた諸局面は,「国際化」,「多国籍化」,「統合化」,「調和化」および「近似化」等の用語で包括される諸動向を導くものである.

4. リーガル・サービスの「国際化」および「トランスナショナル化」に向けた動向：手続法の「比較」（比較手続法）および新たな規律としての手続法の「統合」または「調和」の重要性の増大

法や司法の改革を実現するさいに,発展途上国においては,ある共通事項が存在する.それは,固有の国家的な司法資源または事前の改革理念に照らして,単に,固有の事実的かつ法的な状況および条件に楔を打ち込むだけでも,また,自国の固有の歴史のみに従って改革を行うわけでもないということである.むしろ,「モデル」として,諸外国の例を探し求めることが,一般に行われるのである.

それは,同じ「法族」または「法文化」[20]に属している近隣諸国またはパートナー諸国の法に焦点を絞ったり,また,それらを模倣したりするためである.このような作業は,通例,「国際比較」などと呼ばれるが,それは,外国の法概念の（正確な,部分的な,または全面的な）「継受」によって,行われるものである.

> そのさい,時として改革者たちは,外国の状況について十分に情報を得ていないこと,最も新しい展開を看過すること,または,自国と外国との間に存在する類似性や差異を誤解するといった危険を冒すこともなくはない.特に,このことは,「大陸法」または「法典法」と,「コモン・ロー」または「ケース・ロー」との間の「比較不可能性」についてや,また,司法システムや裁判所の手続について,いわ

---

20) Takeshi Kojima, Legal families in procedural law - revisited（注4））; Azmy A. Ateia, Le regroupement des familles juridques en droit judiciaires, in : Italo Andolina (ed.), International Association of Procedural Law, X. World Congress on Procedural Law, Transnational aspects of procedural law, Taormina 1995, General reports, Vol. II, pp. 626 ff. を参照.

ゆる「糾問型システム」と「対立当事者型システム」との間や,「当事者主導型の手続」と「裁判官主導型の手続」との間の相違点についても,妥当する.ただ,それらは,今日,多くの研究者に必ずしも十分に認識されてはいないが,そのような差異は,ますます減少しつつある.

それに加えて,法の「継受」は,ある特定の外国法の比較的深い分析や歴史的な影響に依拠するだけではなく,時々,なぜある国家法や司法改革が外国法のパターンに基づいて先導されるかと疑問を抱くくらいに,非常に奇妙な偶然の一致に基づく場合も存在する.例えば,フィリピンにおいて,アメリカ法の影響がほとんどすべての法改革の領域でなぜ支配的であるかとか,また,インドシナにおいて,フランスの影響がなおなぜ非常に強いのか,タイの歴史上の法改革において,なぜわれわれは,諸外国,すなわち,アメリカ,フランス,ドイツおよびアフリカの混在した影響力を述べる必要があるのかを尋ねる場合には,先に述べたことに注意しなければならない.

しかし,これまで,非常に長い間,継続的な国際的法比較が行われてきたが,「比較民事訴訟法」[21]の学問領域が,上述の法改革の動向によって,比較法等の位置づけの中で重要さを増大させて来たという事実以外,何も,目覚しい成果は存在しない.

しかし,われわれは,いわゆる「国際化」および「トランスナショナル化」,または「グローバル化」および「世界化」といった強力な潮流を,司法や手続法における新たな傾向として,垣間見ることができる.

---

21) 特に,第10回 World Congress on Procedural Law of the International Association of Procedural Law in Taromina 1995 における以下の報告書を参照:Takeshi Kojima, Legal families in procedural law - revisited (注4)); Azmi A. Ateia (注20)); Peter Gilles, Eigenheiten der Prozeßrechtsvergleichung, pp. 967 ff. and Kazimierz Lubinski, Eigenheiten der Prozeßrechtsvergleichung, pp. 1093 ff., in : Italo Andolina (ed.), International Association of Procedural Law, X. World Congress on Procedural Law. Transnational aspects of procedural law, Taormina, 17-23. Settembre 1995, General Reports, Vol. I-III, Milano ; Peter Gilles, Prozeß- rechtsvergleichung (注5)).

第1章　司法運営と訴訟手続の領域における世界的な改革動向　27

これらの動きは、また、地域的な指向に着目した場合には、「アメリカ化」、「ヨーロッパ化」[22]、「日本化」、「ドイツ化」等と記述され、また、異なる内容、目的および手法に従えば、「統合化」、「調和化」、「概括化」、「類似化」または

---

22) ヨーロッパにおける民事訴訟法の統一に関しては、例えば、Rolf Störner, Das Europäische Zivilprozeßrecht - Einheit oder Vielfalt?, in : Wolfgang Grunsky/Rolf Stürner/Gerhard Walter/Manfred Wolf (Hrsg.), Wege zu einem europäischen Zivilprozeßrecht, Tübinger Symposium zum 80. Geburtstag von Fritz Baur, Tübingen 1992, pp. 1 ff. ; Walther J. Habscheid (注7)) ; Paolo Biavati, Is flexibility a way to the harmonization of civil procedural law in Europe?, in : Federico Carpi/Michele Angelo Lupoi (ed.), Essays on transnational and comparative civil procedure, Turin 2001, pp. 85 ff. ; Burkhard Hess, Die Integrationsfunktion des europäischen Zivilverfahrensrechts, IPRax 2001, pp. 389 ff. ; Burkhard Hess, Aktuelle Perspektiven der europäischen Prozeßrechtsangleichung, JZ 2001, pp. 573 ff. ; Konstantinos Kerameus, Die Angleichung des Zivilverfahrensrechts in der Europäischen Union vor dem Hintergrund der Schaffung eines europäischen Zivilgesetzbuches, in : Europäisches Parlament Generaldirektion Wissenschaft (Arbeitsdokument). Untersuchung der Privatrechtsordnungen der EU im Hinblick auf Diskriminierungen und die Schaffung eines europäischen Zivilgesetzbuches, Reihe Rechtsfragen JURI 103 DE, Oktober 1999, pp. 85 ff. ; Kontantinos Kerameus, Procedural Unification : The need and the limitations in interntional perspectives on civil justice, Essays in honour of Sir Jack I. H. Jacob, London 1990 ; Marcel Storme, Rechtsvereinheitlichung in Europa. Ein Plädoyer für ein einheitliches europäisches Prozeßrecht, RabelsZ 1992, pp. 290 ff. ; Marcel Storme, Uniform procedure rules in Europe, in : Mieczystaw Sawczuk (ed.), Unity of Civil Procedural Law and Its National Divergencies, International Symposium of Civil Procedural Law in Lublin, 1993, Lublin, 1994, Marie-Curie-Sktodowska University, Lublin 1994, pp. 203 ff. ; Manfred Wolf, Abbau prozessualer Schranken im europäischen Binnenmarkt, in : Wolfgang Grunsky/Rolf Stürner/Gerhard Walter/Manfred Wolf (Hrsg.), Wege zu einem europäischen Zivilprozeßrecht, Tübinger Symposium, Zum 80. Geburtstag von Fritz Baur, Tübingen 1992, pp. 35 ff. ; Wolfgang Münzberg, Das Verfahren des EuGH im Vergleich zum deutschen Zivilprozeß : Ansätze für einen europäischen Prozeß?, in : Wolfgang Grunsky/Rolf Stürner/Gerhard Walter/Manfred Wolf (Hrsg.), Wege zu einem europäischen Zivilprozeßrecht, Tübinger Symposium, Zum 80. Geburtstag von Fritz Baur, Tübingen 1992, pp. 69 ff. ; Mauro Cappelletti, Towards a United

「平等化」等と記述される.

　法と司法の領域におけるこのような新たな動向の明示的な目的は,「国家ごとの異同」に打ち克つことである. つまり,「統一され」,「統合され」または「近似の」国家法またはさらに進んで, 例えば,「東南アジア諸国連合 (ASEAN)」,「ヨーロッパ連合 (EU)」, かつては, 形式的にはソ連邦として組織されていた「独立国家共同体 (CIS)」および「国際連合 (UN)」のような一定の連盟や共同体等に, 構成員国として属する国家の集合体内における国家を超えた「トランスナショナル法」を創造することである.

　しかし, わたしたちは, 司法や手続法の範囲内で行われていることを観察する限りで, 調和し, または, 統合された手続, 司法およびそれらに関する個別法の試みが, 今なお全く稀にしか行われておらず, しかし, その成果は, なお

States of Europe?, in : Mieczystaw Sawczuk (ed.), Unity of Civil Procedural Law and Its National Divergencies, International Symposium of Civil Procedural Law in Lublin, 1993, Marie-Curie-Sktodowska University, Lublin 1994, pp. 25 ff.; Hanns Prütting, Auf dem Weg zu einer Europäischen Zivilprozeßordnung. Dargestellt am Beispiel des Mahnverfahrens, in : Festschrift für Gottfried Baumgärtel 1990, pp. 457 ff.; Hanns Prütting, Die Entwicklung eines europäischen Zivilprozeßrechts, in : Vorträge, Reden und Berichte aus dem Europa-Institut, Universität des Saarlandes, Saarbrücken 1999; Hanns Prütting, Zivilprozeß ohne Grenzen : Die Harmonisierung und Vereinheitlichung des Prozeßrechts, in : Peter Gilles (Hrsg.), Prozeßrecht an der Jahrtausendwende. Deutsche Landesberichte zur Weltkonferenz für Prozeßrecht in Wien, Baden-Baden 1999, pp. 169 ff.; Hanns Prütting, Entwicklungstendenzen des Zivilprozeßrechts in Deutschland und Europa, Hamburger Universitätsreden Nr. 54, 1993; Giuseppe Tarzia, Europe in 1993 and Civil Justice, in : Mieczystaw Sawczuk (ed.), Unity of Civil Procedural Law and its National Divergencies, International Symposium of Civil Procedural Law in Lublin, 1993, Marie-Curie-Sktodowska University, Lublin 1994, pp. 39 ff.; Gerhard Walter, Wechselwirkung zwischen europäischem und nationalem Zivilprozeßrecht : Luganobereinkommen und Schweizer Recht, ZZP 107 (1994), pp. 101 ff.; Heimo Schack, Wechselwirkungen zwischen europäischem und nationalem Zivilprozeßrecht, ZZP 107 (1994), pp. 279 ff. を参照.

第1章 司法運営と訴訟手続の領域における世界的な改革動向　29

わずかなものにすぎないことを，認めなければならない．

　例えば，「ヨーロッパ民事訴訟法典」の草案（民事訴訟法の近似化を求める草案）[23] は，その作成権限が国際手続法学会（IAPL）に属しており，かつ，ヨーロッパ委員会に提出されたものであるが，今日に至るまで，広範囲の批判を受け，めぼしい成功を収めてはいないのである．

　いわゆる「司法権の独立についてのミニマム・スタンダード」[24] を作成するプロジェクトについても，同様である．それは，国際法曹学会（IBA）のメンバーによって作られていたが，広範な影響を与えることはできなかった．また，「モデル法」の展開，すなわち「国境を越えた訴訟事件における民事訴訟のための基礎的な原則

---

23) これについては，See Marcel Storme e.a. (ed.), Draft Directive, Approximation Judiciary Law. European Community, Working-Group for the approximation of the civil procedural law. Draft proposal for a directive on the approximation of laws and rules of the member states concerning certain aspects of the procedure for civil litigation. Final report submitted to the European Commission, Gent 18. 2. 1993 ; Marcel Storme (ed.), Rapprochement du Droit Judiciaire de l'Union Européene/Approximation of Judiciary Law in the European Union ; Dordrecht, 1994 ; Herbert Roth, Besprechung von Marcel Storme (ed.), Rapprochement du Droit Judiciaire de l'Union Européene/Approximation of Judiciary Law in the European Union ; Dordrecht, 1994, in : ZEuP 1997, S. 567 ff. ; Herbert Roth, Die Vorschläge der Kommission für ein europäisches Zivilprozeßbuch - Das Erkenntnisverfahren, ZZP 109 (1996), pp. 271 ff. ; Eberhard Schilken, Die Vorschläge der Kommission für ein europäisches Zivilgesetzbuch - einstweiliger Rechtsschutz und Vollstreckung, ZZP 109 (1996), pp. 315 ff. ; Sven Schelo, Rechtsangleichung im Europäischen Zivilprozeßrecht : EG-Kompetenzen und Modellgesetz, Dissertation Münster 1999 ; Hanns Prütting, Auf dem Weg zu einer Europäischen Zivilprozeßordnung (注22)) ; Gerhard Walter, To Felix Europa ... Zum Entwurf einer europäischen Zivilprozeßordnung, in : AJP/PJA 1994, Schweiz 1994, pp. 425 ff. ; Peter Gilles, Prozeßrechtsvergleichung (注13))，pp. 8 f., 32, 123 f. を参照．

24) Shimon Shetreet (ed.), International Bar Association. Committee on Administration of Justice, Jerusalem Conference on Minimum Standards of Judicial Independence. Jerusalem Conference Papers I and II, Israel 1982 ; Shiman Shetreet/Jules Deschenes (ed.), Judicial Independence : The Contemporary Debate, Netherlands, 1985. を参照．

を定めた法典」[25]を作成する国際的な(アメリカ・ヨーロッパ)プロジェクトの帰結も,なお,定かではない.

これに対して,ウルグアイや他のラテン・アメリカ諸国の法律家によれば,「汎ラテン・アメリカ民事訴訟法典」[26]を導入することは,部分的に成功を収めていた.これは,ラテン・アメリカの領域内である程度の注目を集めていた.また,UNCITRALのモデル法(国際連合国際商取引法委員会のモデル法)[27]も,かなりの成功を収めていた.最後に,共同体内のすべての国家を包含する「民事訴訟法の統一」[28]に向けたCIS諸国のメンバーの試みも,今日まだ具体的な成果を導き出して

---

25) Project: "Transnational Rules of Civil Procedure" of the American Law Institute (ALI) guided by Geoffrey C. Hazard Jr., Philadelphia, und Michele Taruffo, Pavia; see ALI, Transnational Rules of Civil Procedure, Discussion draft from April 1, 1999, Philadelphia 1999 and the new cooperation project between the American Law Institute, Philadelphia and UNIDROIT, Rome: ALI/UNIDROIT, Principles and rules of transnational civil procedure, Discussion draft No. 3, April 8, 2002); Geoffrey C. Hazard Jr., Civil Litigation without Frontiers. Harmonization and Unification of Procedural Law, in: Center of Legal Competence/International Association of Procedural Law (ed.), XI. World Congress on Procedural Law/XI. Weltkongreß für Prozeßrecht; Procedural Law on the Threshold of a New Millennium/Das Prozeßrecht auf der Schwelle eines neuen Jahrtausends, Wien 2002, pp. 57 ff.; Michele Taruffo, Drafting rules for transnational litigation, in: ZZP-Int Vol. 2, 1997, pp. 499 ff.; Gerhard Walther, Modellregeln für den internationalen Zivilprozeß, in: ZZP 112 (1999), pp. 204 ff.; Rolf Stürner, Modellregeln für den internationalen Zivilprozeß?, in: ZZP 112 (1999), pp. 185 ff.; Thomas Pfeiffer, ALI/UNIDROIT Project: Are Principles Sufficient, without the Rules?, in: Uniform Law Review/Revue de Droit Uniform, 2001, pp. 1015 ff. 等を参照.

26) Carlos de Miguel y Alonso, Le code titre Ibero Americain. Les mouvements d'unification, in: Mieczyslaw Sawczuk (ed.), Unity of Civil Procedural Law and its national Divergencies, International Symposium of Civil Procedural Law; Lublin 1994, pp. 47 ff. を参照.

27) Gerold Herrmann, Das UNCITRAL-Modellgesetz über internationale Handelsschiedsgerichtsbarkeit und das nationale Recht, pp. 235 ff.; Constantin Calavros, Das UNCITRAL-Modellgesetz über die internationale Handelsgerichtsbarkeit, p. 309, in: Walther J. Habscheid/Konstantin Beys (Hrsg.), Grundfragen des Zivilprozeßrechts - die internationale Dimension, 1991. を参照.

はいない.

例えば,「ヨーロッパ民事訴訟法草案」のような(過度に)野心的なプロジェクトがなぜ今日に至るまで成功していないのか,また,なぜ,他のプロジェクトも,流産したとして批判されてきたのかについて検討した場合に,私見によれば,その主要な理由は,次のような状況の中に見出すべきであると考える.つまり,それは,関係した国家の代表者たちが,司法および手続の細目にあまりにもこだわりすぎたことであり,また,大して重要ではない技術的でマイナーな事柄に,関心が向けられすぎたからである.しかも,関係者が,あまりにも「統合」を主張し続けたことも,その原因として挙げられる.そしてまた,固有の「国家的な特質または特性」に対して保守的になりすぎたからである.それゆえ,より広いコンセンサスや妥協に至ることは,できなかったのである.

したがって,「モデル法」または統一草案を作成するために「国境を越えた作業を行うための私のアドバイス」は,次の通りである.すなわち,少なくとも,そのプロセスの第1段階においては,ただ関連する法の「原則」または「原理」[29]にのみ,着目すべきである.つまり,すでに確立され受容された諸原則だけではなく,現実に精選されかつ定式化された原則となるべきものにのみ集中して検討を行うべきであり,国家的な特性や細目における異同は,最初の段階では無視されるべきである.それらは,原則についての相互の合意に到達した後に,おそらく論じるべきものなのである.

例えば,民事訴訟法の共通モデルを作成するさいには,その議論の中心部分において,民事訴訟上,私人(当事者),専門家(弁護士)および公務員(裁

---

28) これについては, Mieczyslaw Sawczuk (ed.), Unity of Civil Procedural Law and its national Divergencies, International Symposium of Civil Procedural Law ; Lublin 1994. の貢献を参照.

29) Herbert Roth (注23)) ; Hein Kötz, Rechtsvereinheitlichung - Nutzen, Kosten, Methoden, Ziele, in : RabelsZ 50 (1986), pp. 1 ff. を参照.

判官）という関与者が問題となる．そしてその中で，その役割，自治的な権限および責務をどのように分配するかが，必然的に問題となるのである．しかも，それには，事実に関する情報だけではなく，法に関する情報や，関係者間でのコミュニケーションおよび協働がどのように行われるべきであるかについての課題も含まれる．

さらに，それらに加えて，少なくとも，異なる基本原則が問題となる．したがって，裁判法や手続法における調和，近接または統一を探求するさいには，以下に記すような諸事項が，主として検討され分析されるべきである．

事　　項	それに対応する諸原則
① 手　続 （訴訟の開始，過程，主体，終了）	当事者の処分権主義，対，職権主義
② 情　報 （事実および法の提出）	弁論主義，対，職権探知主義 （事実および法の提出に関して，当事者の提出に委ねる原則，対，職権で糾問的に調査，探索，および探知する原則）
③ コミュニケーション （事実および法についての一方向的，対話的または三者関係的なコミュニケーション）	事実と法に関して当事者間で交渉を行える原則 （取引を認める原則，対，公的な聴聞，糾問または公権的な確認や決定を行う原則）
④ 確　認 （事実と法の調査または確認）	当事者による開示の原則，対，公的な調査の原則
⑤ フォーラム （情報およびコミュニケーションについての場所または位置関係）	公開原則（公開性），対，非公開原則（閉鎖性，密行主義）対「ヴァーチャルな手続」または「ヴァーチャル・コート」
⑥ 経済性 （手続の効率性，出費および期間）	訴訟促進の原則，迅速性の原則，効率性の原則，集中化の原則，またはコスト削減の原則，合理化の原則
⑦ 作　用 （技術，運営）	当事者主導の原則，対，裁判所主導の原則

5．司法システムおよび裁判手続の「現代化」および「ヴァーチャル化」に向けた動向（「2000年の司法」とその後）：裁判所内外の紛争解決手続における将来志向的な「理念的なモデル」または「最適化モデル」の第一歩

民事司法の領域における新たな展開の概観を終わるにさいして，私は，特に「現代化」という用語を取り上げてみたい．

それは，20世紀の末までまたは西暦2000年の序章において，われわれは，現在，例えば，しばしば「司法2000（2000年の司法）」，「司法2001（2001年の司法）」または「司法2020（2020年の司法）」などと名付けられた学会のオープニング・スピーチを聞くことができからである．また，その種のイベントのプログラムの中に，そのようなフレーズを見出すこともできた．それらは，「現代化」傾向を示すものであり，さらに司法改革を進める司法省関係者の政治的な言辞の中にも，その傾向が見られるのである．

もし，われわれが，「司法の現代化」を，司法運営や裁判所の手続の技術的，組織的，官僚主義的，機械的，運営的または手続過程的な側面に関する新機軸としてのみ理解するならば，わたしたちは，裁判所や弁護士事務所で進行している多くのことを語ることができるであろう．すなわち，古びた裁判所の施設や弁護士事務所の設備の「技術化」，「電子化」，「ヴァーチャル化」，「デジタル化」または「コンピュータ化」[30]としてのみ，「司法の現代化」を考えれば，コンピュータ，データ・プロセッシングおよびデータ・バンク，Eメール，オンラインやインターネット・サービスの利用，または，電話，ファクシミリ，メイルボックス，ビデオ会議等のように，多くを語ることができるのである．

---

30) Peter Gilles, Zivilprozeßrecht und Internet (Korean translation by the Planning Department), in: Institute for Legal Studies (ed.), Forum of Experts, Vol. I, Seoul (Korea) 2002; Peter Gilles, Deutscher Landesbericht: Prozeßrecht und Internet, in: Dokuz Eylül Üniversitesi Yayini (ed.), Uluslararasi Internet Hukuku Sempozyumu, 21-22 Mayis 2001, Izmir, Izmir (Turkey) 2002, pp. 355 ff. を参照．

しかし，これらすべてのIT（情報技術），ICT（情報およびコミュニケーション技術）またはTMT（テレコミュニケーション，メディアおよびテクノロジー）の手段は，伝統的な民事訴訟の構造や裁判所の行動パターンには手を付けないで，そのままにしておくにすぎないのであり，それら自体を維持するだけなのである．

このことが意味するのは，最も進歩的と考えられる改革の動向が，実は，最も保守的なものであるということである．それは，このようないわゆる現代化が，純粋に新たなものとしては司法運営や訴訟手続の「電子フォーム」を扱うにすぎないからである．そのことは，「フォームの改革」にすぎないのであり，新たな電子フォームを用いることによって，情報やコミュニケーションの伝統的な口頭フォームおよび書面フォームに代えまたはそれらの内実をより豊かなものにするために，古いフォームまたは新しいフォームの「内容の改革」を行うことではないのである．

しかし，われわれが，「司法の現代化」の用語を，そうではなく，新たなまたは改革された司法および手続システムは来るべき「グローバルな情報およびコミュニケーション社会」における「全面的に時代遅れした司法組織および裁判所の手続の急進的な変革」である，として理解するならば，それを見出すのは困難である．つまり，「司法の現代化」を，少なくとも，次の来るべき20年という「新たな時代」において，「実質的に急進的な改革または全体的な組み替え」として理解するならば，そのような極めて切実な現実の実質的な司法システム「現代化」は，未だどこにも生じていないということを，告白しなければならないのである．

その理由で，本章は，既存のものを探求するのではなく，極めて重要な改革の動向を求めて努力する試みである．

要するに，そのような「司法の現代化」における不可避のニーズを明らかにするために，以下のことを考慮すべきであろう．

まず，ドイツの司法省によって，司法の現状を分析するために委託された，企業診断士，会計士および経営コンサルタントは，伝統的な裁判所運営の細か

さ，形式性，重厚さ，遅延，費用高，複雑さ，および，裁判所の手続のありよう，さらには，時間，職務および費用の多大な浪費によって，実際に衝撃を受けたのである．これらの実務上の欠点は，少なくともヨーロッパでは，19世紀からしばしば生じていた司法および民事訴訟法典における硬直的かつ時代遅れの過大な法的規制によって，主として生み出されたものである．

しかも，後世，その法が修正を受け，また，新たな法が制定され，さらには，法がどこからか移入されたとしても，それらは，なお，その固有の歴史または外国法の歴史に深く根づいているものなのであり，古い範型に押し込まれたものなのである．

つまり，それらは，稀な例外があるとしても，そのほとんどが時代遅れであり，回顧的かつ過去志向的である．それゆえ，現代社会の現実すなわち時代の要請に即応し，展望的かつ将来志向的な裁判所法および訴訟法等は，未だいずれにも存在しないのである．

さて，現在一般に，いわゆる「司法2000プラス（2000年の司法とその後）」の現実のニーズが存在することには，広い同意が存在している．また，そのような「司法2000プラス（2000年の司法とその後）」の「探求」も，すでに紹介されている．しかしながら，このような野心的な目的に向けた注目すべき具体的な試みは，ほとんど見出すことができないのが現状である．

われわれが，ほんの少ししか科学的な貢献を司法の領域で実現できない限りで[31]，それは，未来指向的な「概念」を定式化する「ヴィジョン」，「使命」

---

31) 例えば，"The Justice of the Future" をテーマとした下記の報告書を参照．Josaphat Marinho, Jos Eduardo Faria and Maria Tereza Sadek (all Brasil) and Peter Gilles (Germany) at the XVIII. Meeting of the German-Brasilian Association of Jurists in Brasilia 1999 (outputs not yet published) ; Round table discussion on the topic of "Procedural Law for the Third Millennium" (participants Federico Carpi (Italy), Nial Fennelly (Ireland/Luxembourg), Takeshi Kojima (Japan), Garry Watson (Canada) and Peter Gilles (Germany) as moderator at the Colloquium of the International Association of Procedural Law in Gent 2000 (outputs not yet published) ; also Diether Schönfelder," Justiz 2010 ff. - Ergebnis, Zusammenfassung,

または単なる「幻想」にすぎないものとも言われている．

また，現在「未来の司法」または「将来の民事訴訟」の「モデル」が展開され始めているが，それは，次のような問題に，焦点を当てているにすぎないのである．つまり，裁判所における情報，コミュニケーションおよび協働作業をいかに調整し，法の発見や事実認定をいかに行い，終局判決をいかに言い渡し，そして，その他の紛争解決システムをいかに調整するべきかであり，また，訴訟関係者内での手続上の負担，機会および権限を，どのように分配するかの問題に，その議論が集中しているのである．

ある論者は，これらの新たな考慮によって，司法の運営が，司法判断またはその他の解決の生産のための「法サービス産業」または「製造工場」としての意義をもつことになると分析している．裁判所の作用は，ある種の経済的な観念から見た場合には，「ビジネス」または「企業」に近いものに見られることとなるのである．

また，他の論者は，裁判所の手続の特徴を，「社会的なオーガニズム」，「相互作用の場所」，「情報とコミュニケーションのシステム」，「紛争の方向づけ」

Tagung der Leitungen der Justizbehörde und der Gerichte und Staatsanwaltschaft am 6./7. Oktober 2000, in : Alt-Duvenstedt, "do://Jube3/Ablage/Justiz/Hamburg. de/Behoerden/JB/j2000/j2010_pr.doc - Stand : 17.11.00 ; Justiz 2010 ff. - Die Zukunftsdebatte in Hamburgs Justiz, http://www.hamburg.de/Behoerden/JE/j2000/ j2010/htm ; and also Bosauer Pressespiegel - Meldungen aus den nächsten 10 Jahren, http://www.hamburg.de/Behoerden/JB/j2000/j2010/htm. See also the aspect of "Future of justice" in the international discussion contributed to Takeshi Kojima, Toyo Atsumi, Hiroshi Hokama, Mutsumi Shimizu (ed.), Système jurisdique français Publications de l'Institut Japonais de Droit Comparé, No. 22. Presses Universitaires de Chuo, Tokyo, 1992 ; Takeshi Kojima/Toyo Atsumi, Hiroshi Hokama, Mutsumi Shimizu (ed.), The Grand Design of America's Justice System, Series of the Institute of Comparative Law in Japan, No. 30, Chuo University Press, Tokyo, 1995 ; Takeshi Kojima, Toyo Atsumi, Hiroshi Hokama, Toshiyuki Kawazoe, Mutsumi Shimizu (ed.), Europe's Judicial Systems. Past and Future, Series of the Institute of Comparative Law in Japan, No. 37, Chuo University Press, Tokyo, 1996.

第1章　司法運営と訴訟手続の領域における世界的な改革動向　37

または「セラピー（治療）」として，強調する．

　これらの見解，モデルおよび概念は，例えば，紛争社会学，コミュニケーション理論，社会心理学，労働経済学，ビジネス組織論，経営学，産業工学およびその他の諸科学のような，いわゆる「法の隣接部分」の研究およびその帰結に基づいているのである．

　しかし，不幸にも，非常に単純化して言えば，「法予知学」や「法未来学」のような領域の研究やその研究の帰結を，基礎としていないのである．なぜならば，それらの学問分野は，少なくともドイツにおいては，今日全く知られていないからである．

　それに加えて，われわれは，次のような法概念においても，ほのかな「現代化」の傾向を見出すことができる．すなわち，それは，いわゆる「裁判外紛争処理制度（ADR：代替的紛争解決制度）」を通じて紛争を解決するということである．つまり，それは，国家機関の関与しない裁判外の和解，交渉，調整または仲裁を，紛争解決のために用いるという世界的経験であり，かつ，国家の司法に「代替的」なのではなく，裁判所における訴訟的紛争解決制度に対して代替的であるので，「国家の司法内」において，裁判官主導の訴訟手続と併存させ，統合させる試みでもある．

　最後に，われわれは，ある事件のモデル，すなわちより正確には，「日本モデル」[32]を発見することができる．それは，紛争解決の「最適モデル化」を実現する試みである．すなわち，世界中の裁判内外／国家的非国家的なあらゆるタイプの紛争処理システムの長短を比較衡量して，司法および訴訟手続の「理念型」を追い求めるのである．その試みは，ほとんどの法学者にとっては，「ユートピア」として映り，また，「熱狂的な理念」とも思われかねない紛争解決のユニークな「理念型」を求めるものである．

---

32)　Takeshi Kojima, Legal families in procedural law revisited (注4)), pp. 567 ff., concerning the aspect of "a world-wide procedural model", pp. 618 ff; Takeshi Kojima, Dispute resolution systems and legal culture, in : The Editorial Board of the ISCJ (ed.) (注4)); Takeshi Kojima, A planitary system of justice (注3)), pp. 513 ff.

III おわりに

　本章を締め括るにさいして,これまで述べてきた,司法システムの「民主化」,「憲法化」,「再構築」または「国際化」といった高度に複雑な諸動向の要約を,期待すべきではないであろう.しかもまた,「実質的な現代化」といった今なお忘れられている「現代化」の傾向の要約を,期待すべきでもないであろう.

　その代わりに,私は,すべての東洋と西洋の科学の力や知識経験を束ねて活用するために,東洋と西洋のすべての研究者を,このような議論に招待することで,本章を閉じたい.

　それは,例えば,一方で,とりわけ東洋で当然のように成長発展してきた私的な正義,隣人による正義,部族または民族による正義に関わる問題でもあり,また,他方で,西洋では,裁判外紛争解決手続（代替的紛争解決手続）と呼ばれるものである.しかも,それらは,また,ジョイント・ベンチャー的な新たな「未来学的な概念」,「ヴィジョンを示す概念」または「ユートピア的な概念」の中で展開すべき事項であり,西洋流に言えば洗練された公権的な国家司法のあり方に関するものでもある.

　その概念は,特に民事事件の領域において,「対立当事者構造」をもった「訴訟事件」を宥和させるような内容をもったものである.すなわち,西洋にとって典型的なのは,コミュニケーションをとりあいながら協働して「交渉」を行う「紛争解決促進文化」なのであり,また,東洋にとって典型的なのは,「紛争調整文化」,つまり要するに,「協働モデル」を伴った「紛争モデル」なのである.

　このことは,確かに,われわれのすべてにとって困難な仕事である.なぜならば,それが,単に,多くの人材,制度的なエネルギーおよび連帯的な行動を必要とするだけではないからである.それに加えて,さらに,多くの創造力,想像力およびファンタジーさえも要求するからである.しかも,それらは,通例,法専門家の典型的な特質には含まれていない能力と性質を,意味するから

である．

　それにもかかわらず，「法，正義および開かれた社会」[33]のために可能な限り，そのような挑戦的な作業を開始すべき秋が来たのである．

〔川嶋四郎 訳〕

---

33) 1977年に，タイの Bangkok と Cham-Am で行われた地域シンポジウムのタイトルについては，Tirunah Tingsabad (ed.), South East Asian Symposium on the topic of "Law, Justice and open Society in ASEAN organized by the Institute of Comparative Law and Public Policy, Faculty of Law, Thammasat University Bangkok, October 1997, Bangkok を参照．

第2章
激動期にある司法システム
The State Judiciaries

I はじめに

　この講演会のテーマは，「激動期における司法システム」である．このテーマを選んだ理由は，東西の司法システム，つまりは日本と私の母国ドイツの司法システムが，現在，世界の様々な地域における一部は同じないしは似たような，しかしまた，一部はまったく異なった問題点の指摘，批判そして改革の関心に起因する抜本的改正を受けていることにある．わが国の司法システムにおけるこうした転換のみならず，とりわけ同じあるいは似たような司法および訴訟法を持つわが国の近隣諸国さらにはまた遠い国々の司法システムのこうした転換を観察し，批判的な分析を加え，そしてそれをめぐり議論をくりひろげることで，今日いわゆる司法比較あるいは訴訟比較[1]は，事実的・実践的側面の

　＊　以下注には，本章のテーマに関する筆者の論攷のみをあげる．
  1) Rechtstatsachenforschung und Rechtstaat. Ein Beitrag zur gegenwärtigen 'Krise des Rechtsstaates' und zum 'gegenwärtigen Dilemma der Rechtstatsachenforschung' im Anschluß an ein türkisch-deutschen Symposium in Istanbul 1994, in : Verfahrensrecht am Ausgang des 20. Jahrhunderts, Festschrift für *Gerhard Lüke* zum 70. Geburtstag 1997, S. 139 ff. ; "Rechtstatsachenforschung pro Rechtsstaat - Rechtsstaat contra Rechtstatsachenforschung". Anmerkungen zum Generalthema des Symposium aus deutscher Sicht, in : *Hayrettin Ökcesiz* (Hrsg.), Hukuk Felsefesi ve Sosyolojisi Arkivi (Archiv für Rechtsphilosophie und -soziologie, Türkei), Vol. Sonderheft Nr. 3, Istanbul, 1996, S. 240 ff., 260 ff., 295 ff. ; Ziviljustiz und Rechtsmittelproblematik. Vorstudie zur Analyse und Reform der Rechtsmittel in der Zivilgerichtsbarkeit. Beiträge zur Strukturanalyse der Rechtspflege. Rechtstatsachenforschung (hrsg, vom Bundesministerium der Justiz), Köln 1992 ; Zur gegen-

みならず規範的・理論的側面に関しても，世界あまねく，まさしくブームにわいている．日本，そしてドイツについても，特にそう言うことができる．

この講演を通じて，ここにいる日本の皆さんには，ドイツの司法状況を一定の範囲で理解してもらえることとなろう．しかし，皆さんが，ドイツ一国の観点から非常にドイツ的な個別の事柄，つまり，わが国ドイツの司法システム，その問題と批判そして改革にみられる典型的にドイツ的な特徴に振り回されたり，ましてや退屈したりすることがないようにしていきたい．

その理由は 2 つある．つまり，ひとつには，ドイツにおいては，司法および司法改革という事柄についてみると，近時，公表された法事実調査，経験的ないし法社会学的所見[2]，そして，学問的ないし法政策的意見[3]の数の多さからして，いずれにしても，私にはかなり大まかな概観しか示すことができないほど，多くのことが進み始め，そして，激しく動き出している．他方，比較法的

---

wärtigen Lage der deutschen Justiz. Ein Überblick über Probleme und Kritiken, Analysen und Reformanliegen am Beispiel der Ziviljustiz in der Bundesrepublik Deutschland in : Comparative Law Review, Vol. 7, Torun (ed. Nikolaus Kopernikus University), Torun 1996, S. 25 ff.

2) "Der Beitrag der Sozialwissenschaften zur Reform des Prozeßrechts", in : *Gilles* (Hrsg.), Effektivität des Rechtsschutzes und verfassungsmäßige Ordnung, 1983, S. 105 ff. ; "Nationalbericht Deutschland (Bundesrepublik)", in : *Roth* (Hrsg.), Rechtssoziologie und Prozeß, Wien 1983, S. 37 ff. ; "Zur Integration von Sozialwissenschaften und Prozeßrechtswissenschaft. Die neueren Entwicklungen der letzten Jahre" in : *Gilles,* Aufgaben von Prozeßeinrichtungen in der Bundesrepublik Deutschland (hrsg. von *Takeshi Kojima*). Chuo University Press, Japan, Tokyo 1981, S. 94 ff. ; "Soziologie und Prozeßrecht. Ein Überblick über interdisziplinäre Tendenzen und Probleme der Integration von Rechtswissenschaften und Sozialwissenschaften im deutschen Zivilprozeßrecht", in : Minjisoshyo Zasshi, Journal of civil procedure (Japan), Bd. 26, Heft 1, 1980, S. 1 ff.

3) Rechtsstaat und Justizstaat in der Krise, Neue Justiz, 1998, 225 ff. ; Rechtsstaat und Justizstaat in der Krise : Zur gegenwärtigen Misere hoch entwickelter Rechts- und Justizsysteme am Beispiel Deutschland, in : The Institute of Comparative Law in Japan (ed.), Towars Comparative Law in the 21st Century, Tokyo, 1998.

な協力，つまり，ここでは日本・ドイツ間の協力が，相互の利益になるようにするには，一般的あるいは原則的種類のものであり，また，単に一国にとって意義を有するものより，**国家横断的**または**超国家的意義**を有し，そして，──望むらくは──われら日独両国の利益となるテーマ選択に集中したほうがよいと考えるからである．

　しかし，われわれが，司法比較および訴訟比較を行うにあたり，各国の司法あるいは訴訟の特異性の細かいところには立ち入らず，また，単純な調整といったものもほぼ度外視して，国家横断的な根本的問題により力を注いだとしても，──そしてまた，たとえば，対象国が一定の「**法圏**」および「**法族**」に属しているとか，あるいは「**法文化**」の違いといった「**比較可能性**」という，比較法学者にとって典型的な問題を完全に度外視したとしても──，次のような疑問は残る．すなわちそれは，まさに司法および訴訟の分野に関する比較が，相互理解を深める以外に，そもそもなにをもたらすことができるのかという疑問である．これらの疑問は，日独両国についても同じくあてはまることに思えるが，各比較対象国における現実的問題そして法的問題のレベルは，しばしば多様であり，それゆえに，その対策を講ずるためのそれぞれの改革の努力もそのレベルに違いがあることに由来するものである．

　前置きはこのくらいにして，本題に移ろう．

II　改革の機運

　今日世界中を見回してみると，またしても，政治家，実務家そして学者たちの間には，まごうことなきこと──ともはや言うべき──最近における**改革への焦り**と結びついて，「司法」という問題が**危機にある**というムードが，まさに蔓延しているという印象を受ける．このことは，ドイツのみにあてはまるのではなく，今のところ，世界の多くの地域そして国家にもあてはまる．他にもこの問題を扱うものが多数ある中で，この問題に関する初めての論集，「Civil Justice in Crisis」（Adrian Zuckerman (ed.). Oxford, Great Britain）は，その証

として十分であろう．この論集は，3つの大陸からの16ヵ国の国別報告を集めたものであるが，それは，各国の司法システム，とりわけ民事司法システムの現状とその欠陥について，各国別報告の執筆者の嘆きに満ちあふれている．われわれが，この報告書，そしてまたこのテーマに関する国内外のその他の比較的新しいないしはもっとも新しい論文を読めば，いたる所で不満を突きつけられている司法に関わる問題が，その量，質そして程度という点において，決定的に異なっていること，そしてまた，これに対応して，それぞれの司法改革の努力も，程度および内容そして奥行きの点で，非常に異なっているということを，容易に確認できる．

そしてまた，いわゆる「改革の機運」，言い方を変えれば，政治的な行動の必要性を呼び起こす改革の圧力も，国ごとでまったく異なっている．ただし，現時改革の機運を生じさせているのは，以前からすでに存在し，だんだんと先鋭化あるいは政治問題化していった，専らある一国の司法の欠陥だけではないのは確かである．ここではさらに，次のような事情が加わることは明らかである．すなわち，われわれは，2000年から2001年への，まるで魔術のような時代の変わり目を経験し，そして，1999年のウイーンにおける第11回民事訴訟法世界会議のテーマであった「新たな1000年の入り口」をくぐったのである[4]．

この「新たな世紀への変わり目」が，次のような改革論者のメンタリティーや感受性に影響を与えずにおかなかったことは明らかである．それは，司法の不備を除去してその機能を維持すべく，あるいは，司法が将来的にもうまくいくようにあらかじめ設計しておくべく，それ以降一種のあわただしい雰囲気から抜け出し，興奮状態のもとではないにせよ，特段の性急さをもって改革事業に身を捧げている改革論者である．もちろん，このような最近の改革の努力の背景には，おそらく，司法システムが現在の状態のままでは，とかく「情報時代」と呼ばれる「ニュー・エイジ」の諸要請に耐えていけるのかという，あま

---

4) Prozeßrecht an der Jahrtausendwende/Procedural Law on the Threshold of a New Millennium. Deutsch Landesberichte zur Weltkonferenz für Prozeßrecht in Wien, Österreich, 1999 (herausgegeben von *Peter Gilles*), Baden-Baden 1999.

りはっきりしてはいないが，危惧とか不安があるように思われる．

III 問題の諸相

　われわれが，世界中で，司法の「**問題**」,「**貧困**」あるいは「**危機**」として取り上げられ，批判されそして議論され，あるいは，そう呼ばれる非常事態を実際に作り出しているものすべてに思いをめぐらしてみると，先にあげた**問題状況と改革状況との相違**が，即座に明らかになるはずである．それゆえ，ドイツにおいてはごく最近まで，つまりは2002年1月1日に，それに対応するための改正法が発効するまで，たとえば，裁判所の合議機関の中での単独裁判官の権限をさらにどの程度拡大すべきであるのか（ちなみに，ますます分からなくなったのは，なぜいまだに，すべての受訴裁判所と第一審を，原則として**単独裁判官**によらせるというところまでふみきらないのか，である.），あるいはまた，受理控訴あるいは許可控訴への**控訴制度**を改正するにあたり，その場合には，不受理あるいは不許可に対する抗告制度を設けるべきかどうかについて，激しい議論がなされた．これに対して，他の国々，たとえば，イギリスでは，あいも変わらず，「**法廷侮辱罪**（Contempt of Court）」[5] に対する制裁にあたってのあまりの無節操さ，過度にすぎ，時として生活を壊滅させてしまうような**訴訟費用**，すなわち，わけてもその極限まで増大した弁護士と裁判所の手数料が問題となっているし，また，──特に，アメリカ合衆国のように──とりわけ，今日多くの国において，導入する価値があると感じられ，また推奨されている「プリ・トライアル（Pre-trial）」において，**弁護士の権限**が肥大化していることが問題とされている．さらに，多くの国々にとって，今もって深刻な問題となっているのは，──たとえばこれは，大概のラテンアメリカの国々にあてはまることであるが──裁判所の手続**期間**が，すでに第一審の段階で，しばしば

---

5) "Contempt of Court - Ungebühr vor Gericht - Richter in eigener Sache, Rechtsvergleichende Überlegungen aus deutscher Sicht", in : Gedachtnisschrift für *Peter Arens,* München 1993, S. 143 ff.

数年に及んでいることである．私が以前にそこでの改革計画に関わったことから，自分が経験して知ったところでは，コスタリカは，私が知ったもっともひどい例のひとつであるが，そこでは，通常の第一審民事訴訟の平均期間が実際に7年にも及んでいるのである．

そのような長期に及ぶ訴訟および数年にわたる訴訟の引き延ばしに比べてみれば，ドイツは，まさに「スピーディーな司法」を享受している．すなわち，最新の公式司法統計によれば，たとえば，区裁判所が第一審となる民事訴訟についてはその78％が，そして，区裁判所を第一審とする刑事訴訟についてはさらにその81％が，4ないし6ヶ月の期間内に終結をみているのである．これとの関係で指摘しておくことが許されるべきは，次の点である．すなわち，わが国にあっては，1年以上の長きにわたる訴訟は，連邦憲法裁判所そして欧州司法裁判所の見解に従うなら，司法拒絶として違憲とされ，また司法保障請求権という基本法（ヨーロッパ人権規約6条参照）を侵害するものと評価されるであろう．

世界的な広がりを持ち，そして長きにわたり続いてきた「司法へのアクセス（Access to Justice）」を求める運動のおかげで，多くのことがかなり改善されたにもかかわらず，世界の多くの地域においては，今なお，司法をつかさどる機関は，敵対的とまでは言えないにせよ，**近寄りがたい**とか**国民から遠いもの**であることが悩みの種となっている．あちらこちらで，――わけても，西側あるいは資本主義世界においては――相変わらず，分かりにくい内部の仕組み，そしてまた，出訴方法，審級，管轄，手続方式，ならびに裁判体があまりに細かく分けられている結果，司法システムが**不透明**となってしまっていることが問題視されている．加えてまた，いたる所で，司法制度の**効率の悪さ**が公然と非難されている．それは，時代遅れの慣行，非合理的な業務処理，あまりにも規律がやかましいこと，そして，手続の領域では意味を失った形式主義の所産であり，あるいはコート・マネージメントが不十分ないしは完全に欠如していることの所産であり，はたまた時代に合わない業務組織の所産であり，さらには，裁判官，その補助者，弁護士そして当事者間における業務分担のあり方が

とっくに時代遅れになっていることの所産なのである.

　多くのところ,ここでもまた特に西側世界においては,この効率の悪さという問題は,**過重負担**とまでは言えないにしても,国家裁判所が非常に大きな負担をかかえているという問題と密接に関連している.そしてこの国家裁判所の負担の多さということは,たとえばドイツにおいては,多くの人から,今日の司法制度がかかえる「最大の悩み」以外のなにものでもないとされている[6].

　もっとも,私の見解によれば,——これで最後にするが——より大きな欠陥は,次の点にある.すなわち,司法の民主化が進展しているにもかかわらず,多くの国々の司法システムは,たいていは自国の憲法ですでに明文をもって規定し,そしてまたこれに加え,——例えば,ヨーロッパ人権規約6条のように——多数の条約に定着している,いわゆる**訴訟に関する基本権と人権**,そしてまた,**司法に関する憲法上の諸原則**[7]を,憲法上の諸権利や諸原則をまったく完全には無視しているわけではない場合でも,現実そして実務においては,十分に考慮してはいないということである.ここには,**権利の実践**という基本的問題,および「紙の上の法(Paper Law)」ないし「書物に書かれた法(Law in the Books)」と,「生ける法(Living Law)」ないしは「実践されている法(Law in Action)」の対立という基本問題をみてとることができる.

　もちろん,この際,この場では,次のような政治学者,社会学者および法学

---

6) "Deutsche Ziviljustiz als Beispiel für die Überlastung staatlicher Gerichte und Strategien zu ihrer Entlastung", in: Ankara Barosu Dergisi (Anwaltskammer-Zeitschrift), Ankara, Heft 5, 1992, S. 749 ff.; "Anmerkungen zum Thema Justizbelastung und zur Notwendigkeit eines Entlastungsstrategiekonzepts", in: *Jürgen Brand/Dieter Strempel* (Hrsg.), Soziologie des Rechts, Festschrift für *Erhard Blankenburg* zum 60. Geburtstag, Schriften der Vereinigung für Rechtssoziologie, Band 24, Baden-Baden 1998, S. 531 ff.

7) "Endangering and Protection of Privacy and Personality in State Judiciary and Judicial Proceedings. An Overview of Programs from a European Point of View", in: Keio Law Review (Japan), No. 6, 1990, S. 139 ff.; "Der Schutz der Privatsphäre im Räderwerk der Justiz", in: Magyar Jog, Heft 3, Budapest 1992, S. 177 ff.

者の間で争われている，言うまでもなく十分に学術的な問題には触れないでおく．すなわちそれは，ヨーロッパにおける基本法の解釈モデルおよびヨーロッパにおける「民主主義」についての本質的な理解を，そもそものところ，アジアの価値観あるいは今日のいわゆる「アジア的価値（Asian Values）」[8]と調和させることができるのか，また，できるとしてもどの程度までかという問題である．

　しかし，世界中を見回してみると，司法の領域には，これを特記しそして報告しておくべきもっともっとひどいこと，そう，おぞましいことがまだある．これについて，私は，——その出来事があった国々がどこなのかは言わないが——最近，しかもごく最近に起こった事件だけ言及しておく．それはどういう事かと言えば，その時々の権力者が，政治的にみて気にくわない裁判官をスパッと大量に罷免したり，あるいは，裁判官を配置換えして，その裁判官にはまったく理解できない言葉を話し，そのために彼は孤立し，その結果職務怠惰そして役立たずとして住民から揶揄されるようなところにおいやってしまうといったことである．私はまた，次のような事実にも思いをはせてもらいたい．すなわち，多くの国々において，ジャーナリストあるいは教会の代表者とならび，唯一批判的な態度をとる可能性のあるものと考えられている弁護士が，今なお迫害や危険にさらされているという事実である．そして最後に，今日にいたるまでなお依然として起きている最悪の出来事，すなわち，裁判官，弁護士，検察官あるいは法務大臣の脅迫，誘拐さらには殺害といった出来事にも思いをいたしてほしい．

　幸いなことに，このようなことは，現在，日独両国の司法に関しては問題となっていない．しかしながら，私の母国ドイツにおいて最近起きていることに照らすなら，ほんの数十年前におきたドイツ司法と何人かの高いレベルのその代表者に対する**テロ行為**に思いをはせることを止めようとは思わない．

---

[8] "Reform Developments in the Thai Justice System" Centre for European Studies/Chulalongkorn University, Bangkok (ed.), Research Monographs No. 19, Bangkok, February 1999.

IV 改革の2つの方向──その1

それでは,現在のところ先に述べたような司法テロリズムに悩む必要はなく,むしろ恒常的な緊急事態に悩んでいる大多数の国々にとっては,何が問題なのか.われわれが直面している司法問題とその結果としての改革問題は,私の考えでは,やや大まかには──いずれにせよ極端な場合には──その下での**諸問題**は,まさに対照をなし,そしてそこからもたらされる改革問題がまったく**正反対**の方向を向いている,**2つの状況に分類できる**[9].すなわち,一方では,その問題点と改革の必要が,その国の司法システムが**欠陥状態**にあることに由来している,つまり,多少簡略化して言えば,その国の司法が,その理由はどうであれ,あまりに弱く,あまりに小さく,あまりに単純,あるいは,あまりに効率が悪いことに起因している国々──私が思い浮かべているのは,とりわけ,中央アジア,東南アジア,東欧あるいはラテンアメリカ──が,依然として多数ある.

このことは,いわゆる**発展途上国**(nations in process),そしてまたいわゆる**改革の緒についた国家**のいくつかについては,まったく一般的に,政治,経済,社会あるいは文化的に,そしてまた,それにともなって司法についても,今なお比較的低い発展段階にあることに,その原因があるか,あるいは,時には,その時々の政治権力が,すでに長い間にわたりまったく意図的に司法を萎縮させ,あるいは,圧迫する政策をとってきたことにもその原因があると思われる.いわゆる**変革期にある国家**,あるいは,**過渡期にある国家**("nations in transition", "nations in transformation"),つまり,現在,わけてもかつての共産主義,社会主義あるいは独裁国家形態から,資本主義的あるいは民主主義国家形態への「変化」ないしは「変革」に努力し,あるいは,少なくとも,一定

---

9) Transnational Report: Administering justice and procedural handling of civil conflicts. The recent trends in East and West, in: *Piruna Tingsabadh* (ed.), Law justice and open society in ASIAN, Bangkok 1998, S. 381 ff.

の自由化あるいは「開放」を達成しようと努力している国々においては，現在の司法システムの欠陥は，これに加えて，――発展的というよりむしろ革命的な――特段の理由に基づいている．このことは，たとえば，そこにはすでに比較的進歩的な司法が存在していたが，過去に独裁者，一党独裁体制あるいは軍事政府によってそれが解体されあるいは権力を奪取されるにいたった国，あるいは，それまで比較的独立性を保っていた司法が，政府ないしは行政権の「越権行為」によって，弱体化された国にあてはまる．ことにこのような国々では，やっと着手された，金がかかり時間もかかる，まさにその名がふさわしい「司法の復興」は，色々な面でまだ始まったばかりである．

　いわゆる発展途上国あるいは変革期にある国々において，現在，真剣な司法の構築ないし復興が進められているところでは，この際にもっとも問題となっているのは，各国の国家制度が，三権分立をその根幹とする**法治国家性**を備えることであり，そしてこの文脈からして重要なのは，本当に次のような「**第三権**」を作り上げることである．すなわち，それは，ここで取り上げた国々の多くにとって，わけても実際に「独立した」権力，特に，もはや「腐敗することのない」権力を意味するものである．この場合には，その人員および施設の点でそれぞれの司法制度を拡大し，司法制度にますます多くの出訴方法，審級あるいは合議体を備えさせ，司法行政を組織化しそして管轄を細かく分けるというようなさらなる改革の努力が，このような**メインの改革目標**と結びつくことになる．簡略に述べるなら，つまりはここで言及した地域あるいは国家においては，**司法の構築**または**復興**ないしは**拡大**が，改革計画の俎上に載せられているのである．

V　改革の2つの方向――その2

　これに対して，西側の，高度に成長し，資本主義的と言うかもしれないし，あるいは，簡単に豊かな世界の部分，つまり，前に述べた2つの「状況」のもうひとつの状況にある国々，すなわち，もっとも極端な例としての**ドイツ**を含

むヨーロッパ大陸では，——司法の領域に関してみると——問題状況および改革状況は，まったく異なっている．つまり，ここでは——これは，決して，すべてのドイツの司法研究者がそうだとしているわけではないが，いずれにせよ私見によれば——，今日の中心的諸問題および諸改革の大部分は，欠陥状態に由来するものではない．それらは，まさに正反対に，司法の全領域における**過剰状態**あるいは**過多状態**に由来している．すなわち，ここでは，先の二つ目の状況に分類される国々の司法システムは，——そして，このことは，特にドイツにあてはまることであるが——いずれも，——少なくともほかと比較するならば——**度を越している**ことあるいは**行き過ぎ**ないしは**傲慢さ**に悩んでおり，しかもこれは，いたる所でそうなっているのである．ヨーロッパ大陸，特にドイツにおける司法改革の議論において用いられている，時として自然災害を連想させる言葉の選択や言葉遣いからして，すでに特徴的である．すなわちそこでは，どこにおいても，そして常ながら，たとえば，「訴訟の洪水」「弁護士の雪崩状態」，「法律家の過剰」「裁判官の膨張」とか，あるいは，さらに，「肥大化」，「巨大化」，「繁殖」，「増殖」，あるいは「迷路」とか，はたまた，「幸福の審級制度」，「豊満」，「過剰」，「過多」，「あまりに複雑」，「あまりに求めすぎ」あるいは「負担過剰」と叫ばれ，記述されているところである．

　ある種の表現は，その限りでは極端と思われるかもしれないが，実際のところ，これはたとえば次のことを反省する契機としては十分である．すなわちそれは，多くの西側諸国の司法機構は——つとに憲法において定められているように——，特に強力になっただけではなく，次第に強大化し，それにともなって，ずっと以前に，いわゆる「第三番目の権力」から，次第に，国家における「第一の」権力へと昇格しているのではないのか，つまりは，三権間における司法にとって有利な——見方を変えれば——不利な，疑念を起こさせるような権力の移動がなされて，**上級の権力**あるいは**優越的権力**になっているのではないのかということである．さらにまた真剣に考えるべきは，西側の「司法機構（machineries of justice）」の多くは，単に規模が大きいというだけではなく，すでに途方もなく**肥大化**してはいないのか，あるいは，これらのシステムは，

その垂直方向および水平方向へ向けた細分化により，単に十分かつ有意義に多様化しているに止まらず，ずっと以前から（過度の）**複雑性**が，そこではそれ自体司法へのアクセスの障害となるまでに細分化しまた過度に複雑なものとなってはいないかということである．実際のところ，すべての裁判権につき，国家裁判所に対する需要が多く，それゆえかなり負担が大きくなっているだけではなく，事件数が莫大でかつまた永続的に膨張してきたためにすでに**過重負担**に陥っており，その結果，もしかしたら，権利保護の質，換言すると「裁判の質」がひどく低下しているのではという疑問も生じてくる．

　それゆえ，改革をめぐる議論が，原則的な**改革の目的**および**改革の戦略**に関してもまた，それ独自かつまた特徴のある表現を用いることは，少しも不思議なことではない．ここでは，次のようなキーワードおよびキャッチフレーズが用いられている．すなわち，司法および裁判手続の「スリム化」（「スリムな司法」，「スリムな運営」，「スリムな手続」），「節約」，「財源の再分配」，「経済性の確保」，「配給」，「合理化」，「軽減」，「削減」，「一体化」あるいは「簡略化」，「切り詰め」，「縮減」あるいは「削減」である．

　以上は，次のことを意味する．すなわち，たとえば，中央アジアおよび東南アジアそしてまたラテンアメリカおよび東欧においては，司法システムを**構築**あるいは**拡大**をしようとの努力がなされている一方，ここでは，司法システムの**縮小**および**再構築**が問題となっているのである．司法システムの縮小と再構築ないしは縮小または再構築を志向するこのような主要な最近の改革傾向は，少なくともドイツにおいては，現在，とりわけ，政府省庁サイドから喧伝され，プロモートされているところであるが，わけても弁護士界サイドおよび裁判官の大部分，したがってまた，わが国ドイツの巨大な司法組織で収入および生計をたてている人々から，厳しい批判を受けていることは言うまでもない．

　　そういうわけで，少なくともドイツにおいては，現在の裁判構成法，裁判手続法
　あるいは法律家の職業法のマージナルな改正，そしてまた，手続上の細かな点の小
　規模はたまた最小限の改革ないしは小改革にあたってさえ，現状の変更は，ほとん

どすべてについて，とりわけ，職業代表および圧力団体の側から，次のような激しい抵抗を受けている．それは，自らの国においてまったく別の種類の問題および改革に取り組まなければならない諸外国の観察者にとって，確かに，想像を絶するようなものである．それゆえ，われわれを揺り動かしていることの多くは，別の国では，マージナルなことあるいは些細なことと感じられてしまおう．諸外国の観点からすると，次のような状況もまた，奇異に映る．すなわち，わが国にあっては，司法改革の敵対者の側から，マージナルな法改正あるいは些細な立法でさえ，今日のわが国における単純な法の「**過度の憲法化**」[10]の流れの中で，ただちに憲法問題，まさに違憲性に高められ，その結果，なんらかの立法計画は，すでにその準備段階で，連邦憲法裁判所への提訴によって脅かされてしまうという状況がこれである．そこでこの場合には，よく，「法治国家の保障の一掃」と騒がれたり，あるいは，即座に，「全西洋文化の没落」と落首されるのである．

それでは，東西における今日の司法改革の努力という，多くは国家横断的あるいは超国家的問題はここまでとして，次に移ろう．

VI ドイツの司法の現状

今日，世界中どこでも，法改革あるいは司法改革が取りざたされる際には，次のことがまったく普通のことと——いわゆる発展途上国あるいは改革の緒についた国々においては，おそらくのところ不可欠なものと——なっている．す

---

10) "Thesen zu einigen rechts- und verfassungs-, verfahrens- und justizpolitischen Aspekten der sog. Konstitutionalisierung einfachen Zivilpozeß-und Zwangsvollstreckungsrechts", vM. Ein Beitrag zum Seminar "Neue Perspektiven und Forschungen zum Verhältnis zwischen Prozeß und Verfassung, Fortaleza 1997; "Thesen zu einigen der rechts- und verfassungs-, verfahrens- und justizpolitischen Aspekte des Themas: Grundrechtsverletzungen bei der zwangsvollstreckung", in: *Kostas Beys,* Studienzentrum zur Justizgewährung Athen (Hrsg.), Dike International, Jahressonderausgabe der Hellenischen Monatsschrift des prozessualen Rechts, Band 3, Athen 1996, S. 111 ff.

なわちそれは，単に自国の法律上のあるいは事実上の慣行および伝統に頼り，あるいは，「手作りの改革構想」にだけ依拠することではなく，同時に，諸外国の法システムおよび司法システム，主に，隣国あるいは同じ法族あるいは法文化に属している国のそれを，自国の改革のためのいわゆる「モデル」として使えるかどうか，またその場合どの程度使えるかという観点から，審査し分析することである．そしてそれは，自国の法秩序を外国の法秩序に接近させ，さらには，個々の点であれ，部分的であれ，外国の制度を全面的に「**模倣**」し，または，外国法を「**継受**」することにもなりうる．

おそらくのところ，日本もまた，例えば，現行の民事訴訟法を日本流に改革するにあたり，あるいはまた，場合によっては，将来司法および訴訟の領域におけるさらなる改革をするにあたり，ドイツの司法システムおよびドイツの裁判組織および手続法に関する規律も，比較対象として，改革の際の考慮に組み入れることになろうが，その場合に備えて，以下に続く**ドイツの司法の現況**[11]についての簡略な解説は，少しく有益であると思われる．もっとも，この際，あらかじめ十分すぎるまでに，次のことをはっきりさせておくべきであ

---

11) "National Report on German Law. Streiterledigungssystem und Rechtskultur. Konfliktsbeilegung innerhalb der staatlichen Ziviljustiz durch Zivilgerichtsverfahren und sog. Alternativen hierzu in der Bundesrepublik Deutschland" in Japanese Association of the Law of Civil Procedure (ed.), The International Symposium on Civil Justice in the Era of Globalisation, Tokyo 1993, S. 552 ff.; "Ziviljustiz in der Bundesrepublik Deutschland", in: *Magyar Jog,* Heft 8, Budapest 1994, S. 501 ff.; "Zur gegenwärtigen Lag der deutschen Justiz. Ein Überblick über Probleme und Kritiken, Analysen und Reformanliegen am Beispiel der Ziviljustiz in der Bundesrepublik Deutschland", in: Hallym Law Forum (Korea), Vol. 3, 1993, S. 139 ff.; "Der Prozeß als Mittel zur rechtlichen Konfliktlösung. Staatliche Justiz - gerichtliches Verfahren - richterliche Entscheidung", in: *Dieter Grimm* (Hrsg.), Einführung in das Recht, 2. Aufl., Heidelberg 1991, S. 244 ff.; "Rechtspflege in der Bundesrepublik Deutschland", Comparative study of judicial administration International Project, directed by *Takeshi Kojima,* in: Hikakuho Zasshi, Comparative Law Review (Japan), Band 20, Heft 3, Tokyo 1986, S. 37 ff. (zusammen mit *Corinna Goldmann*).

第2章 激動期にある司法システム　55

ろう．すなわち，以下に示すような，現在ドイツで目にすることのできる法的・事実的諸現象の中には，ことによると日本も含むどこかの国にとって，確かに，**模範**になると言えるものも多いかもしれないが，しかし，ただちに**他山の石**と断じるべきものではないにせよ，それを模倣することに対する警告と理解してしかるべきものもまた，少なくともそれと同じ数はあるということである．

それでは，**ドイツ司法の現状**を見てみよう．

すでに時間の関係からして，法社会学的あるいは法経済学的に検証された諸事実や構造分析・機能分析そしてまたドイツの司法研究のこれまでの成果を示すことはできないので，今ここでは，いくつかの事実，特に，わが国の公式司法統計（連邦統計庁（Statistisches Bundesamt）（編），2001年統計年鑑（Statistisches Jahresbuch）358頁以下，数値の大部分は1999年のもので，一部は2000年に関するもの）から分かるような数値のみをあげてみたい．こうすることで，私は，比較法学者として，数値だけの比較は慎重に行うこととするし，また，性急に結論を出すことに対する警告を発しているのである．もっとも，数字のみではそう多くのことは分からない，そもそもそれだけですべて分かるものではないとしても，やはり，若干のことは分かるし，時として数値は，その重要な証左となることも見落としてはならない．

東西ドイツの再統一後，**ドイツ連邦共和国**[12]は，今や，16の連邦諸州からなり，総人口およそ8,400万をかかえる国になっている．ドイツにおいては，裁判権は，連邦憲法裁判権，州連邦憲法裁判権，通常裁判権，労働裁判権，行政裁判権，社会裁判権および財政裁判権さらには，たとえば分限裁判権，特許裁判権，船舶裁判権あるいは州経済裁判権といったような非常に多くの**裁判権**に分化しているが，その中から民事裁判権，刑事裁判権そして非訟事件さらにはこれに加えて，独立した家庭裁判権を含む**通常裁判権**だけを取り出してみると，わが国は，この通常裁判所に対する通常裁判権の分野だけで，いわゆる**通常裁判所**として，多数の部からなる約700の区裁判所，計約3,000の部（常時，最低3名の裁判官が配置される）を備えた116の地方裁判所，600以上の部を備えた25の上級地方裁判所，そして24の部を備え

---

12) "Das Justizsystem in Deutschland", in : Institut für Länderkunde Leipzig (Hrsg.), Nationalatlas Bundesrepublik Deutschland, Gesellschaft und Staat, 1999, S. 58 f.

た最高位の連邦通常裁判所を設置している．これだけでもすでに，官署としての裁判所の数は，驚くべきものであるが，さらにこれに，その他の裁判権の多数の下級，中級，上級そして最上級の裁判所が，連邦通常裁判所とならんで設けられている，各裁判権独自の連邦労働裁判所，連邦行政裁判所および連邦社会裁判所ならびに連邦財政裁判所とともに加算される．

裁判権にからんだ出訴方法の数が，膨大にすぎるとまでは行かなくとも，多すぎることからしてすでに，わが国の司法システムはひどく複雑であるが，さらには次のことにより，より複雑なものとなっている．すなわち，各出訴方法の内に，多数かつ重量的で，一部はまったく異なった**審級制度**ないしは審級があり，加えて，各審級の中では，職分，事物そして土地**管轄**がその多様性を極めており，これは，人を困惑させ不透明だという点では他に類をみない，そしてまた専門家さえも疑念を差しはさむような権限配分の規律となっているということである．

各民事，刑事，行政およびその他の裁判権が展開することになっている**裁判手続**に目を向けてみると，それがどうなっているかを考える者は，たとえば，民事訴訟，刑事訴訟あるいは行政訴訟に，その頭を混乱させることになる．これはまさに，まったくことなった民事訴訟上，刑事訴訟そして行政訴訟上の**訴えの類型**と**手続方式**があまりに多いことを総括したものにほかならない．ここではこれらをリストアップすることはできない．ひとつだけあげておきたいのは，最近またわが国の司法改革論者がその主たる関心を向けているところであるが，典型的にドイツの特徴をなしている，その肥大化した**上訴システム**および**不服申し立てシステム**[13]である．

ドイツ連邦共和国で**司法関係者**に関して言えば，外国からみると，きっと驚くであろうことが何点かある．ドイツ連邦共和国の人口は，言わせていただきたいが，現在，およそ8,400万人「でしか」ないのに，現在のところ約20,000人の**フルタイム裁判官**と**終身裁判官**（前年は，まだ約22,000人であった）がおり，そして，再統一を契機として，「西の司法」を模範とした「東の司法」の構築にともない，計画目

---

[13] "Rechtsmittelreform in der Zivilgerichtsbarkeit - zugleich zu Fragen einer Großen Justizreform", in: Zeitschrift für Rechtssoziologie 1991, S. 278 ff.; "Rechtsmittelreform im Zivilprozeß und Verfassungsrechtsaspekt einer Rechtsmittelbeschränkung", in: Juristenzeitung 1985, S. 253 ff. "Rechtsmittel im Zivilprozeß unter besonderer Berücksichtigung der Berufung", Bundesministerium der Justiz (Hrsg.), Rechtstatsachenforschung, Bonn 1985 (Mitherausgeber und Mitautor).

標としては，25,000人の裁判官が話題にのぼったこともあった．しかしまた，現在およそ20,000人の裁判官がいることで，ドイツが提供する裁判官の密度は，おそらく，世界で最も高いものとなっている．これに，——司法補助官から廷吏までを含む——司法統計にはあらわれてこない膨大な数の**司法補助職**，ならびに現在5,000人にのぼる**検事**および数え切れないほどの多くの**区検事**，そしてまた，（純然たる公証人と弁護士兼公証人も含めて）10,000人以上にのぼる**公証人**および2002年の統計によると約117,000人の**弁護士**がこれに加算される．ちなみに，例のいわゆる「弁護士の雪崩」は，——この分野の専門家も認めるであろうが——そうこうするうちにすでに120,000人に接近し，あるいはすでにそれを超えたことは確かである．

　弁護士自体は限定された範囲でしかそれに属してはいないものの，この巨大な司法機構は，言うまでもないが，その大方を納税者が拠出しなければならない膨大な金を貪り食っている．というのは，**司法予算**の中では，毎年の支出が収入をはっきりと超過しているからである．連邦主義をとるわが国の司法は，大方は，州の問題であるから，州の司法費用が，司法の総費用の主たる部分を形成している．それゆえ，ひとつだけ例を選び出すと，およそ600万の人口を持つ中規模の大きさの州であるヘッセン州においては，毎年の司法支出が，前年度においては，10億ドイツマルクを上回っている．しかしまた，**連邦法務省**により連邦予算を作成する際に見積もられる支出の枠内でも，**連邦諸裁判所**の運営費は，従前約5億ドイツマルクに達していた．さらに，2,700万ドイツマルク以上にのぼる**連邦憲法裁判所**の毎年の支出がこれに加算されなくてはならない．より新しい数値は，著者の知る限り公表されていない．

　それでは次に，裁判官が「**過重負担**」であると訴え，そして，弁護士は，あちらこちらで，それは単なる「うわさ」だとか，あるいは「幻影」であるとあっさり否定している**司法事件の多さ**について若干触れておこう．この際，私がいずれにせよ正確には答えられない，まったく些細だとは言えない問題のいくつかについては，立ち入らないことにしたい．というのは，まずもっては，どのような状況であれば，わが国では時として単に非難の対象と言うだけでなく，司法に対する国民の信頼の証左とも評価される，大きなものであったとしても単なる「**負担**」と言われ，どのような状況になれば，もはや甘受できない「**過重負担**」と言うことができるのかが問題だからである．すなわち，この問題は，数量や毎年の事件数の上昇率，あるいは，それによってもたらされる毎年の未済事件の停滞がどうかに単純に結びつくも

のではない．加えてまた，利用できる裁判所の人的資源ないしは仕事の内容，ましてや，司法関係者の怠慢とか勤勉さに簡単に結びつくものではない．むしろ，過重負担を問う場合には，裁判がはっきりした形でその機能を損失したことやその質を低下したことも，あわせて考えなければならないことは確かである．

　ここではまた，次のようなとても興味深い問題も扱わないつもりである．すなわち，それは，ドイツやその他のところでは，司法サービスに対する**需要**が継続的に増加していることが，前に論じた司法制度の**供給過剰**をもたらしたのか，それとも，──「供給が需要を生み出す」という標語に従う形で──むしろことはまったく正反対なのかという問題である．なお，ドイツ連邦共和国については，後者の可能性がある．というのは，ドイツの司法は，少なくとも国際的に比較すると，依然として，比較的うまく機能しており，加えてまた，比較的迅速かつ安上がりだからである．

　それでは，──司法の供給側が述べるところによれば──わが国ドイツでの，この**需要の側面**は，どのような状況にあるのであろうか．ここでも，外国からみると，きっと驚くべきことがある．ドイツにおいては，仕事の負担を受訴裁判所間に分配し，区裁判所の第一審管轄，つまりはいわゆる**事物管轄**を各地方裁判所のそれとを分ける，**民事争訟裁判権**におけるいわゆる**訴額**が徐々に引き上げられ，10,000ドイツマルクになり（100,000ドイツマルクにすることも，すでに議論された），現在のところ5,000ユーロとなったのちにあっては，毎年の新たな受理件数は，**民事事件**だけでも次のような状況になっている．すなわち，区裁判所には，約150万の民事事件が，その間に，通常の争訟的民事裁判手続により処理されるべき事件が持ち込まれている一方，他方で，第一審となる地方裁判所についてみると，確かに，減少してはいるものの，事件は，今なお，総計して400,000件弱である．地方裁判所での上訴手続は，いまだなおほぼ100,000件となっている一方，他方で純然たる上訴裁判所としての上級地方裁判所は，毎年約67,000件の新たな手続が始まっているし，また，連邦裁判所は5,700件近くとなっている．

　いわゆる**通常裁判権**の枠内におけるその他の事件負担に関してみると，これを管轄する第一審の家庭裁判所については，弁論と裁判を求めて，毎年500,000件以上の**家庭事件**が，新たに入ってくる．**刑事事件**に関しては，次のような状況にある．すなわち，地方裁判所での検察官の捜査手続は，ほぼ4,600,000件であり，高等裁判所での検察官の捜査手続は，わずかに138件である．そして，区裁判所での第一審

の刑事手続が840,000件以上，地方裁判所での第一審の刑事訴訟が14,000件であり，そして，上級地方裁判所は，上訴審としてはかなり多くの刑事事件を持つが，第一審としては15件のみである．いわゆる**非訟裁判権**において処理されるべき**事件**がどのくらいかについては，統計上のデータを持ちあわせていない．

　その他の裁判権においては──**第一審の事件受理**のみに関してであるが──，労働裁判権では約570,000件の**労働事件**，社会裁判権では約250,000件の**社会事件**，行政裁判権では，190,000件の**行政事件**，そして，財政裁判権では70,000件の**財政事件**がある一方，他方では，連邦憲法裁判権の枠内において，連邦憲法裁判所第一法廷は，毎年2,400件以上の事件，そして，第二法廷は，同じく2,400件以上の**憲法事件**を毎年，処理しなければならない．諸州の連邦憲法裁判所での事件数は，残念ながら，非訟事件と同じく，まったく分からない．

　しかし，そこには通常の事件および手続のみが含まれ，民事裁判権をみると，たとえば，東西ドイツ再統一後にあっては，1,200万件あるいはそれ以上に達するであろう，区裁判所が管轄し，司法補助官がその処理にあたる**督促手続**のようなものは含まれない点で，連邦統計は不備がある．同じことは，わけても，それぞれの数がすでに数百万を超えている差押手続および転付手続あるいは開示宣誓手続のような，何百万もの**執行手続**にも言える．毎年裁判所に持ち込まれ，手続はどうであれいずれにしても処理されることになる全種類の民事事件を総計してみると，──一部他の国におけるように──家事事件および労働事件も「民事事件」に加えなくとも，その数は，ずっと以前から100万を優に超えている．

　この──ついでに言うと，この分野を考察するドイツの者にとっても──ほとんど想像を超える国家裁判所の仕事量は，おそらくは次のような結論を是認するもののようにもみえよう．すなわち，それは，そのような「訴訟の洪水」の結果，裁判手続の期間はひどく長いものとしてしまったとか，あるいは，その結果，ドイツの司法システムは，もはやまったく効率的ではありえなくなったと言う結論である．しかし，──少なくとも，通常裁判権に関しては──幸いにも，そういうことはわが国では起こっていない．通常裁判権における**手続期間**に関してみると，すでに言及したように，事件が終結するまでの平均的な期間は，第一審では4～6ヶ月間となっているということだけを，ここでは再度指摘するに止めよう．ただし，現在のところ，行政裁判所，社会裁判所および財政裁判所での第一審手続は，これより若干長い時間がかかるが，しかし，国際的に比較すると，比較的迅速に行われてい

る.

　また，各裁判権をつかさどるわが国の裁判所を，**効率**があまりよくない，あるいは生産性に乏しいと非難することもできない．というのは，統計によれば，年間の新たな受理件数と毎年終結する手続の数は，長年にわたり今日にいたるまで，ほぼ同数のままだからである．このことは，とりわけ，おなじく**堆積している**未済事件の数が，長年にわたり，比較的同じ数のまま推移し，例えば年ごとに増えていってはいないということを意味している．もっとも，わが国の裁判所は，どのようにして，このように大量の権利保護を求める申し出を迅速ないしはある程度迅速に処理しているか，そしてまた，どのような**質**をもってしてこれを達成しているのかということは，言うまでもなく，まったく別問題である．

それでは統計は，ここまでにしておこう．

Ⅶ　ドイツにおける司法改革の核心部分とその問題点

　それでは，最後の最後に，司法に対するドイツにおける批判の核心部分と，現在の**ドイツにおける**司**法改革**に関わる中心的な問題を，いくつか取り上げておこう．

　ドイツ連邦共和国は，その成立以来，約10年ごとのサイクルで，「**大司法改革**」という呼び声のもと，すでに**四度にわたり**次のような司法批判の**巨大なうねり**にさらされてきた．すなわち，60年代終わりと70年代初頭は政権交代により，70年代終わりと80年代初頭はわが国の最上級裁判所のすべての長官が問題ありとしたことにより，そして80年代の終わりと90年代初頭はベルリンの壁の崩壊とそのあとに実現した東西ドイツの再統一により，司法分野に関してもまた，巨大な批判のうねりが巻き起こり，さらにこのうねりは，最近──つまり90年代の終わりから21世紀初頭まで──では，国家的な財政難と厳しい節約政策によって巻き起こされたのであった．

　これらの批判は，国内，国外において依然として「**法治国家**」の模範として称賛される連邦共和国に，「**司法国家**」，「**法曹国家**」，「**裁判官国家**」，「**上訴国**

家」あるいは「**訴訟国家**」といったような，まったくもって否定的な異名をつけた．これらの異名は，その大部分はすでに述べたような，わが国ドイツの司法システムの問題点，それがうまくいっていない状況，そしてまた，その弱点を浮き彫りにするはずのもの，あるいは，実際に浮き彫りにしているものである．すなわち，それは何かと言えば，第三権が，優先的でないにしても優越的地位にあること，国家（およびその他の）権力に影響力を持つ地位にある法曹のあまりの多さ，大量の裁判官，上訴および不服申立ての多さ，そして，最後に，「**主要な害悪**」として批判される**国家司法に持ち込まれる莫大な事件の多さ**である．

　このようなうねりは，以前から，そして今日まで，次のような要請をともなってきた．すなわち，それは，立法上，行政上，政策上の任務，経済運営上の任務，あるいは社会政策上の任務が，司法へと永続的に「ゆっくりと」移っていることに原因がある．継続的な**司法の権力増大**にブレーキをかけ，あるいは，これらの任務——これらは，主として，問題解決，紛争解決および危機の克服といった任務であるが——を，その処理あるいは解決について本来権限を持っているそれぞれの機関あるいは権力（立法，行政，経済団体，社会団体など）にもどすことによって，これを食い止めていこうというものである．

　ちなみに，現在，わが国の連邦憲法裁判所もまた，——憲法に合致するかどうかのみを審査し，国家の行為の適法性については審理しないというその本来の任務に立ち返って——，一部は自分でもたらした莫大な仕事の負担と責任から再度解き放たれようと試みている．

　次に求められているのは，司法行政組織および裁判組織，そしてまったく同じく司法関係者にも関わるわが国の**司法機構**の**縮小**および**簡素化**であるが，これについては，すでに，必要なことは述べた．

　もっとも，たとえば，裁判官の数の削減や司法の補助者の削減に関しては，ここで，若干の補足または疑問を呈しておきたい．すなわち，司法関係者の削減，つまりは，場合によると数千にも及ぶ**裁判官のポジション**と**司法にたずさわるその他のスタッフ**数万の削減を望む声は，いずれであれ，現在最も上位に

位置し，すべての政党が声高に騒いではいるが，おそらくはまったくの幻想でしかやはりない．わが国の高い**失業率**を一刻も早く大幅に引下げなければならないという**国家目標**と，そもそものところ，どう平仄が合うのかである．これは，司法改革論者の間では，まったく議論がかわされていない問題のひとつである．

最後に，何十年もの間，非難の的となってきた，**司法の大きな負担または過重負担**に関して言えば，どうやったらこの過重負担を克服できるかについて，政治の世界，実務そして学界から，多数の極みを尽くし，最高にまぎらわしくかつまた重箱の隅をつつくような，矛盾していて，また，一部はまったく非生産的な提案が無数になされており，それを，今この場で列挙することさえできない状態である．とは言え，このようにあふれかえる改革提案からは，次のような一定の**戦略**を読みとることができる．すなわち，それは，ほとんどシニカルな**レッセ・フェアーの立場**から始まり，**司法に関する需要のコントロール**ないしは**抑制**を掲げるものを間にはさんで，司法を最低限の状態にすること，最善の状態にすること，あるいは，最大限にするという意味で**司法の供給サイドを抑止**する戦略まで，広がっている．

しかし，これらのいわゆる**軽減のための戦略**については，決して，すべてがある程度現実的で，期待が持てるものではないように思われる．私見によれば，一方では，供給および需要による司法市場の自動調整ということに拠って立つレッセ・フェアーの立場は，現状に鑑みると，まったく議論する価値がない．他方では，司法の**制御**ないしは司法の**利用の抑制**をはかることの困難さは，国家によるメンタリティーおよび行動の制御は，そもそもが困難であり，そのうえ，なぜ裁判所を利用するのか，**原因の調査**は，緒についたばかりであり，そのために，国，特に立法者は，どこにその手を伸ばせばよいのか，依然として不明である．人員および施設をさらに増加させることによって，**司法サービスの提供を最大化**させることは，――他の問題を度外視しても――，そのために必要な財政手段が欠けているので，即座に挫折する．これに対し，人員や施設の削減によって，現在の司法供給を**最小化**しようと努力しても，この戦略は，

第 2 章　激動期にある司法システム　63

すでにわが国の憲法によって，一定の制約を咬まされてしまう．とは言っても，同時に，効率性をめざした最善化のための措置，つまりは，合理化のための特別の措置（キーワードは，マネージメント，企業組織，仕事の再分配，近代化，自動化，電子化等々である）がとられる場合に限られるが，確かに，一定の限度で，人員および施設を削減する余地はなお十分ある．

　ドイツにおいては，司法改革論者の中には，ここで最後に論じた**司法を最善の状態にする戦術**を支持する者も多いが，改革論者の多数派は，現在，まったく別のもの，すなわち，これまで取り上げられていなかった「**司法代替戦略**」に期待を寄せている．これは，**国家によらない**，あるいは，**紛争外の紛争解決制度**を設立，再開そして促進すること，あるいは，いわゆる「**代替的司法**」（代替的紛争解決制度＝ADR）[14]の創設あるいは拡大により，国家司法に対する大きな需要の嵐の一部を，あちこちのこうした代替的な制度へと誘導する戦略である．

　もっとも，何百万もの新件を受理している国家裁判所の負担が本当に軽減されるかは，疑問だと言って差し支えあるまい．というのは，わが国にもすでに有り余るほど存在し，国家の司法と競合し，これを補完あるいは代替する，いわゆる「選択肢」に関するこれまでの経験から，次のことを——法社会学的調査によっても確認されているところであるが——うかがうことができるからである．すなわち，それは，**調停**，**仲介**，**交渉**，**相談**，**和解**等の**機関**のいずれにおいても，処理されている事件の数は，年に10件から100件，あるいはよくても1,000件だということは，これを国民が**受け入れ**，結果としてその**効率**もまた上がることを期待するには無理がある，ということである．

---

14)　"ADR - from a German point of view", in : Japanese Association of the Law of Civil Procedure (ed.), The International Symposium on Civil Justice in the Era of Globalisation, Tokyo, 1993, S. 491 ff. ; "Alternativen zur staatlichen Ziviljustiz in der Bundesrepublik Deutschland", in : *Magyar Jog* (Ungarn), Budapest 1994, S. 556 ff. ; "Alternativen zur Ziviljustiz in der Bundesrepublik Deutschland", in : Teisé (Litauen), Vilnius 1997, S. 22 ff.

このように，代替的紛争解決手段が，今まで国民からほとんど受け入れられず，したがって効率性もほとんど無いこと，そして，この際ときとして問題とされるドイツ人の「**国家司法を志向するメンタリティー**」に関していえば，次のような事情が作用していることは確かである．すなわち，ドイツ国民の意識には，古くから支配的であった国家司法が深く根づいており，――時に手前みその司法として評判が悪い――私的な司法は，いずれであれ，法律家そして素人の間では，依然として嫌われているという事情である．このような文脈の中で，もうひとつ考慮しなくてはならないのは，われわれドイツ人が，いずれにしても，特に争いを受けて立つ用意があり，争いを好み，そして例外なくすべてを裁判沙汰にする傾向があるとうわさされていること，反対から見れば，われわれドイツ人は，一度たりとも，穏便に合意したり，あるいは権利侵害をすっきりと忘れてやる用意がほとんどないと，うわさされていることである．

　以上のような次第であるなら，立法者が，民事訴訟に関し，多くの新たなもの，そして多くの変更をもたらすとともに，今や，「**裁判所内での強制調停前置**」を必要的なものとして規定する，民事訴訟改革のための新たな法律（民事訴訟改革法（Zivilprozeßreformgesetz＝ZPO-RG）BGBl. IS. 1887）を，2001年1月27日に定め，そして2002年1月1日に施行したのか，その理由を探さなくてはならないであろう．さらに，すでにこの法律に先立って，1999年12月15日の「裁判外での紛争解決を促進するための法律（Gesetz zur Förderung der außergerichtlichen Streitbeilegung）」（BGBl. IS. 2400）と民事訴訟法施行法の新15条aにより各州が，一定の事件について，「**裁判外での紛争調停前置**」を命じることができる，法律上の根拠が整えられた．

　もっとも，このように，納得づくの合意をはかることを目的として，裁判外の機関の利用，あるいは，単に裁判所内での交渉に応じることであれ，これを法律により強制することは，私見によれば，今日ひろく世界中で「代替的紛争解決＝ADR」と呼ばれているものの基本理念を，かなりな程度否定してしまうものである．すなわち，その基本理念とは，裁判官の権力的な判断を通じた国家による紛争の裁定をえようとするのか，それとも私的な相談人，仲裁人あ

るいは調停人の助けをかりて，あるいはこれによらずに合意をはかるのか，はたまた訴訟内で，裁判官の助けをかりて合意をはかるのか，いずれによるかは市民の自由だということである．よりばかげていると思われるのは，当時の連邦法務大臣の指導のもと，新法の起草者が計画したこのような改正を，「**司法文化の転換**」へのはじめの一歩として，これまでのドイツの「**紛争文化**」から，「スリムな和解は，いずれにしたって太った訴訟に優る」というアジアの格言を心にとどめて，極東の模範に従った，新たな「**調停文化**」あるいは「**和解文化**」への転換に向けた最初の一歩だと，市民に売り込もうと試みられたことである．

〔森　勇・金井幸子　訳〕

第3章
複数国家間での法制度の統一化と同一化：その実例としての民事訴訟法のヨーロッパ統一化

Vereinheitlichung und Angleichung unterschiedlicher nationaler Rechte :
Die Europäisierung des Zivilprozeßrechts als ein Beispiel

I 法のグローバル化

現代の主な標語の一つは「グローバル化 Globalisierung」であろう[1]。このグローバル化の名前で呼ばれるものは，一つの球（ボール）である地球 Erdball を「グローブ Globus」が包み込むこと，すなわち地球を全体としてとらえ，きわめて一般化すれば，世界をより一層緊密化しようとしたり，あるいは世界を縮小化しようとする動き，取り組み，展開，このような「ダイナミックなプロセス」あるいはそれらを担い，操る思考と行動がグローバル化という名前で呼ばれている．「世界を全体としてとらえようとする意識」[2]もこれによ

〔訳注〕 原文で（ ）の部分はそのまま（ ）で囲み，原文で " " が囲まれた部分は「 」で囲み，翻訳に際して補った部分は［ ］で囲んである．

1) この「グローバル化」について論じた文献として以下を参照. Helmut Schmidt, Globalisierung, 1998 ; B. McDonald, Crime and justice in the global village : Towards Global Criminology, 1997 ; Oskar Lafontaine/Christa Müller, Keine Angst vor der Globalisierung, 1998 ; Edward Luttwak, Turbokapitalismus, Gewinner und Verlierer der Globalisierung, 1999 ; Hans-Peter Martin/Harald Schumann, Die Globalisierungsfalle. Der Angriff auf Demokratie und Wohlstand, 1999.

2) Cornelius Prittwitz, Criminalrecht in Zeiten der Globalisierung, Antrittsvorlesung

り絶えず成長しつつあると言えるかもしれない．ここでとりあえず「グローバル化運動 Go-Global-Movement」と名付ける動きは，90年代の始めから特に勢いを増しており，この運動に対しては世界各地で鋭い批判や戦闘的な抗議デモが少なからず見られたにもかかわらず，また分離主義，民族主義，覇権主義，帝国主義，さらには人種差別や過激派の活動と言った具体例が挙げられるような反対の潮流があるにもかかわらず，この運動は大して挫折することなく続いている．この「グローバル化運動」は，地球のすべてを覆う情報・伝達網である「ワールド・ワイド・ウェブ World Wide Web」「インターネット Internet」によって促進され，広げられ，この間に全世界およびそこで暮らす人間生活のほとんど全領域に広がり，経済や環境，労働や社会生活を始め，政治，学問，文化，心理，精神性，世界観，信仰その他もろもろにまで及んでいる．

もっとも広い意味での「法 Recht」，つまり現在の時点で存在する法規定や法規範，それは一国の法規定や法規範であり，国家を越えた法規定や法規範でもあり，この法は，法学者，実務家，立法関係者などの法律家が取り扱い，国家の内外にわたる，あるいは国家を超越する司法制度，司法機関，裁判手続などの制度によって守られ，あるいは実施されているのであるが，このような法もまた，当然のことながら，グローバル化運動から免れてはいない[3]．

しかしながら，まさにこの「法」との関わりにおいては，グローバル化の概念はこれまでのところ，まだそれほど普及しているとは言えない．その理由は，おそらく，理念や将来の目標としての「法のグローバル化」というスローガンが，統一された一つの「世界法 Welt-recht」と直結するものであり，大多数の法律家は国の内外で個別の法律がそれぞれ無関係に存在し（法のアトム化

---

an der Johann Wolfgang Goethe-Universität Frankfurt a. M., 2000 : http.//www. rz.uni-frankfurt.de/FB/fb01/Prittwitz/prittw_antritt-p.html.

3) 注1)の B. McDonald 論文，注2)の Cornelius Prittwitz 論文のほか，Albin Eser, Menschengerechte Strafjustiz im Zeitalter von Europäisierung und Globalisierung, http://www.fes.de/kommunikation/recht/online/reden/eser.html ; Rüdiger Voigt, Recht-Spielball der Politik?, Rechtspolitologie im Zeichen der Globalisierung, Baden-Baden, 2000. を参照．

Rechtsatomisierung），いまだ法が統一された状態にない，いわばカオス状態（法のカオス化 Rechtschaotisierung）[4]とでも形容される事態にすでに長い間直面していることからすれば，統一された世界法などというものは全くのユートピアか，あるいはそもそも希望や努力にも値しない幻想としか思えないという点にあろう。

そのため，法律家の間では「グローバル化」という，ことさら尊大な概念や，また同様の意味で時折話題になる「ユニヴァーサル化 Universalisierung」[5]という概念に代えて，法の「国際化」もしくは「国家超越化 Transnationalisierung」[6]という，はるかに謙虚に響く表現の方がずっと頻繁に用いられている。そしてここでは国境を越えていく法の展開過程が問題とされるのであるが，この展開過程は世界を丸ごと包み込むものではなく，単にすべてのあるいは特定の「国家 Nation」同士を関係付けていくものである。そしてそれらの国家は，地理的，政治的，経済的，歴史的，文化的あるいはその他の理由で近い関係にあることもあれば，そうでないこともあり，また特に二国間や多国間の条約（合意，協定等）により，複数国家による共同体あるいは国家統合体（連合，友邦関係，共同体，連邦等）へと結合されていることもあれば，そうでないこともある。

法に関するこのような取り組みや動向が，はっきり特定された地理的，文化

---

4) Peter Gilles, Rechtsstaat und Justizstaat in der Krise : Zur gegenwärtigen Misere hochentwickelter Rechts- und Justizsysteme-am Beispiel Deutschland, in : The Institute of Comparative Law in Japan (ed.), Towards Comparative Law in the 21st Century, 1998, S. 439 ff. (S. 446).

5) 民事訴訟手続のユニヴァーサル化については Carlos de Miguel y Alonso, Hacia un proceso civil universal, Valladolid 1991. を参照。

6) Italo Andolina (ed.), Transnational Aspects of Procedural Law, General Reports, X. World Congress on Procedural Law in Taormina 1995, Vol. I-III, University of Catania, 1998 ; Peter Gilles (Hrsg.), Transnationales Prozeßrecht, Deutsche Landesberichte zur Weltkonferenz für Prozeßrecht in Taormina/Sizilien 1995, Baden-Baden 1995 ; zu diesen Begriffen auch Peter Gilles, Vorwort, in : Peter Gilles, Prozeßrechtsvergleichung/Comparative procedural law, Köln 1996, S. V f.

的，政治的な空間を広域的に包括する場合には，例えば，「アメリカ地域内におけるアメリカ法の統一化 Amerikaniseirung」「アジア地域内でのアジア法の統一化 Asianisierung」あるいは「ヨーロッパ地域内でのヨーロッパ法の統一化 Europäisierung」[7]とでも言うようなより一歩進んだスローガンまでも登場している．

そしてこの関連で，もう一つのことに触れておかねばならない．それは，特定の地域で，ある国家が一種の「指導的役割」を独占したり，自らいわゆる「指導文化 Leitkulutur」を名乗り，自国の法を他の諸国家に押し付けたりする場合には，例えば「アメリカ合衆国法に従った統一化 US - Amerikanisierung」「日本法に従った統一化 Japanisierung」あるいは「ドイツ法に従った統一化 Germanisierung」というような，大抵は批判的なニュアンスを帯びた言葉も時に見聞きする可能性があるということである．

さて，法について「グローバル化」「国家超越化」「ヨーロッパ域内統一化」あるいはその他，地理的・地域的な名称を与えられた同様の動きが生じている所ではどこでも，ここで対象や内容を見たように「法の統一化 Rechtsvereinheitlichung」ないし「法の同一化 Rechtsangleichung」を計画し，あるいはすでに実際に実行されているという一連のプロセスが問題となっている．この関連で「法の共同化 Vergemeinschaftung des Rechts」[8]という表現が使われることがある．

統一化や同一化のこのようなプロセスは，一つの国家の内部での異なる法に関係する場合もあり，例えばスイスのいくつかのカントン Kanton［＝州］の間や，アメリカ合衆国の若干の州 Staat の間でその実例を見ることができる．

---

7) Walther J. Habscheid, Die Europäisierung des Zivilprozeßrechts, in : Mieczystaw Sawczuk (ed.), Unity of Civil Procedural Law and Its National Divergencies, International Symposium of Civil Procedural Law in Lublin, 1993, Marie-Curie-Sktodowska University, Lublin 1994, S. 76 ff.

8) Burkhard Hess, Die Europäisierung des internationalen Zivilprozeßrechts durch den Amsterdamer Vertrag - Chancen und Gefahren, in : NJW 2000, S. 23 ff.

しかし通常は複数の国家間での相互に異なる法に関係している．この場合，関係国の取り得る手段は，次の二つのいずれかであろう．一つは，それぞれが国内法の改正や新たな立法を通じて，お互いに統一的な国内法を作るか，あるいは少なくとも同一化された内容を持つ国内法を作ることを目標とするかである．他は，最初から国家を超越する一つの法を「共同の法」「統一法」として作り，──場合によっては関係各国の互いに異なる法を調整しながら国家を超越する法を作り出すということも有り得るであろうが──，そのような法を関係各国の国内法と並立させるか，あるいは国内法に取って代わらせるか，のいずれかである．いずれにせよ，これらの目標を言い表わすスローガンやキーワードとしては以前から，「調和化 harmonization」，「近似化 approximation」という言葉も広く用いられており，最近ではこれらに「適合化 compatibilization」という概念も付け加わっている．

このような法の統一化や同一化の進展[9]は，この間に世界中ほとんど至る所で見られるようになっており，しかもすでに長きに及んでいる．そしてそれらの取り組みは，マクロ的な法領域にもミクロ的な法領域にも向けられており，個別の規則や特定のルールのみが対象となることもあれば，法典全体が対象となることもある．「規則 Rule」のみであったり「原則 Principle」[10]のみであったりもする．また重要な法領域にも，より下位の法領域にも関わり，例えば基本的人権も，商法のもろもろの規則も，送達や署名についての規則その他も対象となるわけである．

世界各地での，このような法の統一化や同一化の進展の実例としては，国際連合 UN での取り組みや動向に加え，かつて大英帝国に属したイギリス連邦

---

[9] Peter Gilles, "Transnational Report". Administering Justice and Procedural Handling of civil conflicts. Recent trends in East and West, in : Piruna Tingsabadh (ed.), Law, Justice and Open Society in ASEAN, Proceedings of the Regionals Symposium, October 1997, Bangkok, Cha-Am, Thailand, Faculty of Law, Thammasat University, Bangkok 1998, S. 381 ff. (403 ff.).

[10] Thomas Pfeiffer, ALI/UNIDROIT Project : Are Principles Sufficient, without the Rules?, in : Uniform Law Review/Revue de Droit Uniform, 2001, S. 1015 ff.

諸国，ラテンアメリカ諸国，東南アジア諸国連合 ASEAN，崩壊した旧ソヴィエト連邦構成国による独立国家共同体 GUS［＝ Gemeinschaft unabhängiger Staaten］，そして言うまでもないことであるが，ヨーロッパ連合 EU に結集した諸国の間での取り組みや動向があり，さらに以上の例に加え，一部の東欧諸国，スカンジナビア諸国，さらにバルト諸国の内部で特殊な展開が見られるが，この点についてはここで指摘しておくにとどめる．

II　法のヨーロッパ統一化とは

　以上のような状況の下で，いわゆる「法のヨーロッパ統一化 Europäisierung des Rechts」，つまりヨーロッパおよびヨーロッパという枠組みの中での法の統一化や同一化，とりわけヨーロッパ連合に現在［2002年10月現在］加盟している15カ国の間で相互に異なる国内法の統一化や同一化を図る動きこそ，目下のところもっともアクチュアルで，話題性に富み，しかももっとも興味深い挑戦と言えよう．ここでは「ヨーロッパ法が及ぶ空間」という意味での「ヨーロッパ法空間 europäischer Rechtsraum」および「ヨーロッパ司法が及ぶ空間」という意味での「ヨーロッパ司法空間 europäischer Justizraum」の構築と拡大がヨーロッパ委員会のみならずヨーロッパ理事会でも協議事項リストの上位に置かれており[11]，「真のヨーロッパ法空間 echter europäischer Rechtsraum」創設を求める1999年の［フィンランドの］タンペレ Tampere での理事会決議は特にこのことを明確に示している．そこで以下では，法のヨーロッパ統一化というこのプロセスを一つの実例として取り上げ，この企てにまつわる膨大で幾重にも積み重ねられた困難，疑問点，問題点を跡付けていく．それらは世界の他の地域での統一化や同一化の企ておよびプロセスにおいても似た形で現われるであろうし，したがってその知識は，例えば東アジア地域（中国，台湾，日本，韓国，タイ，ヴェトナム，カンボジア，ラオス等）について同様の取り組

---

11)　詳細は，注8)の Burkhard Hess 論文を参照．

みや運動が行われる際にも役立つことになるであろう.

Ⅲ 法のヨーロッパ統一化に向けた様々な取組み

ヨーロッパにおける法の同一化の動きは,相異なるヨーロッパ各国の国内法を,相互に類似した国内法の作成を通じて同一化したり,あるいはそのような同一化を踏まえたうえでの,一つの統一的で国家超越的なヨーロッパ法の創設を目指したりするという意味では,法の「ヨーロッパ統一化」とも言い換えられるが,いずれにせよ今や大きな活況を呈している.規模,ダイナミズム,そして時事問題としての大きさ,衝撃力という尺度で比べた時,法のヨーロッパ統一化はこれまでに世界各地で見られた同種の運動や取り組み,もしくは現在見られる運動や取り組みのすべてをはるかに凌駕している.イギリス連邦諸国やラテンアメリカ諸国,東南アジア諸国連合,独立国家共同体,あるいは国連での統一化や同一化の取り組みと企てにしても,ヨーロッパでの動きには及ばないであろう.ヨーロッパ連合内での法の同一化の取り組みに関して,今,関係各国での議論や国際的な討論の場で活気を帯びているテーマは「ヨーロッパ憲法 Europäische Verfassung」「ヨーロッパ私法 Europäisches Privatrecht」,そして特に「ヨーロッパ契約法 Europäisches Vertragsrecht」と「ヨーロッパ民事訴訟法 Europäische Zivilprozeßordnung」[12]である.この「ヨーロッパ民事

---

12) Marcel Storme e.a. (ed.), Draft Directive, Approximation Judiciary Law. European Community, Working-Group for the approximation of the civil procedural law. Draft proposal for a directive on the approximation of laws and rules of the member states concerning certain aspects of the procedure for civil litigation. Final report submitted to the European Commission, Gent 18. 2. 1993 (vervielfältigtes Manuskript). Die einzelnen Regelungsvorschläge sind abgedruckt in : ZZP 109 (1996), S. 345 ff. Zu diesem Modellentwurf einer europäischen Zivilprozeßordnung siehe auch Marcel Storme (ed.), Rapprochement du Droit Judiciaire de l'Union Européen/Approximation of Judiciary Law in the European Union ; Dordrecht, 1994 ; Herbert Roth, Besprechung von Marcel Storme (ed.), Rapprochement du Droit Judiciaire de

訴訟法」というテーマには「ヨーロッパ連合民事訴訟法モデル草案 EU-Modell-Entwurf einer europäischen Zivilprozeßordnung」や「ヨーロッパ国際民事訴訟法 Europäisches internationales Zivilprozeßrecht」という話題も含ま

l'Union Européene/Approximation of Judiciary Law in the European Union; Dordrecht, 1994, in: ZEuP 1997, S. 567 ff.; ders., Die Vorschläge der Kommission für ein europäisches Zivilprozeßbuch-Das Erkenntnisverfahren, ZZP 109 (1996), S. 271 ff.; Eberhard Schilken, Die Vorschläge der Kommission für ein europäisches Zivilgesetzbuch- einstweiliger Rechtsschutz und Vollstreckung, ZZP 109 (1996), S. 315 ff.; Sven Schelo, Rechtsangleichung im Europäischen Zivilprozeßrecht: EG-Kompetenzen und Modellgesetz, Dissertation Münster 1999; Hanns Prütting, , Auf dem Weg zu einer Europäischen Zivilprozeßordnung. Dargestellt am Beispiel des Mahnverfahrens, in: Festschrift für Gottfried Baumgärtel 1990, S. 457 ff.; Gerhard Walter, To Felix Europa... Zum Entwurf einer europäischen Zivilprozeßordnung, in: AJP/PJA 1994, Schweiz 1994, S. 425 ff.; Peter Gilles, Prozeßrechtsvergleichung (注6)), S. 8 f., 32, 123 f. unter Hinweis auf den Nationalbericht England von Antony Jolowicz mit dessen Stellungnahme zum EU-CPO-Projekt.

なお，民事訴訟法のヨーロッパ統一化 Europäisierung des Zivilprozeßrechts については，以下の文献がある．Rolf Stürner, Das Europäische Zivilprozeßrecht-Einheit oderVielfalt?, in: Wolfgang Grunsky/Rolf Stürner/Gerhard Walter/Manfred Wolf (Hrsg.), Wege zu einem europäischen Zivilprozeßrecht, Tübinger Symposium zum 80. Geburtstag von Fritz Baur, Tübingen 1992, S. 1 ff.; Walther J. Habscheid, 注7)論文; Paolo Biavati, Is flexibility a way to the harmonization of civil procedural law in Europe?, in: Federico Carpi/Michele Angelo Lupoi (ed.), Essays on transnational and comparative civil procedure, Turin 2001, S. 85 ff.; Burkhard Hess, Die Integrationsfunktion des europäischen Zivilverfahrensrechts, IPRax 2001, S. 389 ff.; ders., Aktuelle Perspektiven der europäischen Prozeßrechtsangleichung, JZ 2001, S. 573 ff.; Konstantinos Kerameus, Die Angleichung des Zivilverfahrensrechts in der Europäischen Union vor dem Hintergrund der Schaffung eines europäischen Zivilgesetzbuches, in: Europäisches Palament Generaldirektion Wissenschaft (Arbeitsdokument). Untersuchung der Privatrechtsordnungen der EU im Hinblick auf Diskriminierungen und die Schaffung eines europäischen Zivilgesetzbuches, Reihe Rechtsfragen JURI 103 DE, Oktober 1999, S. 85 ff.; ders., Procedural Unification: The need and the limitations in interntional perspectives on civil justice, Essays in honour of Sir Jack I. H. Jacob, London

れている[13].

「法の同一化」と呼んでいるこのプロセスには,先ずもって学界,実務界,政界から多くの人々が発起人や推進者として関わっている.それは個人であっ

1990 ; Marcel Storme, Rechtsvereinheitlichung in Europa. Ein Plädoyer für ein einheitliches europäisches Prozeßrecht, RabelsZ 1992, S. 290 ff. ; ders., Uniform procedure rules in Europe, in : Mieczystaw Sawczuk (ed.), Unity of Civil Procedural Law and Its National Divergencies, International Symposium of Civil Procedural Law in Lublin, 1993, Lublin, 1994, Marie-Curie-Sktodowska University, Lublin 1994, S. 203 ff. ; Manfred Wolf, Abbau prozessualer Schranken im europäischen Binnenmarkt, in : Wolfgang Grunsky/Rolf Stürner/Gerhard Walter/Manfred Wolf (Hrsg.), Wege zu einem europäischen Zivilprozeßrecht, Tübinger Symposium, Zum 80. Geburtstag von Fritz Baur, Tübingen 1992, S. 35 ff. ; Wolfgang Münzberg, Das Verfahren des EuGH im Vergleich zum deutschen Zivilprozeß : Ansätze für einen europäischen Prozeß?, in : Wolfgang Grunsky/Rolf Stürner/Gerhard Walter/Manfred Wolf (Hrsg.), Wege zu einem europäischen Zivilprozeßrecht, Tübinger Symposium, Zum 80. Geburtstag von Fritz Baur, Tübingen 1992, S. 69 ff. ; Mauro Cappelletti, Towards a United States of Europe?, in : Mieczystaw Sawczuk (ed.), Unity of Civil Procedural Law and Its National Divergencies, International Symposium of Civil Procedural Law in Lublin, 1993, Marie-Curie-Sktodowska University, Lublin 1994, S. 25 ff. ; Hanns Prütting, Die Entwicklung eines europäischen Zivilprozeßrechts, in : Vorträge, Reden und Berichte aus dem Europa-Institut, Universität des Saarlandes, Saarbrücken 1999 ; ders., Zivilprozeß ohne Grenzen : Die Harmonisierung und Vereinheitlichung des Prozeßrechts, in : Peter Gilles (Hrsg.), Prozeßrecht an der Jahrtausendwende. Deutsche Landesberichte zur Weltkonferenz für Prozeßrecht in Wien, Baden-Baden 1999, S. 169 ff. ; ders., Entwicklungstendenzen des Zivilprozeßrechts in Deutschland und Europa, Hamburger Universitätsreden Nr. 54, 1993 ; Giuseppe Tarzia, Europe in 1993 and Civil Justice, in : Mieczystaw Sawczuk (ed.), Unity of Civil Procedural Law and its National Divergencies, International Symposium of Civil Procedural Law in Lublin, 1993, Marie-Curie-Sktodowska University, Lublin 1994, S. 39 ff. ; Gerhard Walter, Wechselwirkung zwischen europäischem und nationalem Zivilprozeßrecht : Lugano-Übereinkommen und Schweizer Recht, ZZP 107 (1994), S. 101 ff. ; Heimo Schack, Wechselwirkungen zwischen europäischem und nationalem Zivilprozeßrecht, ZZP 107 (1994), S. 279 ff.

13) Peter Haeberle, Gemeineuropäisches Verfassungsrecht, EuGRZ 1991, S. 261

たり，機関や組織であったりする．また組織と無関係な個人もいれば，ワーキング・グループや学術団体のこともあり，各国裁判所やヨーロッパ裁判所を含む国際裁判所，中央省庁の官僚，ヨーロッパ連合の代表者，各国の立法担当者，ヨーロッパ理事会やヨーロッパ委員会のようなヨーロッパ連合の機関が関わっている場合もある．職務として命じられ，あるいは職業上の課題として，または私的な動機から法のヨーロッパ統一化に尽力した人々もいる．個々の発起人や推進者の各々の思考や行動の在り方を規定している要因はきわめて多様であるが，決め手となる点は，どのような目標や目的で，法のどのような部分に関わり，どのような役割を担い，どのような動機でヨーロッパ統一化を進めようとするのかということであろう．

ところで法のヨーロッパ統一化というテーマに関しては膨大な量の著作が出版され，会議や協議会，ワークショップ，セミナーが次々に開催され，ヨーロッパ連合の公式文書や宣言の類も増え続けており，まだどれほどの量に達するか予測できない状況にある．ましてやマーストリヒト，アムステルダム，ニースと矢継ぎ早に改訂されていくヨーロッパ条約や，ヨーロッパ連合当局が近年タンペレで「ヨーロッパ法空間」という主張を打ち出した事実を思えば，確かに今日ヨーロッパの至る所で，主体や方法の如何を問わず，法あるいは法の構成要素が各国の間で比較され同一化されつつあるのは間違いない．けれども，このような実務的で具体的な手順について，理論的・抽象的に検討されることはごくまれであるか，あるいは全くなく，そしてこのようなことを検討した著作が書かれることはほとんどないか，皆無であるとの印象を禁じ得ない．

「法の同一化」や，その他，この次の段落で紹介する様々なスローガンやキーワードが絶えず至る所で用いられているのは事実である．しかしそれらの言

---

ff.; Stefan Leible, Die Mitteilung der Kommission zum Europäischen Vertragsrecht-Startschuß für ein Europäisches Vertragsgesetzbuch?, EWS 2001, S. 471 ff.; Hans Jürgen Sonnenberger, Privatrecht und Internationales Privatrecht im künftigen Europa: Fragen und Perspektiven, RIW 2002, S. 489 ff.; vgl. ferner Nachweis unter N. 14 zu einer Europäischen Zivilprozeßordnung.

葉は通例，いたって軽々しく，好き勝手に利用され，「心配するな，とにかく実行せよ，そして満足せよ！ Don't worry, just do it and be happy!」という標語のままであって，それぞれの言葉の意味内容が全く異なっていることも明確にされず，さらにそれぞれの概念の理解について合意を得ようとする努力すら何一つ行われることはない[14]．

IV 法のヨーロッパ統一化に向けた理論

さて，前述した様々のスローガンとキーワードであるが，法の「国際化」「国家超越化」「グローバル化」，「ユニヴァーサル化」を始めとして，「法の統一化 Unification, Uniformation」または「法の共同化」，「同等化 Equalization」ないし「類似化 Similization」を経て，ヨーロッパ連合の文書や，とりわけ，ヨーロッパ条約の中にも見出される「近似化 Approximation」，「調和化 Harmonization」という用語にまで及び，最近では「適合化 Promotion of compatibility」なる用語までも付け加わっている．「適合化」とは相異なる法を互いに「かみ合う状態にする Passendmachen」ということであるが，かみ合うことが可能な部分から適合化していくという段階にとどまっており，それらの部分を全体として統一したものへまとめ上げることまでは想定されていない．

これらの手順を通じて達成されるべき目標は，相異なる複数の国内法同士の「近似性 Proximity」，「調和 Harmony」，「適合 Compatibility」ということであるが，「統一 Uniformity」「統一性 Unity」というところまでは，これまでのところ，まだほとんど考えられていない．このような（直接的な）目標 Ziel と，目標の達成を通じて追求される（間接的な）目的 Zweck とは区別されなければならない．ここで言う [間接的な] 目的とは，例えばヨーロッパ域内市場の創出であるとか，国境を越える経済面や法律面での交流促進と言うような展望を指している．そしてヨーロッパの統合という文脈において，このような目的

---

14) 注6)掲載の Peter Gilles, Prozeßrechtsvergleichung, S. 6. を参照．

にはより一層の希望や，あるいはより一層の懸念が結び付いている．

それにしても，これまで紹介してきたような思考や行動様式が一体何をもたらすのかは，残念ながらまだ全く不透明なままである．先のような用語を日常的に扱っている人々の間でさえ，その概念がどのような意義を含んでいるのか，あるいはこの言葉にはどのような内容や利用価値があるかを明らかにしようとする努力すら見られない．しかも少なくとも自分達自身にとってその概念がどのような意味を有しているのか，あるいは少なくとも自分達の作業にとってどのような内容や利用価値があるのかを明らかにしようとすることすらしていないのである．そのため先ほどのスローガンやキーワードが，恣意的とまでは言えないにせよ，全く任意に雑多な意味で用いられている．すべて同義語のごとく扱われるかと思えば，またある時は，法の完全な統一という遠大な目標に至る途中の様々な段階を示す語として使い分けられるという具合なのである．このような曖昧さを取り除くことが今緊急に求められている．ところが，バベルの塔のような言葉と意味との混乱に一層拍車をかけている事情がある．現在［2002年10月現在］EUに加盟している，少なくとも15カ国の，各国語への公式翻訳においてさえ，用語の意味内容の同一性はとうてい確保されておらず，雑然としており，先ほどの例のスローガンやキーワードをめぐる混乱をさらに一層はなはだしくしているのである．

「法の近似化」「法の調和化」「法の適合化」などと名付けられてヨーロッパ政治の舞台でやりとりされる個々の事案を調べてみると，例えば電子商取引（Eコマース）や電子署名のためのEU指令であったり，共同法としてのヨーロッパ憲法制定のための学者の予備作業であったり，統一的なヨーロッパ民事訴訟法のモデル草案であったりと言うわけである．このことからすれば次の点は直ちに確認できるであろう．つまりここに現われている思考や行動様式は，全く一貫性のない雑然としたものであり，追求する目標や目的により，扱われる対象により，推し進めようとする主体により，またその知識，能力，理解の度合いにより，すべてが全く性質を異にしている．いきおい，このようなヨーロッパ統一化の過程（プロセス）では，いわばいわば単なる「職人芸的な」

「技術」「操作」「実務」の域を大して出ないものとなりがちで，せいぜい「方法」「構想」「戦略」あるいは「政策（ポリシー Policies）」とでも呼び得るレヴェルが時折見られる程度なのである．なお，この"Policies"に当てはまるドイツ語の適当な表現は私には見出せない．

　さて問題は，これまでのところ「理論」と言えるものが全く見当らず，それが芽生えて来る様子すらないという点にある．いわんや，「法の同一化論」「ヨーロッパ法統一化論」といった独自の「学問」は形成されていない．本来この分野は例えば「比較法学」と並び得る独立性を持ったものとしてヨーロッパ法統一化論としてこの比較法学と並び立つか，またはその下に位置して法律学の新しい分野を構成するものとして，新しい基礎的な法律専門科目として立ち現われるべきものなのである．

　したがって，残念ながらここで確認しておかなければならないのは，ヨーロッパ統一化という主題のまさに中心を成す用語類に概念上の極端な曖昧さがあることに加えて，何よりも構想や戦略レヴェルの思考や，批判的な方法をとろうとする意識，そしてそもそも理論が明らかに不足しているということである．言い換えれば，法のヨーロッパ統一化というプロセスとの関わりで今日目にする技術，実務，操作，手順のいずれもが，十分な学問的検討を経ていないのである．

　要するに欠けているのは，ヨーロッパ統一化の法理論としてのヨーロッパ統一化に向けた法律学的方法論という学問なのである．しかし，この学問分野に関しては，今まであちこちで，必要に応じて，小さな基礎的資料を散発的に見出すことはできるが，それもドイツないしヨーロッパのごく少数の法学者の手になるものに限られており，ブリュッセルのヨーロッパ委員会本部で法統一を積極的に進めている人々によるものは見出せない．端的に言えば，法のヨーロッパ統一化については多くのことが為されているが，考えられたことは余りに少ない，ということである．

V 法の同一化の困難さ

　ヨーロッパのごく少数の言語に必ずしも十分に通じているとは言えない挑戦者として，このような概念上・方法論上・理論上の惨めな状態にアプローチするとしても，他ならぬ法との関わりで，「近似化」，「調和化」，「適合化」という手順が何を意味することになるのか，またそれぞれの目標である「近似性」，「調和」，「適合」とはそもそもいかなる状態を意味するのか，これらについて辞書（や同義語辞典など）の助けを借りて，とりあえず要点だけをつかもうと試みても大した成果は上がらない．「近似性」という概念に対しては，「隔たりが小さいこと」という言い換え以上の説明はほとんど得られないであろう．二つの異なる国家の法同士の間で，元来何らかの方法によって設定された何がしかの距離を，「近似化」と称してどのように縮めればよいかという答えは辞書の中では発見できないのである．

　「適合化」について言えば，これは言語学やそのテーマである統語論・意味論から借りてきた概念ではなく，むしろ電子工学的な情報技術，集積回路技術や液晶セル技術の世界から借りてきた用語で，個々の部品同士の相性という意味での「組み合せ可能性」「接続可能性」という概念との類比が示唆されるに過ぎないであろう．様々な国の法が一体いつ「適合化」するのか，どうすれば適合化できるのかについては，これからだけではやはり何も解らないであろう．そしてもしヨーロッパ連合条約第65条に謳われた通りに各国の法規が適合化されたとしても，互いに全く異なるジグソーパズルの断片を一つの絵にまとめ上げるように，それらをいつか何らかの統一された法へと導くにはどうすればよいのか，何も手がかりは得られない．注目すべきことに，ヨーロッパ連合条約第65条も，適合化された各部分を全体として一つに組み合わせることまでは努力目標に指定していない．

　最後に，各国の法を調和させると称する法の調和化について述べておく．辞書で「調和」という見出し語を引くと，一つの全体を構成する各部分同士が何

らかの快い一致を得た状態と説かれていることが多い．例えば，音響や色彩について，あるいは身体と精神の関係についてその種の一致が有り得るであろう．また健康，融和，平穏，共生その他との関連が示唆される場合もあり，学問的かどうかはともかくとして，音楽や色彩の領域で一定の意味を持ついわゆる「調和論」と結び付けての議論も見られる．けれどもいずれの説明も，今までの議論と同様に，相異なる各国の法が一体いつ調和した状態に入ったと言えるのか，それはいかにして達成されるのか，という問いに答える助けとはならないのである．

もっとも，「調和」という言葉について今説明したような意味内容を踏まえれば，法との関係で以下のような議論を展開することができるかもしれない．EU加盟諸国の互いに大きく異なる法にあっては，それぞれローマ法，ゲルマン法，スカンジナビア法，アングロサクソン法その他の法伝統と法文化が背景を成し，またそれぞれ異なった言葉，法規範が及ぶ異なった領域と親戚関係 Rechtsfamilien［＝継受関係］を持ち，成文法もあれば不文法もあり，古かったり新しかったり，大きかったり小さかったり，過剰であったり過小であったり，強力であったり弱体であったり，健全であったり病んでいたり等々，広い範囲での多様性に思いを致すならば，それらの法を同一化するとなれば，何らかの形で各国の雑多な法規類を寄せ集め，混ぜ合わせ，平均化することにより，すべてのEU加盟国がどこかの部分で自国の法や法理解を見出すような一つの法を浮かび上がらせ，作り出せばよいのではないかという類の議論である．そのような法ができれば，すべてのEU諸国が満足し，互いに親しく感じ合い，幸福にさえなるのではないか，そしてあらゆる違いを越えて，かの近しさと調和に満ちた一体感が呼び覚まされるのではないか，というわけである．何とかしていつの日かすべての点で合一しようという希望が，この種の思いを担っているのかもしれない．かの［60年代末のアメリカ合衆国で見られた］「ウッドストック Woodstock」や「ラヴ・パレード Love Parade」［＝毎年7月にベルリンで開催されるテクノミュージックパレード］のような熱狂的一体感を，ヨーロッパ各国の法について生み出そうという主張は，ヨーロッパの一部の人々

にとって一つの夢となるかもしれないが，しかし他の人々にとっては悪夢ともなり得るであろう．いずれにせよ，「多様な国家を包み込んで統合されたヨーロッパ」において，法の調和化をこのように理解するのは幻想以外の何物でもないと思われる．

そもそも法に関して，同一化，調和化，近似化などが何を意味することになるかは，依然として全く未解明の問題である．そのことは，具体的な法の同一化作業に目を向ければ，たちどころに明らかとなる．私はすでに別な機会に，民事訴訟法のヨーロッパ統一化作業からいくつかの問題を取り上げて論じたことがあるが[15]，他の法領域も含めれば数限りなく多くの問題を拾い出すことができるであろう．

・例えば，いくつかの国の訴訟法が，裁判官の判断に対する不服申立手続きを定めており，その内の一つでは3日間という不服申立期間が設けられており，もう一つではそれが3週間，またもう一つでは完全に無期限となっている時，「調和化」とは何を意味するのであろうか．この場合，関係国すべてに平等な決め方をするために，3日間と無期限との中間値を突き止めねばならないとでも言うのであろうか．そのようなはずではないが，では，何が解決の要点になるのであろうか．

・また別な例を挙げてみると，ヨーロッパ諸国の訴訟法規は，例えば民事訴訟法における第三者の訴訟関与についても，また特に，いわゆる共同訴訟制度についても，国ごとに実に様々な規則を定めている．ある国ではそれは簡素，単純で，理解しやすいのであるが，一方，専門家にさえとうてい理解できないほど複雑で奇妙で大仰な国もある．このような多様なルールをどのようにして互いに近付けるのであろうか．それほど単純でなく，さりとてそれほど複雑でもないルールを，黄金の中庸として追求するのであろうか．それはどうすれば可能なのであろうか．

・「複合訴訟 Complex Litigation」というテーマに関するさらに別な例を挙げてみよう．いくつかのEU加盟国では，成文法に基づくにせよ，そうでないにせよ，「クラスアクション Class Action」「集団訴訟 group talan」[＝スウェーデン民事訴訟法に規定されている複数当事者による訴訟]「団体訴訟 Verbandsklage」といっ

---

15) Peter Gilles, Prozeßrechtsvergleichung (注6)) 参照．

た対応が見られる一方で，いわゆる「複合的な紛争」に対して，そもそも「複合訴訟」という形で対処した前例がないという国も珍しくない．こうした中でこれらの国々の多様な訴訟法規の間に望ましい調和や近似性をどのようにして生み出すのであろうか．この場合，いわゆる集団的権利保護のための既存の諸制度を基にして，いつものように，何らかの混合モデルを開発し，それをこれまでその種の制度を持たなかった国々にも強制的に処方すべきなのであろうか．

・最後にもう一つ，やや事情の異なる例を挙げておく．EU加盟国すべてに関わる場合もあれば，多数国や少数国の間でということもあるが，検討対象となる法律の条文において，同一または類似の規定を盛り込んでいながら，国によって，学説上も実務上もそれが異なって解釈され，運用され，あるいはいくつかの国では全く無視されているという時，一体どのように近似化を想定するのであろうか．このようなケースでのヨーロッパ統一化は，例えば各国の学問や実務の均質化を図るべきなのであろうか．それとも近似した法解釈や法運用を奨励すればよいのであろうか．もしそうであるなら，どのようにそれを実施すればよいのであろうか．

これらの疑問に対する解答を，私はこれまでのところまだ手に入れていないのである．

VI 法の同一化の対象

理論の欠如が目立つのは法の同一化過程だけでなく，法の比較についても事情は同じであるが，問題は「同一化」の手順についてばかりでなく，同一化の対象，つまり法そのものについてもそれが指摘できる点にある．これも具体的なプロジェクト，つまり学問，実務，政治の分野でのプロジェクト，国家的なプロジェクトやヨーロッパのような国家の枠を超えたプロジェクトとを問わず分析してみればすぐ解ることであるが，法の同一化と称するほとんどすべての企てが，実は純然たる条文の同一化に他ならないのである．法のヨーロッパ統一化をめぐる取り組みは目下のところ，ほぼ例外なく「法律の条文[16] paper

---

16) この点を取り上げ，ヨーロッパ連合民事訴訟法モデル草案（EU-CPO-Modell-

law, text law, letter law, law in the books」すなわち法の外面的形式や表現手段にのみ向けられており,「生きている,体験され,実施され,働いている法[17] law in action, living law, practised law」に向けられることはほとんどない状態である.したがって成分法であれ不文法であれ,法がその完全な意味,本来の意味において受けとめられておらず,社会的,経済的,政治的,文化的,その他の要因として,あるいは構成要素や作用要素としての連関の中で把握されていることはない.このため,法のヨーロッパ統一化に必要なのは純粋に言語学的,意味論的な操作であり,国ごとに様々に定式化されている条文を同一化するのが眼目で,ヨーロッパ統一化のプロセス全体が単なる条文の同一化に過ぎない,とでも言うような印象を与えているのである.

ところが,もし法を文字面だけでなく,その完全な意味においてとらえ,いわば「真の」同一化を求めようとすると,近似化,調和化,同一化,適合化といった概念が各国の様々な法にとって何を意味するかを理解するのは,いよいよ難しくなってくる.しかし必要なのは,成文法,不文法のいずれにしても,規範(「規範としての法 normatives Recht」)の同一化だけではない.各国での学問上の検討,実務上の運用,立法府での改定や法政策上の変更などの対象となる法(「機能している法 operatives Recht」)という次元での同一化も必要であり,さらには,いわゆる「法的事実 legal facts」,つまり規範としての法の周辺領域も含めて影響,効果の及ぶすべての事実と観念の総体としての「事実としての法 faktisches Recht」という次元での同一化も求められるのである[18].

---

entwurf) について批判的な見解を述べるものとして Herbert Roth, Die Vorschläge der Kommission für ein europäisches Zivilprozeßbuch-Das Erkenntnisverfahren, ZZP 109 (1996), S. 271 ff. がある.

17) この点については Thomas Raiser, Das lebende Recht, 3. Aufl., Baden-Baden, 1999. を参照.

18) 民事訴訟法の分野でも同様な要請があることについて,Peter Gilles, Prozeßrechtsvergleichung (注6)), S. 25 ff. を参照.

Ⅶ 既存の枠組みの限界

ヨーロッパにおける法の同一化と呼ばれる動きが学問的にどれほど惨めな状況を呈しているかは,以上の描写だけではとても語り尽くしたことにならない.例えば,EU 指令の草案作りにせよ,起草にせよ,そしてこの指針を各国が法改正や新規立法により受け入れる場合にせよ,あるいは EU 機関が国家を超越する法を作成するにせよ,学者がモデル法案を構想するにせよ,必ず必要になるのは立法の技能や立法技術という特別な技術なのであるが,これが多くのヨーロッパ諸国では失われてしまったか,または未開発ないし未成熟であるという問題がある.確かにいくつかの国では立法論 Gesetzgebungslehre[19] というものが成立していて,法の立案 law modelling, law design や法の作成 law making, codification に要する技術について学問的な論文も書かれているのであるが,これらの技術あるいは理論を法のヨーロッパ統一化を推進する人々が無視していることは明らかである.この関連で付言しておけば,[法の実施について検討する]法実施研究 Implementationsforschung[20] という長い伝統を

---

19) Eberhard Baden, Gesetzgebung und Gesetzesanwendung im Kommunikationsprozeß, Baden-Baden, 1977 ; Hermann Hill, Einführung in die Gesetzgebungslehre, Heidelberg 1982 ; Burkhardt Krems, Grundfragen der Gesetzgebungslehre, Berlin 1979 ; Ulrich Klug (Hrsg.), Gesetzgebungstheorie, juristische Logik, Zivil-und Prozeßrecht, Gedächtnisschrift für Jürgen Rödig, Berlin 1978 ; Jürgen Rödig, Gesetzgebungstheorie, juristische Logik, Zivil- und Prozeßrecht, Berlin 1978 ; ders. ; Studien zu einer Theorie der Gesetzgebung, Berlin 1976 ; ders., Vorstudien zu einer Theorie der Gesetzgebung, St. Augustin, 1975 ; Heinz Schöffer/Otto Triffterer (Hrsg.), Rationalisierung der Gesetzgebung, Baden-Baden 1984 ; Schreckenberger (Hrsg.), Gesetzgebungslehre, Stuttgart 1986 ; Friedrich-Christian Schroeder, Beiträge zur Gesetzgebungslehre und zur Strafrechtsdogmatik, Heidelberg 2001 ; Hans Schneider, Gesetzgebung, 2. Aufl., Heidelberg 1991 ; Peter Noll, Gesetzgebungslehre, Reinbek 1973.

20) Heinrich Siedentopf, Testing draft laws and implementation studies, in : Sieden-

持つ固有の学問も，またこれと結び付いた法効果研究ないし法評価研究についても同じことが言えよう．さらに法政策学およびもはや痕跡をとどめるだけの法予測学も同様の扱いを受けている．そして必要でありながら無視されているという意味で，一層問題なのは未来法学 Zukunftsrecht または法未来学 Rechtsfuturologie という名の法学分野であろう．後者はヨーロッパでまだ全く知られていない．ただ，これらの問題に加えて重視しておかねばならないのは，ヨーロッパ内部でも国ごとに法律学そのものが様相を異にしているという問題である．一部には他と全く違った発展経過をたどった国もあり，また現在の発展段階も千差万別であって，中には特定の法領域においてきわめてかけ離れた状態を示している国もあることに留意しておくべきであろう．

かくして，条文の同一化にとどまらないヨーロッパ統一化を目指すことになれば，その企てがとてつもなく困難で，ことによると解決不能かもしれず，とにかく各方面の総力を結集して取り組むべき課題であることは言うまでもない．この課題から逃れようとするならば，最初から条文の同一化のみを達成可能で努力に見合う目標と考えるか，または同一化作業の対象を，純粋に「形式

---

topf/Hauschild/Sommermann (Hrsg.), Speyerer Forschungsbericht Nr. 129, 2. Aufl., 1994, S. 61 ff.; Christoph Hauschild, Performance orientation in civil service: a necessity for the implementation of laws, in: Siedentopf/Hauschild/Sommermann (Hrsg.), Speyerer Forschungsberichte Nr. 142, 1994, S. 81 ff.; Rüdiger Voigt (Hrsg.), Durchsetzung und Wirkung von Rechtsentscheidungen. Die Bedeutung der Implementations-und Wirkungsforschung für die Rechts-wissenschaft, Baden-Baden 1990; Christoph Hauschild, Training in techniques of legislation, in: Siedentopf/Hauschild/Sommermann (Hrsg.), in: Speyerer Forschungsberichte Nr. 142, 1994, S. 71 ff.; Heinrich Siedentopf, Simulation and planning games as a tool in the drafting process: testing law, drafts and training of officials, in: Siedentopf/Hauschild/Sommermann (Hrsg.), Modernization of legislation and implementation of laws, Speyerer Forschungsgerichte No. 142, 1994, S. 17 ff.; Karl-Peter Sommermann, Implementation of laws and the role of administrative courts, in: Siedentopf/Hauschild/Sommermann (Hrsg.), Modernization of legislation and implementation of laws, Speyerer Forschungsberichte Nr. 142, 1994, S. 93 ff.

的」ないし「技術的」性質を示す規範に限定しておき，各国の法規の中でいわば「核 Kern」を成す部分や「憲法的」価値観を含む「実質的」価値観，あるいは「文化的」独自性に関わる規定には手を付けないでおくだけではないであろうか．

なお，ごくまれに目にするに過ぎないが，「調和化」「近似化」「同一化」という概念や，その目標としての調和，近似，同一性ないし同等といった用語にそれぞれ固有の意味を付与したり，調和化，近似化，同一化と表現された手順を実施可能な対象にしぼって適用したりする学問的な試みもないわけではない．しかしそのような試みにも大した説得力はなく，この領域の研究は深まるほど困難が増すというディレンマから抜け出す手がかりは得られそうにない．

法に関する問題にしても，一つに統合されたヨーロッパというより，「多様性の中で統一」されたヨーロッパを目指し，「各国にそれぞれ独自の実務や学問を認める」という逆説的な考え方[21]もあるが，これとて今挙げた試みと大同小異であろう．また，各国の様々な法体系の全体，もしくは同一化しようとする法領域について，一つの「共通な分母」を捜し出す[22]か，あるいは「最小公倍数」のようなものを設定するだけでよいとする考え方も大差はない．この他にも，各国の法を同一化するに際しては，一種のミニマム・スタンダードを共通目標にすればよいとの提案[23]や，調和化を容易にするには法の「厳格さ rigidity」より「柔軟性 flexibility」を尊ぶべしという提案もあり，法規類の「透明性 transparensy」や「簡素さ simplicity」を同一化作業における優先的な尺度にしようとの提案もあるが，いずれも説得力はほとんどない．結局のところ，学問的な志を堅く維持しようとする立場から見れば，同一化への取り組みを単に法の中の「職人芸的なもの」や「実務家のための手引書」に集中させていこうとする傾向には説得力がとぼしいのである．これは［1993年にヨーロッパ委員会に提出された］ヨーロッパ連合民事訴訟法モデル草案に対する批判と

---

21)　注12)の Rolf Stürner 論文参照．
22)　注12)の Herbert Roth 論文参照．
23)　注12)の Paolo Biavati 論文参照．

して耳にする意見[24]でもある．ここで紹介したすべてのアプローチは，確かに抽象的なレヴェルでは議論する価値があるように思えるのであるが，先に紹介したような具体的な事案に基づいて有効性を検証する段になると，実のところ全く役に立たないであろうというのが私の見解である．

Ⅷ　法の統一化に向けて

　ヨーロッパ法統一をめぐる議論で使われる近似化，調和化，適合化というスローガンやキーワードにしても，調和，近似性，適合性という，気迫に欠ける曖昧な目標設定にしても，［先ほど述べたような］完全な意味における法とどのような関わりを持つのかは解明されないままであり，それぞれの内容もおそらく明らかにならぬままであろうことを考えてみるならば，［今やそのような目標は捨て去り，］より明快で果敢な次のような目標を立てるべき時ではないかと自らに問わざるを得ない．つまり各国の法の「統一化 uni-formity」，あるいは端的に一つのヨーロッパ法による「統一 unity」という目標である．同時にそれは「統一化 unification」ないし「統一を創出すること production of unity」をヨーロッパ統一化の唯一の手順として認めることを意味している．法の同一化に，母国語であれ他国語であれ，言葉のうえでの条文の文言の同一化以上の意味を持たせるというのであれば，これ以外の選択肢はないはずである[25]．

　こうなれば同一化をめぐる方法や手順に絡み付いていた理論上の困難はかなり取り除かれたことになり得るであろう．しかし，当然のことながら，同一化の対象としての「法」自体に関わる困難までがなくなるわけではない．すると単なる条文の統一にとどまらず，それぞれの国内における学問上の取り扱いについても，実際の適用や法政策上の運用についても一致しているようなヨーロ

---

24)　この点に関しては，注12)の Herbert Roth 論文参照．
25)　注6)掲載の Peter Gilles, Prozeßrechtsvergleichung, S. 25 ff. を参照．

ッパ域内で統一化あるいは一体化された内容の法を各国が国内法として制定するか，または最初から一つのヨーロッパ共同法ないし統一法を作り上げ，加盟国の間で解釈，施行，運用を統一して適用するか，このどちらかの課題と取り組まなければならないことになる．

Ⅸ　法統一の手法

　近似化，調和化，適合化といった方策は，もともとが解りにくく，実際的とも思えないわけであるが，法のヨーロッパ統一化がこれらの方策に依拠し，あるいは依拠せねばならない，という考えから離れ，各国の法を統一する，あるいは一つのオリジナルなヨーロッパ法の作成こそが焦点であり，またその方向へ進むべきだという考えが受け入れられるようになると，今度はもう一つの疑問が頭をもたげて来る．それは現在［2002年10月現在］とりあえず15の加盟国の間でも，それぞれが個性豊かで多大の差異を伴う国内法を有している状況にあり，これから目指すべき統一化された法ないし共同法は，このような多様な各国の法すべてに取って代わろうとするのであるが，もともとあるこれら多様な法のすべてに，何らかの仕方，何らかの部分で配慮した法でなければならないのだろうかという疑問である．このように各国の法に配慮した法であるとするならば，その法は，近似性や調和というEUの命じる要求に応えるとともに，調和ある共生をすべてのEU加盟国の意向にあわせるための妥協の産物であり，寄せ集め，あるいはごた混ぜの産物に他ならず，「法的一体性」と言うべきか，「法的多様性」と言うべきか，いずれにせよ全体の平均値ないし中間値を体現するものとならざるを得ないであろう．

　だとすれば，統一された法，あるいは単一法を話題にした時点ですでに，法のヨーロッパ統一化は，各国の法を混ぜ合わせたり，寄せ集めたり，平均化するといった手続きを一切放棄して，ひたすら「最善の」もしくは「可能な限り最善の」法制度を追求する過程に入っていくべきなのではないだろうか．「より善い法による解決の試み better law approach」と呼ばれる手法があり，これ

は国際法の分野から知られるようになったものであるが，それほど人気があるとは言うわけではない．ここではさしづめ「最善の法による解決の試み best law approach」ということになろう．

　もっとも，このような「最善化路線」にもそれなりの難点がある．先ず第一に次のことが必要となる．規定の雛形が新たに考え出されたものであれ，既存のものであれ，経験的に見出されたものであれ，どの雛型が他と比較して最善かを判断するための尺度や基準について各国が一致していなければならない．そのような尺度ないし基準としては，法規の短さ，簡潔さ，的確さ，簡素さ，明晰さ，解り易さ，内容の一貫性と説得力，厳格さあるいは柔軟性，使い易さ，処理や操作の容易さ，効力の現われ方，信頼性，受け入れやすいかどうか，効率，等々その他多くの観点が思い浮かぶ．もしヨーロッパ各国の間で，何が最善かについて意見が一致しない時には，やはり投票により多数を占めた意見を採用するか，または各国が EU の指令に従うという方法しか残されていないであろう．

X　おわりに

　ここまで論じた中で取り上げたすべての疑問に対して，私自身も答えを持っているわけではない．けれども，本章が，ヨーロッパでの，そしてまた日本やその他の所での法の同一化をめぐる理論的・方法論的諸問題について，これまでより少しでも多く考えていただくきっかけになれば，本章での私の目的はすでに達せられたことになる．

〔佐野裕志　訳〕

第4章
裁判手続,遠隔通信技術,「E(電子)訴訟法」:ドイツにおける訴訟の電子化の始まりと,その法化について

Gerichtsverfahren, Teletechnik und "E-Prozeßrecht" Zu den Anfängen einer Elektronifizierung des Prozesses in Deutschland und ihrer Verrechtlichung in der Deutschen Zivilprozeßordnung

I 本章のテーマと「法と遠隔通信技術」に関係する二・三の基本的な概念に関するはしがき

 本章が取り上げる分野では,多様な概念が込み入っており,その結果,本章のテーマには,「裁判手続,遠隔通信技術,E(電子)訴訟法」などというまことに不器用なタイトルが付けられている.しかし,そのタイトルで裁判手続,遠隔通信技術,E(電子)訴訟法という用語を意識的に羅列していることからも分かるように,本章が取り扱っているのは,現在および将来の以上の三つの分野の相互関係である.すなわち,三つの分野の将来のつながり,さらに,今ひとつ違った定式化を与えるなら,三つの分野が様々に交錯する部分での「接点」,「断面」,「緊張関係にある部分」,三つの分野の相互関係と影響関係,つまり,双方向の影響である.あるいは,リュスマンの命名によると[1],いわゆる現代

---

1) Rüssmann, Herausforderung Informaionsgesellschaft : Anwendung moderner Technologien im Zivilprozeß und anderen Verfahren, in : Center of Legal Competence, International Association of Procedural Law, Rechberger / Klicka (Hrsg.), IX, World Congress on Procedural Law, Procedural Law on the Threshold of an New

メディアの裁判手続への「浸透」ということになる．いわゆる情報・遠隔通信テクノロジー (information and communication technology - ICT) の，裁判過程や司法過程への浸透は，ダイナミックな様相を呈しているが，話を簡単にするために，本章では以上のプロセスに「電子化」という表現を与えておく．さらに，情報と通信とは区別されねばならないが，ここでは，単に情報テクノロジー (information technology - IT)，または，遠隔通信，媒体，技術 (telecommunication, media and technology - TMT) などと呼ぶこととする．しかも，以上のような表現を使うからには，司法と裁判手続の「技術化」「コンピューター化」「デジタル化」あるいは，「ヴィジュアル化」といった用語には，既に市民権が与えられていることは当然の前提である．

　間違いなく司法過程，裁判過程と関係する，以上のような，現代の情報・通信技術（単に，「遠隔通信技術」「マルチメディア」「情報学」「電子情報処理 (EDV)（electronic data processing - EDP)」，または，「インターネット」ともいうが)，つまり，テクノロジーの浸透は，ドイツではまだ始まったばかりであるが，爆発的に増えていく法的問題を提起しつつある．ところが，訴訟法学は現在になって，やっと，以上の問題と集中的に取り組み始めたという状態である．弁護士，裁判実務，および，立法ですら，ずっと以前から，この法の新大陸と深く関わりあってきたにもかかわらずである．いわゆる司法と手続の電子化に対する，法学，法実務，および，法政策の反応を，本章では一括して，「法化」といっておくこととする．以上の法化と関係する遠隔通信技術との接点，断面の総てで，そこで利用される遠隔通信手段が，伝統的な司法・手続に所与の条件，状態，過程と衝突し，そこから，当面の，および，潜在的な新た

Millenium, Wien 2002, S. 205 ff.; Herberger, Herausforderung Informationsgesellschaft: Die Anwendung moderner Technologien im Zivilprozeß und anderen Verfahren (deutscher Landesbericht), in: Gilles (Hrsg.), Prozeßrecht an der Jahrtausendwende / Procedural Law on the Threshold of a New Millenium, 1999, S. 91 ff. も参照．この「ICT の普及」に関しては，Contini, Conclusion: Dynamics of ICT diffusion in European systems, in: Fabri / Contini (Hrsg.), Justice and technology in Europe, 2001, S. 317 ff. も参照．

な規律の対象が生じてくることになる．

　ちなみに，本章は，話を「裁判手続」と「E訴訟法」に限定している．したがって，本章で取り扱われる（特別な）テーマは，非常に広範囲に渡る問題の単なる一部分，つまり，「法と遠隔通信技術」一般，あるいは，情報・通信技術と関係する法的に重要な一定の現実（法事実）という問題の一部分にすぎない．かつ，それらは，現在，極めて現代的，非常に進歩的な，かつ，極めて臆面もなく，「法情報学」または，「情報法」「情報処理法」「コンピューター法」「サイバー法」「遠隔通信技術法」「マルチメディア法」「EDV法」「オンライン法」「IT法」「ITC法」「インターネット法」，あるいは，単に「ネット法」（net law, droit des réseaux）と称したり[2]，あるいは，現在のところ未だ輪郭や境界が判然としない「情報法」という一般的な表現が与えられている，事実と法に関する分野である[3]．しかも，それらは，例えば，遠隔通信技術サービス法やインターネット・プロバイダー契約法[4]といった方向で，さらに多方面に分

---

2) 例えば，Steinmüller, ADV und Recht. Einführung in die Rechtsinformatik und das Recht der Informationsverarbeitung, JA-Sonderheft 6 (2. Auflage 1976) を参照．さらに，例えば，Kilian / Heussen, Computerrechtshandbuch, Loseblatt Stand 2000 : Hoeren / Sieber (Hrsg.), Handbuch Multimediarecht, Loseblatt Stand 2000 ; Loewenheim / Koch, Praxis des Online-Rechts, 1998 ; Rossnagel (Hrsg.), Recht der Multimediadienste, Loseblatt Stand 2000 ; Burhenne / Derbund (Hrsg.), EDV-Recht, Loseblatt Stand 2000 ; Lehmann / Schneider (Hrsg.), Materialien zum Computerrecht, Datenschutz- und Telekommunikationsrecht, Loseblatt Stand 2000 ; Marly (Hrsg.), Rechtsprechung zum Computerrecht, Stand 2000 ; Rüssmann (N. 1) ; Koch, Internet und Recht, 1998 ; Strömer, Online-Recht-Rechtsfragen im Internet, 2. Aufl. 1999 ; Jahnel / Schramm / Staudegger (Hrsg.), Informatikrecht 2000 も参照．最新情報の全体に関しては，Geppert / Rossnagel, "Einführung", S. XIII FF : in der Gesetzestextsammlung Telemediarecht, 4. Auflage, Beck-Text im dtv, 2002.

3) 以上に関しては，Hoeren, Rechtsfragen im Internet- Arbeitsunterlagen, v. M., Stand September 2000, 1 f. ; Steinmüller, Informationstechnologie und Gesellschaft, 1993, S. 189 ff.

4) 例えば，Hahn, Telekommunikationsdienstleistungs-Recht, 2001 ; ders., Grundprobleme des Telekommunikationsdienstleistungs-Rechts aus vertrags- und kunden-

かれており，かつ，新たに成立した，ないしは，成立途上の法分野，あるいは，様々の学問的な法分野，立法政策が取り上げるべきルールの素材となっている．

但し，この際はっきりさせておくべきは，以上のような名称を与えられた，情法法，マルチメディア法，インターネット法，あるいは，それに類する法分野は，仮に，すでにそれが存在しているとしても，私法，行政法，情報保護法，企業法，競争法，著作権法，刑事法，訴訟法，および，抵触法のネット化からできあがった，または，国内法，国際法，超国家法の断面の連合，連携，混合や，あるいは，現在または将来成立する断片の寄せ集めからなり，伝統的な法分野の内側または外側に存在し，他の法分野に対して，すでにある程度の独立性を示しているような，既存の現代的な，または，新しい特別法の分野ではない（あるいは，未だない）ことである．そのような独自の，何らかの方法で厳格に定義でき，他の法分野と区別できる，少なくともある程度はその輪郭を描くことができる，確固とした内容が与えられた特別法（E法）は，国家法，国際法のいずれのレヴェルにおいても，現在までのところ存在しないというのが，筆者の所見である．当面のところ，それは「将来の特別法」にすぎず，その構成部分の一つ一つ，さらに，総ての部分で，ドイツおよびその他の国々でも，至る所で，学問，実務，政治の世界で，しきりと作業が続けられているというのが現状である．以上の問題に関しては，後に詳しく取り上げることとしよう．

但し，以下の点についてだけは，予め指摘しておきたい．つまり，ある特定の分野では，E法全体の「孤立した一部」が，望ましいものも，そうでないものも含めて，すでにできあがってしまっていることである．例えば，ドイツでは，ごく最近になって民法典に取り込まれた通信販売法（FernAG）や，遠隔通信法（TKG），通信サービス企業・情報保護法（TDSV），通信サービス法

---

schutzrechtlicher Sicht, RTkom 2000, 270-279 ; Spindler (Hrsg.), Vertragsrecht der Intrenetprovider, 2000 ; ders. (Hrsg.), Vertragsrecht der Telekommunikations-Anbieter, 2000 を参照．

(TDG), 通信サービス情報保護法 (TDDSG), メディアサービスの公共契約に関する法律 (MDStV) などの, 「E独自の」特別法が成立した分野である. 実は, ドイツで, 最もE法化と大きな関係を持っていたのは, 学問, 実務, 立法がE法に固有の特別法の分野と関係する局面ではなく, 新しいメディアとの関係で問題が発生し, それにより引き起こされた「インターネットの法的問題」[5]を「Eとは直接には関係しない」, したがって, その限りでは一般的なルールによって, 片づけようと努力してきた分野においてである. 具体的には, 例えば, 民法典 (BGB) の一般規定, 特に, 契約法の規定, 抵触法上の規定に関しては民法施行法 (EGBGB), 不正競争防止法 (UWG), 商標等の保護に関する法律 (MarkenG), 著作権およびそれに類似する権利に関する法律 (UrhG), 連邦データ保護法 (BDSG), 営業法 (GewO), 刑法典 (StGB), および, 2002年1月1日に発効した「債権法現代化」によって民法典の一部となった, 従来の約款法 (AGBG), 訪問販売法 (HWiG), 消費者信用法 (VerbrKrG), さらに, 一番新しいものでは, 通信販売法 (FernAG) の規定などの私法特別法と消費者保護法の規定である[6].

そうはいっても, やはり確認しておく必要があるのは, 独自の包括的な「E法」は現在までのところ未だ存在していないことである. だから, これまでの到達段階をよく示しているのは, 2001年5月にイスミール (トルコ) で開催された「国際インターネット法」というタイトルが付けられたシンポジウムくらいなのかもしれない. このシンポジウムで取り上げられたテーマは, よく見ると, およそ「国際インターネット法」などではなく, 「契約法とインターネット」「証明責任とインターネット」「著作権とインターネット」「刑法とインターネット」とか, 「訴訟法とインターネット」などの個別的な問題にすぎない[7].

---

5) 用語に関しては, Hoeren (注3)), Strömer (注2)).
6) 以上に関しては, 例えば, Hoeren, (注3)), Strömer, (注2)) を, さらに, Heckmann, E-Commerce: Flucht in den virtuellen Raum? Zur Reichweite rechtlicher Bedingungen des Internethandels, NJW 2000, S. 1370 ff.; Geppert / Rossnagel (注2)) も参照.

シンポジウムのタイトルに関して，目立たないところで付言されていたのは，シンポジウムの全体テーマに「国際」という言葉が付け加えられたがゆえに，誤解を生じる恐れがあるということであった．なぜなら，もしかすると「国際的」という付加語は，例えば，国際私法，国際訴訟法に類する（いずれにせよ，国内法である）抵触法の分野，あるいは，シンポジウムの討論では全く話題にも上っておらず，およそ存在することもない国家間インターネット特別法，すなわち，超国家的インターネット特別法，または，国際法の性質を帯びた特別な国家間の法を示唆する可能性があるからである．

II　情報化時代の司法と遠隔通信技術

さて，話題を本題の特別なテーマに戻すに当たって，まずは思い出していただきたいのは，情報・遠隔通信技術は，最初にそれがアメリカ合衆国の学生の素人工房で始まった後に，初めの段階では，様々な情報機関（シークレット・サービス）を含めた，アメリカ合衆国の軍事部門での秘密情報の伝達で大きな役割を果たしたことである．インターネットの閉鎖性，ネットへの接続の困難，情報伝達の施錠などの存在，または，電子記録および，電子署名の安全水準が高度で，今日に至ってもインターネットの領域では，未だに多くの「秘密の小間物」が介在しているとしたら，おそらくその原因はインターネットの過去の歴史に由来する．しかも，およそ最もオープンで最も公衆に公開された情報通信メディアである「ウェブ（world wide web (www)）」が，これほどまでに普及しているにもかかわらずである（ネットワーク公開原則（Open Network Provision - ONP）．このような過去を振り切って，「人類最大の革命」[8]である，

---

7)　Dokuz Eylül Üniversitesi Yayini (ed.), Uluslararasi Internet Hukuku Sempozyumu, 21-22 Mayis 2001, Izmir, Izmir (Turkei) 2002, さらに，そこでの，Rüssmann, Rechtsgeschäfte im Internet; Rechtswirksamkeit und Beweis (nach deutschem Recht), S. 293 ff. 及び，Gilles, Duetscher Landesbericht: Prozeßrecht und Internet, S. 355 ff. の本章のテーマと関係する論考．

新たなメディアとインターネットは，今日のいわゆる情報化社会，つまり，この間に始まった情報「新世代」において，つい最近の世紀の変わり目の始まりと進歩の声にも後押しされて，まずは，最初は取引の世界 (e-economy, e-commerce, e-business) を席巻し，同様に次第に世界をネットでつないだ「グローバル社会」(e-global society) を，それと共に，私的領域をも，つまり，個人の私的領域，個人の習慣，感じ方までをも支配するようになった．さらに，それに続いて，インターネットとメディアは，公的な行政を手中に収め (e-government, e-administration)，ついには，司法までをも侵略するに至ったのである (e-justice).

以上のような発展は，司法部門に関しては，とりあえずは，裁判所の書記課，役所，官吏やその職場，つまり，いわゆる司法行政 (administration of justice) に入り込んできただけだったが，それだけに止まることはなかった．今や，新しいメディアは，裁判手続までをも巻き込んだ，より広い範囲で，公的，職業的，さらに，私人である当事者の独自の行動様式や，様々な裁判前，裁判中，裁判後のプロセスをも，占領しようとしている．しかも，司法の核心的な活動領域，つまり，真実探求，法の探求，事実関係の構成，法の適用，および，法の継続形成を含めた裁判官による法発見という意味での判決それ自体をも含めてである[9]．もちろん，これまでは以上のような展開に間々巻き込まれることはあっても，訴訟法それ自体は，殆ど影響を受けることはなかったのだが．ところが，もし，イギリスの民事訴訟法改正の最終報告「正義への接近 (Access)」でのウールフ卿の評価に賛成するなら，事態はたちまち劇変することになるだろう．ウールフ卿によると，

---

[8] Siegel, Mythen und Möglichkeiten der New Economy, Bulletin des Direktvertriebs, Juni 2-2001, 5 ff.

[9] 以上に関しては，Kodek, Der Zivilprozeß und neue Formen der Informationstechnik, Vortrag anläßlich der Tagung der Deutschen Vereinigung der Zivilprozeßrechtslehrer, März 2002 in Zürich (Schweiz) を参照．この講演は，その後に，Zeitschrift für Zivilprozeß に掲載されている．

「IT は現行のシステムとプロセスを能率化し改良するために役立つだけでなく，事態が当たり前に推移するなら，大変な変化への触媒にもなりそうである．IT は近い将来に裁判システムの基盤となるだろう．したがって，現在でも IT には最高度の注意を払っておくべきであろう」というのである[10]．

この間で，どの程度，電子化された現代の潮流が，裁判手続そのものに止まらず，いわゆる「裁判外」紛争解決手段（Alternative Dispute Resolution-ADR）までをも占領してしまったのかは，最近および最新の報道・専門書，会議やプロジェクトの題目でのキャッチフレーズ，キーワード[11]，あるいは，司法省

---

10) Lord Woolf, Access to justice : Final report, London : HMSO, 1996, S. 284, および，S. 293, Zeitschrift für Zivilprozeß に掲載された，Stadler, Der Zivilprozeß und neue Formen der Informationstechnik, Vortrag anläßlich der Tagung der Deutschen Vereinigung der Prozeßrechtslehrer im März 2002 in Zürich (Schweiz) の引用から．

11) 注2)の引用文献，および，以下の文献を参照．Diether Schönfelder, "Justiz 2010 ff. - Ergebnisszusammenfassung. Tagung der Leistungen der Justizbehörde und der Gerichte und Staatsanwaltshaften am 6. / 7. Oktober 2000 in Alt Duvenstedt", DOK : // Jube 3 / Ablage / JUSTIZ / Hamburg. de / Behoerden / JB / j2000 / j2010__pr.doc-Stand : 17. 11. 00 ; Justiz 2010 ff. - Die Zukunftsdebatte in Hamburgs Justitz, http://www.hamburg.de/Behoerden/JB/j2000/j2010. htm ; 近々, Gerichtsver-fahren per Internet でも参照可能となる．http://futurezone.ort.at/futurezone.orf?read=detail&id=42668&tmp=53529 ; Streitbeilegung via Internet, http: //futurezone. ort. at/futurezone. orf? read=detail & id=29468 & tmp=47788 ; さらに，注31)の引用文献を参照．さらに，Geiger, Gerichtsverfahren mittels Video-Konferenzen, ZRP 1998, 356 ff. ; Rüssmann, Moderne Elektroniktechnologie und Informationsbeschaffung im Zivilprozeß, ann-jura. uni-sb.de / rw20 / people / ruessmann / Rostock. pd. f ; ders., Das Beweisrecht elektronischer Dokumente, jur-pc 7 / 95, 3212 ff. ; ders., Rechtsgeschäft im Internet : Rechtswirksamkeit und Beweis (nach deutschem Recht), in : Dokuz Eylül Üniversitesi Yayini (ed.), Uluslararasi Internet Hukuku Sempozyumu, 21-22 Mayis 2001, Izmir, Izmir (Turkei) 2002, S. 393 ff. ; Kilian, "Zum Beweisrecht elektronischer Dokumente", jur-pc 2 / 96, 62 ff. ; Geis, "Zivilrechtliche Aspekte des elektronischen Dokumentenmanagement", CR 10 / 1993, 653 ff. ; Kiworr / Mitrenga, SoftwarelOsungen für die Justiz. Die dritte Generation, NJW-CoR 1 / 96, 48 ff. ; Rossnagel, Telekooperative Rechtspflege, CR 8 / 1994, 498 ff. ; ders., Das neue Recht elektronischer Signaturen, NJW 2001, 1817

の公式発表だけからも，即座に見て取れる．例えば，司法省の公式発表では，至る所で，例えば，「電子司法行政 (electronic court management)」「EDVによる裁判手続 (EDV-supported procedures)」「ビデオ会議による裁判手続」「インターネットによる裁判手続」ないしは，「インターネットによる紛争解決」「サイバー紛争解決」「オンライン仲裁裁判」「デジタル化裁判手続」ないしは，「ヴァーチャルな裁判手続」，「電子法取引」「遠隔司法」ないしは，「遠隔裁判」「E裁判所」ないしは，「遠隔裁判所 (tele court)」，「情報処理システムとしての裁判所」または，「マウスクリックによる正義？」などという表現が目につくようになっている．さらに，もっと個別的な問題に踏み込むなら，電子書類作成・管理 (electronic files)，マルチメディア文書，電子文書と電子記録 (electronic documents)，「電子送達 (electronic service)」，「電子申立」「電子訴訟提起」「電子上訴」，「電子立証」「証拠手段」および，「証拠価値」(elec-

---

ff.; Blaurock / Adam, Elektronische Signatur und europäisches Privatrecht, ZEuP 2001, 94 ff.; Vierhus / Scherf, Die digitale Signatur in der juristischen Praxis, ZAP Nr. 17, 2001, S. 1109 ff.; Oertel, Der elektronische Rechtsverkehr in der notariellen Praxis, MittRhNotK 2000, 181 ff.; Werner, Elektronische Datenverarbeitung bei Zivilgerichten, NJW 1997, 293 ff., DRiZ-Informationen, Elektronischer Rechtsverkehr-Segen oder Fluch?, DRiZ 2001, 93 ff.; Bieser, Das neue Signaturgesetz. Die digitale Signatur im europäischen und internationalen Kontext, DStR 2001, 27 ff.; Fiedler / Haft, Informationstechnische Unterstützung von Richtern, Staatsanwälten und Rechtspflegern, 1992. さらに，以下も参照. Gilles, Civil Justice Systems 2000 plus-Worldwide trends towards fundamental reforms of administration of justice and intra as well as extra-court conflict resolutions, Lecture at Aomori Chuougakuin University, Aomori / Japan, v. M. 9 / 2000; ders., Transnational Report : Administering justice and procedural handling of civil conflicts. The recent trends in East and West, in : Tingsabadh (ed.), Law, Justice and Open Society in ASEAN, Bangkok / Thailand 1998, 381 ff.; ders., Die Justiz der Zukunft, Deutscher Bericht zur XVII. Jahrestagung der Deutsch-Brasilianischen Juristenvereinigung, Brasilia / Brasilien, v. M. 11 / 1999; ders., Introduction to Procedural Law for the Third Millenium, Round table discussion, Conference of the International Association of Procedural Law, Gent / Belugium, v. M. 4 / 2000.

tronic proof taking, electronic evidence)，さらに，形式化され極端化されて，本当はそうではないのだが，あたかもそれが問題の中心であるかのようにも見える，依然として喧しい「電子署名（electronic signatures）」という問題などについても，見聞きするようになっている．

ところが，以上の議論や，特に，あちこちで単なるプログラムに止まらず，事実として記述されているキャッチフレーズやキーワードが，すでに実現されているのかという点では，私の知る限りでは，ドイツ連邦共和国は他のヨーロッパ諸国および，ヨーロッパ以外の国々[12]に大きく後れをとっている．したがって，ドイツの立法者は，漸く最近になって施行された若干の新たな関係規定によって，少なくとも「ドイツの民事訴訟法を現代の情報テクノロジーに開いた」，その結果，かなり前から完全にヴァーチャルな裁判手続に思いをいたしただけでなく，すでに試験的に行われている，イングランド，ウェールズ，フィンランドと並んで，現在では「ヨーロッパでの発展の先頭に躍り出た」という最近主張されている見解[13]には，とても賛成することはできない．例えば，現代の情報テクノロジーとオートメーションによる司法制度改革のプロジェクト，すなわち，「正義の企て，リニューアルの推進力としての情報テクノロジー」をすでにたっぷり10年は実施している，隣国のオーストリア[14]に，ドイツは相当後れをとっているし，最近になって，いわゆる「遠隔裁判」という大きなプロジェクトを開始したイタリアにも，何年も前から試験的に「遠隔

---

12) 以上に関しては，リュスマンによる24カ国の国別報告の評価を参照．さらに，インターネットとそれ以外についても，Rüssmann, Herausforderung Informationsgesellschaft（注1））を参照．

13) Stadler（注10））．

14) Federal Ministry of Justice (ed.), Citizen : Client / Server : Enterprice Justice / Information technology as a drive for renewal. The Austrian justice system-an enterprise on the move, Austria 1997；以上に関しては，Kodek（注9））および，Konecny, Schriftsatzrecht und Kommunikationsmittel-Oder : Von Feder, Blei und Tintenstift zum elektronischen Rechtsverkehr, in : Festschrift für Rainer Sprung, Wien, 2001 を参照．

裁判所」および,「遠隔裁判」を実施し, 1995年には独自の遠隔裁判法が施行された韓国[15]にも後れており,依然として,司法と情報テクノロジーに関しては先行馬の役割を果たしている,アメリカ合衆国と比べては,そもそもお話にもならない.つまり,ドイツには,現在存在する司法と裁判の世界が,電子的,つまり,マルチメディアの技術と形式を利用することで,いかに急速,かつ,根本的に変わりうるか,さらに,変わる必要があるかという点で,必要とされる理解力,イメージを描く力,および,ウールフ卿[16]が促した「最高度の注意」が欠如している.そうでなければ,相変わらず,いわゆる「コンピューター・ファックス」,正確には,スキャナーによる代理人の署名の入った文書データファイルの電子伝達が,民事訴訟法に規定された文章の要件を満足させるかとか[17],依然として,信憑性,真実性,検証可能性,親密性,信頼性,安全性の問題が過度に強調されて,好んで,専ら,「電子化された記録の証明力」[18]や,電子化,つまり,デジタル化された署名[19]の安全性基準のような些細な問題だけが,ドイツで議論されているのかは,とても説明がつかない.但し,電子署名とそこで要求される安全基準というテーマに関しては,署名に関する限りでは,ドイツの民事訴訟法は比較的緩やかで,物わかりの良い規定をおいていることだけは指摘しておくべきであろう(例えば,民事訴訟法130条

---

15) Byung-Hai Yang, Moderne Techniken im koreanischen gerichtlichen Verfahren. 間もなく, Zeitschrift für Zivilprozeßrecht に掲載される.

16) 注10)の文献を参照.

17) これに関しては, Düwell, "Computerfax richterrechtlich zugelassen", NJW 2000, 3334. 最近では, GmS-OGB, Beschluss vom 5. 4. 2000-GmS-OGB 1 / 98, NJW 2000, 2340 f. および, BGH NJW 1998, 3649 ; Schmidt, Bestimmende Schriftsätze und eingescannte Unterschrift-Wahrung der Schriftform?, BB 1999, 1125 ff. ; Schwachheim, Abschied vom Telefax im gerichtlichen Verfahren?, NJW 1999, 621 ff.

18) 例えば, Rüssmann (注11)) ; Kilian (注11)) ; Geis (注11)) を参照.

19) Seidel, Signaturverfahren und elektronische Dokumente, 1992, 80 ff. ; Bundesnotarkammer (Hrsg.), Elektronischer Rechtsverkehr, digitale Signaturverfahren und Rahmenbedingungen, 1995 ; Bieser (注11)) ; Blaurock / Adam (注11)) ; Rossnagel (注11)) ; Vierhus / Scherf (注11)) を参照.

6号,253条4項,518条4項の,単なる「義務規定」を参照).だから,以上との関係で,本当は,例えば,記録と署名の真正さと完全性を守り,あろうことか,裁判内,裁判外での犯罪,とりわけ,文書犯罪や詐欺(刑法263条a,268条,269条,270条,303条a,303条bなどを参照)を防止するなどということが,一体本当にそれ自体として民事訴訟法の中心的な課題なのか,あるいは,そもそも中心的な課題となりうるのかを,問い直してみるべきであろう.もちろん,民事訴訟法新128条a,130条6号,130条a,174条(2002年7月1日から),292条a,299条3項,299条a,371条,1031条という新たな「E訴訟法」規定[20]を置いたことで,ドイツの法律家の間でも議論の重点は速やかに変化し,ドイツの立法者は以上の民事訴訟法の規定の立法によって何をやって見せたのかという点に議論が及ぶようになるであろうが[21].

III 上記のテーマに対する,ドイツの法学,法実務,法政策,立法の対応

　本章のテーマに関するドイツの状況については,ドイツの法学,法実務,法政策が,このテーマに従来は,どの様にアプローチし,どの様につきあってきたのかを,一瞥しておくべきであろう.ないしは,もっと良いのは,ドイツの法学,法実務,法政策の反応の意味するところを考えておくことであろう.

1. 法　　学

　まず法学に関していえば,法学者の中で,このテーマにおよそ関心を持ち,

---

20)　同条については,付録Iを参照.
21)　以上の条文に関しては,最新の民事訴訟法のコメンタール,Thomas / Putzo / Reichold / Hüßtege, Zivilprozeßordnung, 24. Aufl. 200 ; Zöllner, Zivilprozeßordnung, 23. Aufl., 2002 ; Baumbach / Lauterbach / Albers / Hartmann, Zivilprozeßordnung, 60. Aufl., 2002 を参照.さらに,Dästner, Neue Formvorschriften-im Prozeßrecht, NJW 2001, S. 3469 ff. も参照.

著作によって意見表明してきた者は，まことに少数だった．そのことは，特に法学者の中の齢をとった世代，さらには，法律家一般にも当てはまる．「コンピューターと共に成長し」，昔からオンラインにいた若い世代とは異なって，彼らの一部は，現在でも，コンピューターとつきあうのが多少とも困難か，新型の器具が自宅や職場で利用できる場合も，それと関わり合わなくても済むように，少なくともコンピューターを使えないと偽っている．今日でも，一定年齢以上では，法学者の多数は，技術革新とその日常業務への侵入に対してどちらかといえば距離をおいており，懐疑的，批判的である．かつ，特に，このような革新が，例えば，決定的な法改正に基づくものであっても，何らかの根本的，決定的な変化が彼らの仕事に影響を及ぼすか，及ぼしうる場合には，極めて拒絶的な態度を示している．こういった「保守的な型にはめられた法律家の，現代のテクノロジーと転換の試みに対する非常な不信」[22]は，「法学教育と職業実務によってはぐくまれ，強化された一般的に保守的な基本姿勢」や，法律家が専ら過去（法史）と現在の問題（法理論）にだけ関心を向け，将来の問題や「司法政策」とか「法政策」といわれたり，何時かは「法未来学」または，「法未来研究」[23]とでも名付けることができるような問題に関心を持たない点にも，その原因がある．

　そうはいっても，「法と電子」という問題一般に対して大多数の法学者が無関心だったにもかかわらず，大分以前から，少数ではあるが，この問題に関心を持っていた法学者，訴訟法学者による，実に精力的な研究活動と出版が行われ，特に，いわゆる法情報学者とか技術法律家と現在は呼ばれている人たちによって，その仕事は補完されてきた．ちなみに，大分以前からその目的で設立

---

22) 同旨，Rüssmann（注1))．
23) 以上に関しては，以前からの，Gilles, Die Justiz der Zukunft（注11))；ders., Introduciton to Procedural Law for the Third Millenium（注11))を参照．さらに，以上の文脈で，Widdison, Electronic law practice: An exercise in legal futorology, 60 Modern Law Review 143 (1997). なお，同論文は，Stadler（注10))に引用されている．

された法情報学の大学の講座,研究所[24],例えば,

　ザールブリュッケン大学の法情報学研究所

　ハノーバー大学の法情報学研究所

　ミュンスター大学の情報・遠隔通信・メディア研究所（ITM）

などは,特に,活動的で出版に熱心であり,その結果,法情報学の分野では特別な名声を得てきた.以上の機関,あるいは,それ以外で活動している専門家に関して指摘しておくべきは,そういった人たちの中に,フランクフルト大学の教授と前教授が何人もいることである（キリアン（Kilian）,リュスマン（Rüssmann）,ヘルベルガー（Herberger）,シミティス（Simitis）,ヴァイヤース（Weyers）,マリー（Marly）,レーベンハイム（Loewenheim）,コッホ（Koch）,コール（Kohl）,ハーン（Hahn）,その他）.フランクフルト大学には,確かに,内外メディア研究所は存在するが,法学部自体には法情報学のための講座も研究所もないにもかかわらずである.

　この間に,公刊が増え続けている,法情報学関係のモノグラフィー,ハンドブック,コメンタール,加えて,この分野での発展が急速なため,その時その時の最新の状態での資料を収集した加除式の出版物,例えば,「マルチメディア法」「コンピューター法」「遠隔通信法」「EDV法」「オンライン法」[25]などのタイトルを付されたものをざっと見ると目につくのが,ここで問題にしている,司法,裁判手続,訴訟法といった分野については,以上のような出版物では,全く言及されていないか,せいぜい,ついでに言及されているにすぎないことである.それでなくても,法情報学をテーマにした博士論文[26]は珍しい

---

24) Institut für Rechtsinformatik der Universität Saarbrücken, htpp://rechtsinformatik. jur.uni-sb.de/ : Institut für Rechtsinformatik der Universität Hannover, http://www.iri.uni-hannover.de:Institut für Informations-, Telekommunikations- und Medienrecht (ITM)der Universität Münster, http://www/uni.muenster.de/ Jura. itm/de

25) 注2)の引用文献を参照.

26) Stenz, "Anwendbarkeit von Telekommunikationsmitteln im Prozeß", Dissertation Mannheim 1993 ; Werner, Elektronische Datenverarbeitung und Zivilprozess,

のだが，その中でも，司法や裁判手続，訴訟法の分野を取り扱ったものや，少なくとも，それと新しい遠隔通信技術や遠隔情報手段との関係を何らかの形で取り上げたものは，全く存在しない．例えば，1993年の「遠隔通信技術の訴訟法への適用可能性」と題したシュテンツの博士論文は，電報，テレックス，テレファックスとテレテックスを取り上げているだけである．他方で，1995年の「電子情報処理と民事訴訟」というテーマのヴェルナーの論文は，最近または最新の遠隔通信技術には全く言及していないが，民事訴訟全体を情報処理システムとして理解し記述しようと試みている点で，ここでのテーマにアプローチしようとしている．

ドイツに数限りなくある法律学の専門誌，特に，どんどん増えている関係専門誌，例えば，

 Archiv für Post und Telekommunikation (ArchPT)
 Computer und Recht (CR)
 Computer und Recht International (CRint)
 Computerrecht Intern (CRintern)
 Datenverarbeitung, Steuer, Wirtschaft, Recht (DSWR)
 Kommunikation & Recht (K & R)
 Multimedia und Recht (MMR)
 Neue Juristische Wochenschrift, Computerreport (NJW-CoR)
 Recht der Datenverarbeitung (RDV)
 Zeitschrift für das gesamte Recht der Telekommunikation (RTkom)

および，完全に「ヴァーチャルな」雑誌である，

 JurPC Internet-Zeitschrift für Rechtsinformatik (jur-pc)

に掲載された無数の論文を残さず検索して，裁判手続と新たなメディアというテーマを扱ったものを探しても，まず発見するのは難しいであろう．しかも，そこで，裁判手続一般，または，民事訴訟に限って，その技術化や電子化とい

 Dissertation Frankfurt a. M. 1995.

うテーマが取り上げられたとしても，問題全体を広く掘り下げたものではなく，普通は何らかの細かい論点を扱うだけであり，さらに，その場合も周辺的問題や副次的問題を扱っているというのが現状である．

法学者，しかも，訴訟法学者，ここでは，特に，民事訴訟法学者に限っても，その講演や出版活動で，現代の技術と多少とも関係しない挑戦，ないしは，現代技術と結びついた訴訟や訴訟法の要請に曝されなかった者は，今日では殆ど稀であろう．

但し，以上との関係で言及しておくべきは，やっとか，とっくにかは，ともかくとして，ドイツの民事訴訟法学会は1992年のボンの学会で，ドイツとオーストリアの観点からの二つの報告によって，以上の問題にアプローチした「情報保護と民事訴訟法」というテーマをとにかくも受け入れたことである[27]．もちろん，当時は，民事訴訟の総ての過程での情報保護の計り知れない役割を理解すること自体が，報告者にとってすでに大変だったようである．というのも，民事訴訟法での情報保護という問題は，例えば，訴訟費用，記録閲覧，公的送達のような，わずかな，しかも，重要でない付随的な訴訟法の課題との関係でしか確認できなかったからである．しかし，仮に，当時から報告者が，訴訟手続，しかも，いずれにせよ民事訴訟では，ずっと以前から「文書になきものは，世界になし」というモットーの下に殆ど「書証訴訟」が行われており，名目上はいわゆる口頭主義が支配するが，本当に重要な部分では「書面化された裁判」となっており，訴訟はその最初から最後まで，データ作成，データ伝達，データ集積，データ処理，データ記録手続以外のなにものでもないという

---

[27] Prütting, Datenschutz und Zivilverfahrensrecht in Deutschland, ZZP 1993, 427 ff.; Simotta, Datenschutz und Zivilverfahrensrecht in Österreich, ZZP 1993, 469 ff.; Sturhahn, Diskussionsbericht, ZZP 1993, 521 ff. を参照．喜ばしいことに，問題をより広く解明しているのが，その後に発表された，Werner（注26））であり，その情報処理体系としての民事訴訟全体の分析は，問題の捉え方が広く，かつ，説得的な分析の試みである．Wagner, Datenschutz im Zivilprozeß, ZZP 108 (1995), S. 193 ff. および，Dauster / Braun, Verwendung fremder Daten im Zivilprozeß und zivilprozessuale Beweisverbote, NJW 2000, S. 313 ff.; Werner（注11））も，参照．

ことをイメージできていたなら，もちろん，そうではあっても当時は，電子的なシステムでなく，単に紙によるシステムではあったとしても，「データ保護と民事訴訟法」といったテーマの意義をもっと十分に解明できたことだろう．

「E訴訟法」というテーマに，もっとずっと近いのは，「民事訴訟における現代の電子テクノロジーと情報作成」というテーマで1995年にロストックで開催されたドイツ国際訴訟法学会でのリュスマン[28]の報告であった．そうはいっても，リュスマンの報告は，確かに，「情報処理システムとしての裁判所」という視角から出発して，数多くの様々なアプローチを可能とする問題の切り口を扱ったのだが，委曲を尽くしたやり方ではあっても，その内容は，専ら「電子記録の証拠法」を取り上げたにすぎなかった．

漸く90年代の後半になって，特に，国際的企画による，会議，コンファレンス，シンポジウム，セミナー，ワークショップなどの「イベント」を契機として，より広い範囲から，法学者たちは，ここで取り上げているテーマにアプローチし始めた．例えば，「21世紀に向かう民事訴訟法」という総合テーマの下で，1999年にウィーンで開催された国際訴訟法学会の第11回国際大会の「情報化社会の挑戦，民事訴訟および，その他の手続への現代のテクノロジーの応用」に関する討論での，リュスマンの同名の総合報告[29]，さらに，同名のヘルベルガーのドイツに関する報告[30]が，その成果の頂点であろう．それに続いて，ドイツ人も関与した国際的催しが開催され，もちろん，他のテーマも取り上げられているが，司法と司法手続というテーマ，特に，民事司法と民事司法手続の電子「現代化」という問題が取り上げられている．

---

28) Rüssmann, Moderne Elektroniktechnologie (注11)).
29) Rüssmann, "Herausforderung Informationsgesellschaft : Die Anwendung moderner Technologien im Zivilprozeß und anderen Verfahren", Generalbericht zum XI. Weltkongresses für Prozeßrecht der International Association of Procedural Law mit dem Leittitel "Das Prozeßrecht an der Schwelle eines neuen Jahrtausends" 1999 in Wien (注1)).
30) Herberger (注1)).

以上と関係するのが，例えば，1997年にバンコックとチャ・アム（タイ）で開催された「アジアにおける法，正義と開かれた社会」という地域シンポジウムである．そこでは，「正義の執行と紛争の訴訟による処理，東洋と西洋での最近の傾向」[31]という問題を論じる中で，「次世紀の挑戦者に対処するための正義のシステムの根本的な変更への要請と検討（ジャスティス2000）」という問題も，さらに，以上との関連で，「裁判施設の遠隔通信化，電子化ないしはデジタル化」という問題も，端倪し難い重要な役割を果たしていた．

今ひとつ，「ドイツとブラジルでの司法改革，経験，事実と提案」という総合テーマで，ドイツ・ブラジル法律家協会が，1999年にブラジリア（ブラジル）で行った年次総会，特に，「未来の司法」[32]というテーマでの講演と討論で取り上げられたのは，何時かは裁判所を無用のものにし，博物館にしてしまうかもしれない，完全にヴィジュアル化された裁判手続を目指す動きも含めて，現代の情報・通信手段が司法・裁判分野を占領してしまうという現在，および，将来の問題であった．

最後に言及しておく必要があるのは，2000年にガン（ベルギー）で開催された，「3000年紀の訴訟法」[33]と称する討論集会で，国際訴訟法学会の中間コンファレンスが，相変わらず現在進行形のテーマである「将来の司法」ではないが，ともかくも「司法の将来」というテーマを取り上げたことである．そこで議論されたのは，将来計画されている「経済化」，「（再）私化」「（再）社会化」「訴訟法の専門化」という現在と将来の課題に止まらず，いわゆる「訴訟法の遠隔通信化」の問題であった．もっとも，後者については，核心的な問題であるにもかかわらず，議論の中で定式化はされたが，未だ確たる解答は出されなかったのではあるが．

---

31) Gilles, Transnational report（注11））.
32) Gilles, "Die Justiz der Zukunft"（注11））を参照．Marinho, Faria, Sadek の論考（ブラジルに関して）および，Lima Marques, Alverde Barettolima, Bastian, Martins の見解を参照（ブラジル）．さらに，Henckel, Haas（ドイツ）も参照．
33) Gilles, "Introduction"（注11））を参照．

つまり,「グローバルな情報化社会の時代には,正義のシステムと裁判手続に,ますます現代の遠隔通信技術が応用され,いわゆる「ヴァーチャルな裁判手続」「遠隔裁判」,あるいは,いわゆる「ヴァーチャルな紛争解決」をもたらすのか,さらに,そのことは,訴訟法の伝統的な基本原則,および,その再定義,特に,事実開示,当事者主義,口頭主義,公開主義,直接主義,アクセス可能性,効率性などの原則に関して,どの様な意味を持っているのか」というのである.

特に重要なのが,その後,2001年5月にイスミール（トルコ）で世界各国からの参加者の下で開催された,「国際インターネット法」というテーマのトルコでのシンポジウムである.そこでは,「インターネットによる法律行為,有効性と証明（ドイツ法に則して）」というテーマのリュスマンの報告[34],および,「ドイツの現状報告,訴訟法とインターネット」というテーマの筆者の報告[35]が,訴訟法,すなわち,証拠法の問題を取り上げている.

最後に,すでに言及したことだが,2002年5月にドイツ民事訴訟法学会は,初めて,中心テーマとして,「民事訴訟と新しい情報技術」を取り上げ,そこでは,シュタドラーとコデック[36]が,情報技術と訴訟法学に関する委曲を尽くした報告を行った.

一方で訴訟と訴訟法に関する従来の議論を,他方で遠隔通信技術に関する従来の様々な議論を,ハッキリと「それぞれの世界」[37]に分けてではあるが,し

---

34) 注7)参照.
35) 注7)参照.
36) Kodek（注9)）および,Stadler（注10)）を参照.もちろん,以上の論考のタイトルが「民事訴訟法と情報技術の新方式」となっているのは,若干の誤解を招く恐れがある.というのは,それは急速に発展し,特に,「マルチメディア」や「通信技術」が追及し,発見しているような,「情報技術の新方式」ではなく,情報技術やそこでずっと以前から使われている方式（例えば,電子文書作成,電子文章伝達,ビデオ会議,Eメール通信など）が民事訴訟で新たに取り入れられただけだからである.
37) 一方の「訴訟の世界」と他方の「インターネットの世界」については,Gilles,

かし，現在と将来の相互の関係という視点から，考察し分析すると，総じて目につくのが，ドイツの法律学，訴訟法学者，法情報学者，専門家は，およそ，技術革新に関する副次的問題や個別の問題とだけ関わっており，二つの世界ですでに発生しているか，これから起こってくる実質的な問題，法的問題を全体として認識しておらず，根本的な方法では受け入れていないということである．しかも，以上の理は，もちろん自分が過去とだけつきあっている人間[38]とは思ってはいないだろうが，殆ど過去との関係で仕事をしてきた，多くの訴訟法学者にも当てはまる．古き良き法律家の伝統に従うなら，殆どの訴訟法学者は，立法者が「現行の民事訴訟法典の細かい規定を改めて，ドイツの民事訴訟を現代の情報テクノロジーに向けて」[39] 開かれたものにしようと企てたときに初めて，民事訴訟の電子化の問題と取り組む責務があると感じる．そして，民事訴訟法の電子化に関しても，実際に訴訟法学者は最近そうなったのである．

今ひとつ，ここでの問題に関する議論を見渡すと，ドイツ，さらには，ヨーロッパでも，世界でも同じことが目につく．つまり，訴訟や訴訟法に通じた人間と，情報学や情報法に通じた人間，あるいは，双方の分野に通じた人間，いわゆる「エキスパート」が，司法，および（または），訴訟の分野での電子化のメリットとデメリットについて議論すると，いわゆる「コンピューターおたく」は新しいメディアの魅力にあっさりと疑問もなく屈してしまうという印象を受ける．そういった人々は，しばしば極めて楽観的に，彼らのいうところの，現代テクノロジーの利用の計り知れないメリットをほめあげる傾向にある．し

Deutscher Landesbericht "Prozeßrecht und Internet" (注7)) を，さらに，以上の具体例を示している．Hoeren, Internet und Jurisprudenz-zwei Welten begegnen sich, NJW 2000, S. 188 ff. を参照．

38) 以上については，Gilles, "Introduction to Procedural Law for the Third Millennium", Gent (注11))；ders., "Die Justiz der Zukunft", Brasilia (注11)) が従前から批判的である．さらに，この点について，弁護士の立場からのコメントで，注目すべきが，Graf von Westphalen, Lifelong, Learning, Editorial, ZGS-Zeitschrift für das gesamte Schuldrecht, 2002, Heft 1, S. 1.

39) Stadler (注10)) を参照．

かも，他面で，このような人々は，例えば，テクノロジーの利用によって引き起こされる法的問題もその一つだが，テクノロジーの利用のデメリットを過小評価するか，いずれにしても克服可能なモノだと考えている．つまり，「コンピューターおたく」の陣営にとっては，これまでの訴訟の状況や訴訟法と新しい技術との法的な調整の可能性よりも，技術的な操作可能性の方が関心の中心なのである．反対に，法学者，特に，訴訟法学者がこの問題に関わり合うと，中でも，新しいメディアに関する知識が殆どないか，新しいメディアと殆ど関係していない訴訟法理論家は，間違いなく，新しいメディアは訴訟法とその従来からの状態を脅かし，法の現状の変革を要求し，新しいメディアのどんな利用に関しても即座に考え得る限りの法への侵害をかぎつけ，すでに生じている法的問題の少なからぬ部分の意味を過大評価するようである．違った言い方をするなら，技術と進歩を信じる「コンピューターおたく」とは反対に，ここではそういっておくが，いわゆる法と伝統の信奉者たる「法おたく」は，司法と訴訟の電子化がもたらすデメリットを格別に重大なものと評価し，そのメリットを軽視する傾向にある．

　ときとして手放しで賞賛される司法の分野への技術の利用に関しては，何といっても，「膨大な経済的利益」，特に，時間の節約，および，労力の節約，（森林破壊をもにらんで）紙の節約，書類の節約，場所の節約，労働者の節約，職員の節約，出費の節約など，総ての種類の節約が，あちこちで説かれている．しかも，しばしばいわれるのが，郵便の切手代が高いこと，加えて，営業取引，法取引，裁判取引の接点での，特に，顧客，弁護士，裁判所の間の情報伝達（「仕事の流れ」）に際しての，「メディアの切断」という障害の回避可能性に優れていること，または，デジタル化され施錠された電子郵便は速度が早く，安価なだけでなく，従来の郵便よりも無権限の閲覧からより強固に守られていて安全だから，ずっと優れているという理である．さらに，弁護士事務所，裁判所での電子文書の運用に関しては，特にメリットが大きいと考えられている．例えば，蓄積されたデータに何時でも迅速にアプローチできる可能性，電子書類と電子記録から，書類，文章やその一部を，総てテレファックスを使って容

易に発見できること，Eメールにより迅速にテキストを送付できる可能性，あるいは，文書をCD-Romに記録して保管場所を最小化する可能性である．

これまでのところ，法的な問題に関しては，以上の総ては，予測の域を出ないものである．したがって，仮に，われわれが積極的に「電子による現代」を支持して，例えば，それが法体系を損ない，法規定を変更し，従来守られてきた少なからぬ法原則を放棄するというデメリットによってもメリットを購うべきだ，あるいは，少なくとも望ましいといえる程に，IT, ICT, TMT, EDVの使用のメリットが勝っていると考えるなら，そこで初めて以上の問題が，経験的に試されることになるであろう．

その結果として，ドイツの司法・民事訴訟改革を支配する経済化の潮流（そのキャッチフレーズは，配給，合理化，効率化，スリムな司法，スリムな訴訟である）が，どの程度うまくいくのかという問題は，本章では取り上げない．その代わりに，以上と関係する，極めて実際的な問題に対する疑念を提起するに止めたい．すなわち，仮に，例えば，訴状や答弁書，あるいは，当事者や弁護士に宛てた，裁判所の書状を含めた文章が，現在は普通に使われている郵便通信の使用をやめてしまい，当事者，弁護士，裁判所の間で，特に，Eメールや添付ファイルのような電子化された方法で，場合によっては数秒内でやりとりされれば，将来は訴訟全体が本当に簡単，迅速，安価，かつ，良好に経緯するのかという問題である．何となれば，訴訟当事者，弁護士，裁判所にとって，さしあたり文書や書面が従来と異なることは全くなく，即座にEメールの添付ファイルに追加するには，「オフライン」を使った伝統的な「パソコン (PC)」によるテキスト処理よりも苦労が少なく時間が節約できることにはつながらない．というのも，Eメール書式を使ったからといって，今度は訴訟書面のやりとりが総て「SMSスタイル」で行われるというものではないからである．それ以外では，電子化された詳細な通知に対する受領者の反応が帰ってくるには，いずれにせよ当面は，やはり，数秒，数分，数時間という早さではなく，少なくとも数週間はかかるであろう．もちろん，通常は同時に並行して進められる弁護士と裁判所の様々な事項に関する打ち合わせが，今度は一回で，言い換え

ると，一つの作業過程が終わったら，次の事項を完全に片づけるのではなく，伝統的には，時間と労力をかけて，しかも，しばしば個々の事項に限って何度も行われた打ち合わせに代わって，できる限り一回の作業過程で，裁判前と裁判の最中の作業の進行過程が，電光石火でその期日が決定されて，ハッキリと速度が速められ，かつ，毎回の事務が総じて遅滞なく片づけられるなどということは決して期待できない．むしろ，予測できるのは，弁護士の面会日や裁判期日は，これまでと同様の間隔で合意され，取り決められるが，つまり，その点ではこれまでと変わらないが，今度は情報の伝達はわずか数秒で可能となる（伝達の迅速さ），しかし，こうして取り付けた情報に対する返事や情報を今ひとつ加工すること，情報の再処理に関しては，これまでと何も変わらないという事態であろう．

　現代の技術の利用による「大変な経済的利益」という主張が，およそ疑わしく感じられるのは，電子的に蓄積されたデータが失われたり，ダメになることを恐れて，「安全のために」総ての電子情報を，すぐまた，もう一度印刷して，ファイルに保存し，これから先も「紙のない」司法などはおよそ考えられない，「書類を完全に電子化するのは不可能だ」，だいたい「紙の書類」も作成しておいた方が，情報を「取り扱いやすい」などと考えて，情報を二重に確認可能とした場合である[40]．

　誤解を避けるために付言すると，ここで現代技術の利用のメリットとデメリットに関して加えた批判的なコメントは，総て，国家の裁判所の関与の下での，裁判手続と未だにやっかいな道具立や面倒なやりとりと関係している情報の伝達に関してだけ当てはまるのであって，例えば，現代の遠隔情報手段と遠隔通信手段を抜きにしては，およそ考えられない，主に助言や国際業務を行っている弁護士業の弁護士相互間や顧客との情報交換に関しては，全くその限りでは

---

40) 例えば，Rossnagel（注11））; Thiele, Kooperative Rechtspflege を参照．さらに，多くの国にとっては，「紙のない訴訟」は未だユートピアであるという Stadler（注10））の記述を参照．以上については，さらに，Rüssmann, Herausforderung Industriegesellschaft（注1））を参照．

ない．反対に，そこでは遠隔通信技術はすでに弁護士業やそのサービスに大変な変化をもたらしており，特に，大きな弁護士事務所での日常業務はずっと以前からすっかり様変わりしている[41]．

2．法実務

さて，法実務，つまり，裁判官と裁判に関与する弁護士の，このテーマに対する従来のアプローチと従来の関係に関して，ここでも再度，まず確認すべきことは，職場および（または）自宅を電子装備した，職業上パソコンの仕事に慣れていると否とにかかわらず，若い世代の裁判官，弁護士の殆どは，例えば，若い世代の法学者よりも，このテーマに対して比較的さばけており，新しいメディアに対して，ずっと進歩的な意見を持っていることである．しばしば同じことがいえるのが，司法の監督者[42]の地位にある年齢のいった裁判官に関してである．彼らは，司法行政の仕事と経費削減の強圧の下で苦労しており，司法行政にETV，IT，ICTを利用することで，裁判所の仕事や裁判官の職務の大幅な容易化，単純化，節約が実現されることを望んでいる．多くの州の司法行政，さらに，最近では連邦の司法行政，州の司法省，連邦司法省に関しても，話は変わらないどころか，ますますそうだといえる．そういった機関は，何年も前から独自のEDV裁判期日[43]，EDVワークショップや，研修会の催しな

---

41) 以上に関しては，「現代社会での裁判官と弁護士の役割と組織」というテーマの第九回世界訴訟法学会（1991年，コインブラとリスボンで開催）の論考を参照．特に，10番目のテーマである，「テクノロジー，効率性と正義の保障」に関する谷口（京都）とペッセオ（コインブラ）を参照．

42) 例えば，Kramer（オルデンブルグ高裁長官），Modernisierung der Justiz und Richterprofil, RuP 2001, S. 127 ff.; Viefhues, 10Jahre EDV-Gerichtstag, AnwBl 2002, S. 354 ff.; Justitia goes on-line, 10 Jahre EDV-Gerichtstag, in: DRiZ 2001, S. 485 f. を参照．

43) 電子革新に関して，この間にドイツの司法で起こったことの総てについては，この分野の専門家であるヘルベルガーが，1999年のウィーンの会議で行った報告が印象的である（注2））．但し，その報告は当時の最近3年間の発展に関するもの

第4章　裁判手続，遠隔通信技術，「E（電子）訴訟法」　115

どで，当該の構想に関して議論され，目標として要請されていたことの多くを，即座に，「可能で，望みさえすれば，実現してきた」ようにも思える．それにもかかわらず，司法と裁判の分野での現代の情報・通信技術の導入のための広範囲に渡る様々な計画の実施が，ドイツで未だ大幅に不足しており，その限りで，従来はその革新が限られたものにすぎなかったとすれば，私見では，その理由は，実務に現代化の意欲が欠けていたり，こういった革新に対して実務が原則として抵抗感を示しているからではなく，むしろ財政的，人的，用具上，組織的な類の障害・阻害のゆえである．つまり，例えば，国庫が空であること，司法予算の不足，パソコンの普及が不十分なこと，ネット化の不十分さ，技術的な基盤整備が欠けていること，従来からの法的データバンクへのインターネットのアプローチ，および，アプローチの可能性が欠けている，ないしは，不十分であること，ハードウェア・ソフトウェアの不足と老朽化，法的にだけでなく，技術的な訓練も十分でない職員，職員に対して法的，技術的な教育ができる教育者の不足，などなどである．だから，2002年のチューリッヒの会議での，シュタドラー[44]の発言は，まことに当を得ている．

「したがって，特別な大胆な予測などは，必要ではない．書類も，訴訟当事者の接触もないヴァーチャルな民事訴訟，サイバースペースでの口頭弁論が，当たり前になるなどということは，近い将来にドイツでは起こるはずもない．このような展開を阻止するものではないが，それにブレーキをかける原因は単純である．つまり，司法予算の財源，安全性に対する危惧，および，これまで守ってきたものを技術革新のために放棄することに対する実務のある種の躊躇である」．

ちなみに，以上の最後の理由，つまり，「革新に対する躊躇」は，筆者の観察では，実は裁判官の一部についてだけ当てはまることになる．

　　　　で，幾つかの点で古くなっている．さらに，Werner（注11）），Elektronische Datenverarbeitung bei Zivilgerichten, NJW 1997, S. 239 ff. を参照．
　44）　Stadler（注10））．

先に触れた州の司法行政の活動としては，ハンブルグ司法当局の「調整スタッフ司法2000年」が特筆に値する．その理由は，そこで議論された改革の構想の幅の広さと範囲，および，法律家にとってはおよそ不慣れ，かつ，驚嘆に値する，魅力的な，2001年から2010年の司法の将来構想[45]，さらには，キャッチフレーズ化されて，その会議議事録[46]がインターネットで公開された，「2010年以降の司法」の問題に照らしてである．

以上のハンブルグの司法2000年スタッフの会議は，現在，および，将来の技術的発展による，「司法の電子化」の問題，つまり，特に「技術化」や「技術のトレンド」に取り組んでいる．さらに，その範囲で，議事録に入れられたキャッチフレーズは，アイデアに富み，かつ，刺激的である．そのキャッチフレーズは，本章の付録として全文を記載しておいた[47]．

最後に，司法実務家の現代技術に対する考え方と，彼らがどの程度現代技術を備えているかという問題に関して，様々なフィールド・モデル実験，つまり，パイロット・プロジェクトに即して，特に，財政司法と財政裁判所の分野について，しかも，裁判過程へのビデオ技術の利用に絞って，一言しておくべきであろう．何となれば，もちろんその総てが当てはまるわけではないが，そこでの「ビデオ会議による裁判手続」に関する経験は，例えば，民事裁判のような他の裁判管轄にも役立つだろうからである[48]．

---

45) Bosauer Pressespiegel-Meldungen aus den nächsten 10 Jahren, http://www.hamburg.de/BEHOERDEN/JB/j2000/j2010.htm.
46) Schönfelder (注11)).
47) 資料Ⅱを参照．
48) 以上に関しては，Geiger, Gerichtsverfahren mittels Video-Konferenzen, ZRP 1998, S. 365 ff.; Schaumburg, Mündliche Verhandlungen per Video-Konferenz. Erste Erfahrungen mit Video-Verhandlungen beim Finanzgericht Köln, ZRP 2002, S. 313 ff.; Schmidt-Troje, Video-Konferenz im Finanzgericht, BB 2002, Heft 24, S. 1; Ländernachrichten: Video-Konferenzen bei finanzgerichtlichen Verfahren in Hessen, NJW 2001, S. ⅩL; Dieckmann, Finanzgerichtliches Verfahren per Video-Konferenz, Der Betrieb 2002, Heft 21 (Editorial), S. I.

裁判と関係する弁護士業務については，以上との関連では，全く何も触れられていない理由は，「弁護士業と新しいメディア」というテーマに関しては殆ど何も書かれたものがないからであり，かつ，この問題を一般化するのは困難だからである．したがって，以下の点を指摘しておくに止めるが，いずれにしても，組織され，国際的活動を行っている，巨大弁護士事務所のような弁護士企業に勤務する，「上位10パーセント」または，いわゆるトップクラスの弁護士は，最新の技術で重武装しており，パソコンやインターネットとつきあうことは，そこで働く者の日常（および，日夜の）業務である．他方で，この間では約11万7千人の，その他多くのドイツの弁護士に関しては，確実なことはいえない．但し，推測するに，その中に，間違いなく，数千の「落ちこぼれ」を含む，弁護士の多数は，経済的には水面に浮かぶのが精一杯で，自分の事務所に電子機器を備え，それをずっと継続，維持していくのに必要な金がないという状態であり，今日の小企業の水準にすら及ばないという有様である．

3．法政策と立法

最近特に10年間であっという間に世界中を席巻した遠隔通信技術は，当面は深刻な不況に陥ってはいるが，その市場を，ドイツでも取引の世界，私生活，公的行政に広げ，かつ，大分以前から公的な法政策，および，連邦と州の立法者をも捉え，以上の発展によって引き起こされた多岐に渡る膨大な法的問題に手を付けようという立法者の行動を喚起した．その際に，国家の関心は，まずは，新たな技術それ自体と，独自の分野として，多数設立された遠隔通信サービス企業による技術の営業と需要に向けられていた．さらに，法政策的な関心や立法の努力が集中したのは，まずは優先して，特殊な遠隔通信サービス法，特殊な遠隔通信サービスでのデータ保護法，および，公法のそれ以外の分野だったが，それでもやはり，例えば，著作権法，刑法，民法，および，その他の法分野で，古い法と新しい技術の衝突から発生した問題領域に対しても，立法者は関心を向けていた．

訴訟法の問題領域に関しては，とりあえず法政策と立法はおよそ関心を持っ

ていないようであり，ここでの問題である民事訴訟法に関しても，全く変わるところはない．政策的，立法的な視角からは，電子取引，電子署名の枠組みを作る法改正，および，私法の方式に関する規定を，現代的法取引，つまり，電子的法取引に適合させる法改正が行われて初めて，民事訴訟法が問題となるという順序である．その後に，いわゆる電子的形式の私法取引，正確には，電子的形式での私法上の意思表示が，法的承認を受けたからには，今度は，いわゆる訴訟行為，つまり，訴訟法上の意思表示にも電子形式は許されるのか，仮に，許されるとしたらどの範囲でかということが問題とされることになった[49]．

---

49) ここでざっと報告した展開，EU の指令によっても決定的に影響され，法典化という点では，少々混乱したそれに関しては，Barth, Anwaltsmagazin / Elektronische Form wird zulässig, ZAP Nr. 22 vom 22. 11. 2000, S. 1327 f.；さらに，連邦司法省のインターネット，http://www.bmj.bund.de/ggv/ggv_i.htm.；Barth, Anwaltsmagazin / Kabinett beschliesst Rahmenbedingungen für den elektronischen Geschäftsverkehr, ZAP Nr.5 vom 7. 3. 2001, S. 244 ff.；BMJ-Mitteilungen vom 14. 2. 2001, Das Gesetz über rechtliche Rahmenbedingungen für den elektronischen Geschäftsverkehr (EGG), http://bmj.bund.de/misc/2001/m_07 _01.htm：
「サイバー仲裁裁判所」つまり，「電子裁判外紛争解決」については，
http://www.cybersettle.com ; http://www.jusline.com/jus.info.verschschieds.html ;
http://www.fernerconsulting.de/beitrag/update.htm ; http://www.i-courthouse.com ;
http://www.jura.uni-sb.de/ndw2000/ndw 116.htm ; Henssler / Huber / Palenberg, ZAP-Gesetzgebungsreport / Eingebrachte Gesetzesvorhaben / Elektronische Signatur, ZAP Nr. 5 vom 7. 3. 2001, S. 251；Entwurf eines Gesetzes über Rahmenbedingungen für elektronische Signatur (BT-Drucks. 14/4662).
最新の法状態に関しては，Gesetz zur Anpassung der Formvorschriften des Privatrechts und anderer Vorschriften an den modernen Rechtsgeschäftsverkehr vom 18. 7. 2001 (BGBBl I, S. 1542), in Kraft seit 1. 8. 2001；Gesetz über rechtliche Rahmenbedingungen für den elektronischen Gesch a ftsverkehr vom 14. 2. 2001 (BGBl I, S. 3721), im wesentlichen in Kraft seit 21. 12. 2001.
Gesetz über Rahmenbedingungen für elektronische Signaturen und zur Änderung weiterer Vorschriften vom 21. 5. 2001 (BGBl I, S. 876) は，1997年7月28日施行の従来の署名法を廃棄して，2001年5月22日から施行された．新署名法の目的は，「電子署名を手書きの署名の代わりとして同様の法的効力を与えて利用可能とするために，電子法取引と電子取引での作成者とデータの不可侵性が信頼に足るように

第4章　裁判手続，遠隔通信技術，「E(電子)訴訟法」　119

　以上との関連で特記すべきは，以下の三つの法律である[50]．すなわち，
　2001年7月18日の，現代的な法律行為取引に対する，私法，および，その他の法律の方式に関する規定の調整に関する法律，連邦法律広報1巻1542頁，2001年8月1日施行．
　2001年12月14日の，電子取引のための環境整備に関する法律，連邦法律広報1巻3721頁，その重要な部分は，2001年12月21日から施行された．
　2001年5月21日の，電子署名に関する環境整備とその他の規定の変更に関する法律，連邦法律広報1巻876頁，その重要な部分は，2001年5月22日から施行された．
　これらの法律は，総て2001年に可決され，その殆どの部分は，2001年からはすでに施行済みである．同時に，以上の法律は，1877年1月30日に最初に立法され，後に，1950年に新たに編纂され，その後に多少とも大幅な改正を経ていたドイツ民事訴訟法典（ZPO）の若干の規定，ないしは，新しい情報・通信方式を考慮に入れた幾つかの条文と条文の一部に関しても，変更を加えており，さらに，幾つかの規定を追加している．以上の改正は，「裁判所への電子的なアプローチ」を初めて可能にした司法の現代化の先取りという点で，大変な進歩であるとして，一般に，いずれにせよ連邦司法省の側からは，自画自賛を込めて，祝福された[51]．しかし，以上の法改正の現実の実施可能性という点で

するために」「特別な電子署名の安全のインフラ」を作り出すことである．
　　新署名法は，自署に代わりうる署名としての，EGの最低基準を満たす「特別な電子署名」を，同法の第2条で規定している．同法で「特別な電子署名」とされているのは，電子署名が専ら，署名のキーの保有者に帰属し，保有者のアイデンティティが確認でき，署名のキーの保有者が自分だけで管理できる手段で作成され，署名の方法から，後にデータを改変したことが認識可能であり，その作成時に有効であった特別な証明に基づき，かつ，確実な署名の作成装置で作成された場合である．
50)　注47)の文献を参照．
51)　例えば，連邦司法省の広告，www.bmj.bund.de vom 22. juni. 2001 ; "Modernisierung der Justiz geht weiter" vom 9. Mai. 2001 ; "ein wichtiger Schritt zur Modernisierung der Justiz, zur Stärkung der Amtsgerichte und für besseren

も，その法的な内容と新たなE訴訟法の規定の解釈の余地に関しても，上記の祝辞は過大評価であろう．そうはいっても，この分野での立法の必要性を考えれば，とにかく小さな一歩でも全く改正がないよりはましだから，そのみすぼらしさ，虚弱さ，些細さにもかかわらず，以上の民事訴訟法の新規定それ自体は歓迎すべきものである．但し，新しいE民事訴訟法の守備範囲の狭いこと，および，非常に些細なことに思いをいたし，かつ，以下で引用するシュタドラーの観察[52]をも勘案するなら，本当にドイツの民訴法が「裁判過程における現代の情報技術の利用のための決定的な法的基礎」となりうるのかに関しては相当に問題がある．

「この現象は新しいものであり，ここでは確かに例外的に立法者が現実の展開に先立って急いでハッキリした一歩を踏み出した．現在では，民事訴訟法は，技術的なインフラの整備がないために，実際には実施できない，一連の規定を持ちあわせている．ところが，現状は，ドイツ国内では裁判官一人一人がインターネットにアプローチし，オンラインによって法的データバンクにアプローチする，あるいは，わずか一台のパソコンですら職場の机に備えているという状態とは，未だほど遠い（しばしば，パソコンを持ってはいても，使っていない者もいる）．ビデオ会議に関する技術的整備も，ドイツの地裁，簡裁では決して当たり前とはいえない．それにもかかわらず，立法者がイニシアティブを発揮するのは正しい．やはり，まずは試験的プロジェクトで経験が蓄積されるべきだという前提に立てばである．だから，裁判所でのインターネット，Eメール，ビデオ会議の利用は，一歩一歩実現されることになろう．だから，現在の状況では，多くのことが予測の域を出ない」

以上でシュタドラーも，この件では立法者は「例外的に」一回は「現実の展開に先立って一歩を」と評価しているから，次のようにコメントしても問題は

Rechtsschutz", または，vom 14. Februar 2001 ; "Gesetz über rechtliche Rahmenbedingungen für den elektronischen Geschäftsverkehr (EGG)" を参照．最後の広告は，「電子仲裁合意の実現」に関する指示も含んでいる．

52) Stadler, Der Zivilprozeß und neue Formen der Informatinstechnik (注10)).

ないであろう．すなわち，ドイツの立法者の特徴は総じて，問題を先取りし，かつ，問題の全体を考えた上で，予見可能な問題を回避するとか，少なくともその影響を初めから予防的に防止するというのではなく，およそ，問題がすでに発生し，深刻化し，拡大し，公の問題（政治問題）となってから，漸く反応するのが通例である．（悲しいかな，）実に，これが，法社会学者が「刺激反応的立法」という烙印を押した，ドイツの立法権の性格である．

さて，いわゆる「方式調整法」によって，遠隔通信技術に当てられた[53]民訴の新規定の個々の規定に関してコメントするなら，その中心部分は，現在は民事訴訟手続の中に入っている「電子化された方式」以上のものではなく，とりわけ電子書面，電子証書，電子署名，および，その証拠方法としての適性，その証明力，証明価値について規定しているにすぎない（民事訴訟法130条6号，130条a，292条a，299条3項，299条a，371条1項2文）．

もしかすると何時の日か，裁判手続の完全なヴァーチャル化に向けての大きな一歩に成長する可能性のある，より重要，かつ，重大な民事訴訟法の改正は，以上とは別に，昨年に可決され2002年1月1日施行の民事訴訟の改正のための法律[54]によって実現された．すなわち，連邦政府，つまり，政府の連立会派の民訴法，裁判所組織法の改正草案に対して，2002年1月1日のドイツ弁護士会の首脳会決定が，特に，

「両当事者の合意があれば，裁判所はビデオ会議によって口頭弁論を実施できるという法改正の提案は，意義深いものと思われる．以上によって，新しい通信手段の導入により民事訴訟を現代化する前提が作り出されることになる」

---

53) 以下にあげた法規定の全文は，本章の資料Iに付されている．

54) Gesetz zur Reform des Zivilprozesses (Zivilprozeßreformgesetz-ZPO RC vom 27. 7. 2001 BGBl I, S. 1887); Barth, Anwaltsmagazin, ZPO-Novelle auch vom Bundesrat gebilligt, ZAP Nr. 13 v. 11. 7. 2001, S. 788; www.anwaltverein.de. Zum Beschluss des Präsidium des Deutschen Anwaltverein vom 5. 4. 2001; www.bmj.de/ggv/zpo_refzpdt; Schneider, Das neue Zivilprozessrecht, ZAP Nr. 17, 2001, S. 1079 ff. を参照．

と意見表明した後に，

多くの観察者があっと驚いたことには，突然に，立法の準備段階での専門家の詳しい討論も経ないまま，「画像と録音による審理」と題された新規定（民事訴訟法128条 a）が民事訴訟法典に新設され，現在では，同規定により，ビデオ会議の技術を利用した民事訴訟も可能にする道が開かれることとなった．

但し，それだけで，バラバラでつまみ食いのドイツ民事訴訟法の「遠隔通信技術にとって重要な個別の規定の議決と施行」が（一時的にですら）終了したわけではない．なんとなれば，民事訴訟法の従来の送達に関する規定も，2002年7月1日から，今度はテレコピーによる伝達や電子文書の送付によっても，了知と関係なく，送達の効力が発生する方向で緩和し，簡素化する限度では，法改正が行われたからである（民事訴訟法174条）[55]．

それ以外では，電子取引の法的環境整備に関する法律によって，既に古くから民事訴訟法に規定のあった仲裁裁判手続が，2001年12月21日から，「仲裁に関する合意の方式」に関しては，情報伝達を電子化された方法で利用でき，仲裁に関する合意の書式それ自体が電子方式で足るという方向で緩和された（民事訴訟法1031条）[56]．

さらに，以上に続く法改正が，現在も行われている．この間では，2001年5月9日から「電子登録と遠隔通信の司法費用に関する法律の草案（GRJuKoG）」が，内閣で審議されている．同法の課題は，オンラインを通じての，機械化さ

---

[55] Gesetz zur Änderung des Rechts der Vertretung durch Rechtsanwälte vor den Oberlandesgerichten durch das OLG-Vertretungsänderungsgesetz-OLGVertrAendG vom 23. 7. 2002 (BGBl I, S. 2850), in Kraft seit 1. 8. 2002. さらに，Gesetz zur Reform des Verfahrens bei Zustellungen im gerichtlichen Verfahren (Zustellungsreformgesetz-ZustRG) vom 25. 6. 2001 (BGBl I, S. 1206), in Kraft zum 1. 7. 2002. 以上については，Hess, Neues deutsches und europäisches Zustellungsrecht, NJW 2002, S. 2417 ff. を参照．

[56] Neufassung aufgrund des Gesetzes über rechtliche Rahmenbedingungen für den elektronischen Geschäftsverkehr (Elektronisches Geschäftsverkehr-Gesetz-EGG) vom 14. 12. 2001 (BGBl I. S. 3721) は，2001年12月21日から施行されている．

れた商業登記からの情報請求の簡易化,および,機械化された登録からのデータ請求と,オンラインやEメールによるデータの伝達に関する特別な手数料の導入である[57]．以上のようなE民事訴訟法の規定が,民事訴訟法の改正や補充として取り入れられるか,または,程なく取り入れられることになっているからといって,それが「立法の芸術」の表現だとはとてもいえない．もっとも,民事訴訟法典が立法の芸術だったのは過去の話であり,それどころか現在では立法に関する学説[58]を無視しているというのが本当ではあるが．さらに,E規定の立法のやり方に関していうと,それは全く不明確かつ不十分であり,加えて,様々な繊細な分類を持った偉大な法典である民事訴訟法典の中で,間違った位置に置かれている場合が間々ある．したがって,それが,解釈上,適用上の問題を数限りなく惹起し,新たなE訴訟法をめぐる数多くの見解の相違と争点をもたらすことが,既に現在の時点で予測されているし,現に実際にも既に問題は生じている[59]．以上の新たなE規定についていうと,ここで取り上げられているテーマに関する限り,伝統的な書式と並ぶ情報形式の「電子方式」(電子書式)についても,口頭弁論と並ぶコミュニケーション方式たる

---

57) Bundesjustizministerium www.bmj.de/ggr/erjukog.pdf.

58) Eberhard Baden, Gesetzgebung und Gesetzesanwendung im Kommunikationsprozeß, Baden-Baden, 1977 ; Hermann Hill, Einführung in die Gesetzgebungslehre, Heidelberg 1982 ; Burkhardt Krems, Grundfragen der Gesetzgebungslehre, Berlin 1979 ; Ulrich Klug (Hrsg.), Gesetzgebungstheorie, juristische Logik, Zivil- und Prozeßrecht, Gedächtnisschrift für Jürgen Rödig, Berlin 1978 ; Jürgen Rödig, Gesetzgebungstheorie, juristische Logik, Zivil- und Prozeßrecht, Berlin 1978 ; ders., Studien zu einer Theorie der Gesetzgebung, Berlin 1976 ; ders., Vorstudien zu einer Theorie der Gesetzgebung, St. Augustin, 1975 ; Heinz Schöffer / Otto Triffterer (Hrsg.), Rationalisierung der Gesetzgebung, Baden-Baden 1984 ; Schreckenberger (Hrsg.), Gesetzgebungslehre, Stuttgart 1986 ; Friedlich-Christian Schroeder, Beiträge zur Gesetzgebungslehre und zur Strafrechtsdogmatik, Heidelberg 2001 ; Hans Schneider, Gesetzgebung, 2. Aufl., Heidelberg 1991 ; Peter Noll, Gesetzgebungslehre, Reinbeck 1973.

59) 以上に関しては,最新のコメンタール(注21))を参照した．

ビデオ会議による，いわゆる「電子口頭弁論」に関しても，法改正，現代化に際して，立法者は，要するに，「新しい方式」に関すること以外では，何も努力していない．反対に，民事訴訟法の基本的な構造，および，それと共に，伝統的な法規定，または，当事者の処分に委ねられた情報・コミュニケーションの過程，つまり，作用，反作用，相互作用からなる，訴訟法の体系に関しては，全く改正は行われていない．そのことはとりもなおさず，「現代的な」E規定とは，古い，それどころか太古の，殆ど「骨董品となっている」ルールの仕組を，単に規定したか，古い規定に上書きしたにすぎず，絵画化するなら，古い，ひからびた幹に，さし枝や芽を接いで，「改良」したり「若返り」を施すようなものである．もちろん，そうするのは，接ぎ木した枝や芽が成長し，繁茂し，腐ってしまわないことを望んでではあるのだが，実は，本当に危険なのは，既に何度も施されている園丁の世話は，訴訟実務や訴訟法学とは方向違いの所で行われていたに違いないという事態である．以上でも指摘した新しいE規定の弱点と欠陥は，あまりにも多岐に渡り，多様で，とても，その欠陥の一つ一つを詳細に検討することはできない．本章では，筆者が重要と考える，二つの条文だけを例示するに止めよう．すなわち，民事訴訟法128条a1項と130条a1項である．

民事訴訟法128条a1項の文言は，以下の通りである．

「当事者の合意があれば，裁判所は，申立により，当事者，代理人，補助人に，口頭弁論の期間中，裁判所以外の場所に滞在して，その場所で手続行為を行うことを許可できる．時を同じくして，口頭弁論は当事者，代理人，補助人の滞在する場所で，録音，録画され，法廷に伝達される」

同条の，申立により（誰の申立か），「当事者」「代理人」「補助人」（訴訟補佐人，参加人，債権者参加の参加人も含まれるのか）に，裁判所は，「口頭弁論の期間中」裁判所以外の場所，つまり裁判管轄地以外で（遠くか近くか），あるいは，正確には，その裁判所の法廷から離れた場所に，滞在し（出頭するのか，出頭しないのか），「裁判所以外の場所」から「口頭弁論」を行うことを許可できるという規定が，すでに不明確である．さらに，そもそも「口頭弁論

の期間中」というのは，明らかにすでに訴訟が始まっていることであり，しかも，裁判所，つまり，法廷で始まっていなければならない．なぜなら，定義上からもおよそ「口頭弁論」について語りうるのは，原告側の人間，および，同様に，被告側の人間が法廷に出頭し（つまり，原告の側では，原告本人，または，代理人や補助人，被告側では，被告本人，または，最低でも，代理人や補助人），それによって初めて「口頭弁論」が成り立つのだが，裁判所で訴訟に関する主張と反論を交換したときである．もちろん，その際に，裁判所は単に弁論を開始するか弁論を導く機能を果たせば十分で，弁論を指揮する必要はないのではあるが．だから，例えば，単に，いわゆる「口頭弁論」を開始し，いわば「自ら弁論する」ためには，さらに，「口頭弁論の期間中」という付加的要件を満足させるには，原告の側からも，被告の側からも，およそ誰も法廷に出頭する必要はないとか，それどころか，裁判所は単独裁判官，または，合議体，あるいは，合議体の一員として，一人が法廷にいれば，十分だと考えるなら，以上の解釈を何らかの形で法律と矛盾させないようにするには，相当の解釈上の操作が必要となる[60]．「手続行為」という概念も，それが当事者の行為（「訴訟上の行為」）を意味するなら，単純に「訴訟行為」と同視されるように，問題をはらんでいる．なぜなら，当然のことながら，訴訟においては，訴訟行為や当事者の行為としての性格を持たず，単に事実的な行為も存在するからである．

民事訴訟法130条a1項の文言は，以下の通りである．

「準備書面，および，その添付書類，当事者の申立と意思表示，第三者の情報，証言，鑑定，意思表示に関して，方式の規定がある場合には，それが裁判所による処理になじむ性質を持っているときは，電子文書への記録は方式を満足させる．文書提出の責任者は，署名法に適合した電子署名が付された文書を提出しなければな

---

[60] 以上に関しては，Thomas / Putzo / Reichold / Hüßtege（注21），§128a ZPO, Rz. 5.「本来の口頭弁論」のみならず「総ての弁論」を含めて問題にするものとして，Baumbach / Lauterbach / Albers / Hartmann（注21），§128 ZPO, N. 1. さらに，「不出頭」の効果は「口頭弁論」での不出頭と同様と示唆している，Zöllner（注21），§128a ZPO も参照．

らない」

　以上の条文では，単なる情報伝達手段（「書面」「添付書類」）を情報伝達過程，つまり，情報伝達行為自体と併せて単純に一箇所に集め，加えて，多様，かつ，内容豊かな訴訟法学用語（例えば，情報伝達手段としては，「記録」「書面」「筆記」「謄本」「原本」「複本」「抜粋」などであり，情報伝達過程としては，「請求」「申立」「主張」「提起」「争う」「抗弁」「異議」「弁論」「陳述」「提出」「主張」「応訴」「自白」「表明」などの用語である）に全く考慮を払わず，不器用かつ単純に「準備書面，および，その添付書類」「当事者の申立と意思表示」あるいは，「第三者の情報，証言，鑑定，意思表示」を数え上げた点で，既に解釈上の問題を引き起こしている．

　加えて，書面を「準備書面」に限っているのは，非常に問題で，これでは，同条の「規定する」書面を字義通りに解せば，よりによって，訴状や上訴状が，民事訴訟法の新規定では全く捕捉されないことになってしまう．確かに，「民事訴訟法130条 a は130条の補充であり，一般的なルールに従って特別規定として解釈」すべきだとしても，以上の点を，幾つかのコメンタールは無神経に見過ごしている[61]．加えて，「方式の規定がある」場合の例示として，準備書面，申立，意思表示などが上げられているだけであり，これでは，明快な規定であるとはいえない．その際に，「方式」の規定がある「書面」に言及していることの意味は不可解であり，申立と意思表示への言及は意味不明である．つまり，方式とは，「法定」，つまり，方式が強制されている場合か，あるいは，当事者が，口頭で（つまり，方式を定めず）意見表明するか，または，書面で意思表明するかを選択できる場合でも同じなのかという問題である．

　以上の例を示すだけで，裁判実務や法律学が，上記の規定に関して，どれほど多くの解明・修復作業をしなければならないのかをハッキリさせるには十分であろう．

---

61) Baumbach / Lauterbach / Albers / Hartmann (注21)), § 130a Rz. 1 und 2 ZPO ; Thomas / Putzo / Reichold / Hüßtege (注21)), § 130a ZPO, Rz. 2 ; Zöllner (注21)), § 130a ZPO, Rz. 3. Stadler (注10)) も参照．

Ⅳ 従来の問題の経緯と将来の課題に関する批判的覚え書き

とはいっても,ドイツの法学,法実務,法政策,および,立法のこのテーマとの従来のつきあい方については,新しいルールの細部の様々な点に関して,批判的なコメントを加えるだけでは足りず,根本的な批判を徹底的に加える必要がある.遠隔通信技術のようなテーマに対して,訴訟法学者が,およそ専ら規範を指向した法実証主義的な民事法ドグマという伝統的な方法でアプローチしようとしている限りは,その批判は,まずは,訴訟法学者に対して向けられることになる.伝統的な「アプローチ」の特徴とは,例えば,既に立法を見た,あるいは,近く可決される,「電子感染した」新しいルールの様に,「新しい分野」が規範や規範の草案となった場合に,そうなって初めて,しかも,その限りで,訴訟法の「新世界」を受け入れることである.しかも,それは,裁判手続法の範囲内,または,そのルールを取り巻く環境の中でだけである.しかる後に,ようやく,訴訟法学者は広い範囲で,新しい立法成果と取り組み始める.しかも,その仕事は,一種のアフターサービスとして,新しいルールを分析し,解釈し,批判し,あるいは,新しいルールを,実際に該当する事例,または,解釈によって当該規定に該当するとされた事例に適用することである.依然として,間違いなく訴訟法学者は,こういった仕事が自分の本来の課題と職分だと考えている.しかし,現下のテーマのように,それが「革命的な」意味,射程,重大な結果を伴っている場合には,このような訴訟法学者の態度,行動は,全く相応しいものではない.このような「アプローチ」は,ウールフ卿が定義したように[62],近い将来にITが「裁判システムを支える基礎」や司法の世界の「ラディカルな変化の触媒」となるだろうことに,視野を閉ざすものである.

---

62) Lord Woolf (注10)).

したがって，問題の大きな局面と激しさを自覚するために，まずは必要なのは，大きな広がりを持つ遠隔通信技術の世界，および，「訴訟の世界」とその法とを，従来は相互に切り離されてきた二つの世界として明らかにすることである[63]．すなわち，前者は，特に，マルチメディアと相互的交信の世界で，大変な発展を遂げ，その電子的方式，手段，可能性は，法律家が当然のこととして知り，利用してきたものより，ずっと多くのものを提供してきた（例えば，標準ハードウェア，ソフトウェア，Eメール，インターネット調査，電子テキスト処理，あるいは，ビデオ会議である）．他方で，後者は，巨大で大きな広がりを持つ世界であり，しかも，多くの国で，既にラディカルな転換期を迎えている．その際に，必要なのは，「訴訟の世界」と訴訟の法の中の，「訴訟法規範の世界」つまり，「規範的」「操作的な」訴訟法ではなく，事実としての「訴訟法」つまり，訴訟の「法事実」としての「訴訟法の現実の世界」[64]に関心を持つことである．なぜなら，それこそが，遠隔通信技術が訴訟法の世界と関係し，衝突している，現在進行形で，かつ，同時に潜在的な裁判手続の現実，あるいは，司法部門全体の現実，つまり，現実の条件，状態，経緯，そして，特に，司法分野で行動する私人，サービス従事者，職員などの実態だからである．そのような現実を，現代の技術は，直接に捉え，影響を与え，そこから，次第に司法と訴訟法に対して間接的に帰結がもたらされる，あるいは，司法と訴訟法の視点から見た帰結が引き起こされるものだからである．

　確かに，司法手続を事実として記述し，研究することは，学際的な研究に習熟していない場合は，しばしば法律家にとっては，困難な仕事である．そのことは，特に，訴訟法学者についても同じである．なぜなら，訴訟法学者にとっては，「訴訟」という名前の「独立したシステム」または，「サブシステム」は，単なる「法律関係」，「法状態」，あるいは，「訴訟行為（法）のシステム」，単な

---

63) 以上に関しては，注37)の引用文献を参照．
64) 詳細は，Gilles, Prozeßrechtsvergleichung / Comparative Procedural Law, 1996, S. 25 ff.

る,「規範的有機体」,それどころか,「純粋に技術的な構成物」にすぎないからである.他方で,例えば,「紛争形式」「相互交信の場」,「情報システム」「コミュニケーション・システム」,「スピーチの場」「言語の飛び地」,「ばくち」または「学習課程」,「独り言」「対話」「鼎談」,「儀式」「役割遊び」または「ドラマ」,「経営組織」または「サービス企業」,および,最近なら,しばしば,「情報処理システム」として裁判手続を記述し,理解する方が,社会科学者や経済学者からは,より多くの成果が期待できる.つまり,法律家がその独自の方法と作業方法に依拠するよりも,社会科学者や経済学者は,以上のような方法で,訴訟のある種の現実に対しては,より優れたアプローチを行っている[65].

未だ十分に電子化されておらず,次第に電子化されているにせよ,訴訟手続とは,実は「データ処理システム」や,「情報システム」さらには,「コミュニケーション・システム」に他ならないと理解した場合,かつ,そう理解した場合にだけ,訴訟の現実の世界と,「データ処理情報」「(遠隔)情報」「(遠隔)通信」以外の何者でもない,遠隔通信技術の世界が,相互に惹きつけあい,親和性があり,一致し,適合する性質が豊富なことが速やかに明らかになる.その結果,裁判手続という特別な分野にも,司法システム一般にも,新しいメディアによって奪われるのを待っているが,反対にメディアによる占領に対して当面は何らかの法的な限界が画されている,休耕田ないしは,無防備の脇腹が存在すること,さらに,何時の時点でそれが問題となるのかも,同時に明らか

---

65) 以下に関しては, Gilles, Der Beitrag der Sozialwissenschaften zur Reform des Prozeßrechts, in: Gilles (Hrsg.), Effektivität des Rechtsschutzes und verfassungsmäßige Ordnung 1983, S. 105 ff. (137); ders., Zur Integration von Sozialrechtswissenschaft und Prozeßrechtswissenschaft. Die neuere Entwicklungen der letzten Jahre, in: Gilles (Hrsg.), Aufgaben und Prozeßeinrichtungen in der Bundesrepublik Deutschland, Chuo University Press, (Japan), 1988, S. 94 ff.; ders., Nationalbericht Deutschland (Bundesrepublik), in: Roth (Hrsg.), Rechtssoziologie und Prozeßrecht, Nationalberichten und Generalbericht zum Thema 'Der Beitrag der Rechtssoziologie zur Reform des Prozeßrechts', Wien 1983, S. 37f.

になる．いずれにせよドイツでは未だ始まったばかりの，いわゆる裁判手続の ヴァーチャル化が一層進行すれば，実はそうなることは確実なのだが，既に現 在も提起されている問題，次第に一部または全部がヴァーチャル化される裁判 手続，つまり，様々な電子形式と電子器機の大量の利用が，民事訴訟法の個々 の規定と一体折り合うのかということだけでなく，その総て，または，一部は 新たな発展の影響を受ける，特に，以下のような，伝統的な手続法の公準，原 理，原則，すなわち，

　　誰でも裁判を利用できること
　　提出主義
　　弁論主義
　　口頭主義
　　直接主義
　　出頭主義
　　公開原則
　　経済性原則
　　職権主義，

さらには，民事法の根本原則と折り合うのかという問題が，先鋭化することに なる．以上の，技術と訴訟上の原則との両立性という問題に解答することは， 私見では，極めて緊急の，しかも，個々の訴訟法上の規定と技術との折り合い を付けるよりも，ずっと急を要することだと思われる．なぜなら，現代的な電 子技術が実際に持っている，あるいは，一般にいわれている，その効用を指摘 して，訴訟法の個別の規定を新たな要請に適合させることは，歴史の中で場合 によっては激しい闘争によって守られ勝ち取られ，既に殆ど「不動の訴訟法」 として通用している訴訟手続の公準を再定義したり，あるいは，それを完全に 放棄してしまい，その結果，それが生き延びるチャンスのない位に現代技術に 感染している場合は，訴訟法理論という「聖牛」を屠殺してしまうよりは，法 政策的にも立法的にもはるかに簡単だからである．

V おわりに

　最後に，世界中の多くの地域で進行している（ドイツもその例外ではない），司法システムと裁判手続の分野での，基本的な改革，変化，転換に関しても，これまでと同様，極めて批判的な後書きを付しておくことをお許しいただきたい．以上の変革は，深刻な改革の動き[66]と結びついており，そのことは，例えば，「民主化」「憲法化」「経済化」「私化」「国際化」，わけても，「現代化」といったキャッチフレーズによって改革の動きが表現されることからも見て取れる．ところが，司法システムや裁判手続の現代化の背後に存在するのは，しばしば，様々な改革の動きの中でも最も現代的に響き，かつ，最も現代的で進歩的だと売り込んでいる，今日「技術化」「コンピューター化」「電子化」「デジタル化」「ヴァーチャル化」とも呼ばれているもの以外の何者でもない．しかし，きちんと観察すると，よりによって，この「現代化のトレンド」こそが，様々な改革の動きの中でも，最も保守的で，ある意味では後退的な代物である．つまり，司法と裁判手続の現代化というキャッチフレーズの下にあるものを集めてみると，本当のところは，作用，反作用，相互作用の伝統的な方式，司法と裁判所での行為の進行，作業経過の伝統的な形式，つまり，紙の形式，あるいは，訴訟法用語で「文書」「書面」「仮とじ本」「書類」「カード式索引」「文書」「調書」「記録」などと呼ばれているもの，たとえ，それが，「単純な方式」であろうと，方式の厳格化されたもの（手書きであること，自署であること，公証されたものであること，書面化すること，役所が意思表明したこと，など）であろうと，要するにそれを単に，電子方式という新しい形式に置き換え，補充しようという努力以上の何者でもない．その際に，こういった電子形式は，あたかも伝来の書式の「極端化」，または，「ハイブリッド」でしかなく，現代化の担い手は，単なる「形式化の担い手」であるにすぎず，まさに，しかも，

---

[66]　以上に関しては，Gilles（注11））．

専ら方式にだけ腐心し，内容はどうでも良いということになる（「古い酒を新しい革袋に」）．ところが，まさに裁判手続と司法行政の内容，それ自体が，今日では問題を含み，緊急な改革が必要とされている対象なのである．裁判手続に関していうなら，特に，開始，準備，情報，コミュニケーション，再構成，文書化，決定過程など数々の，公的，職業的，私的な訴訟関与者の相互的な行為に，同じことが当てはまる．とりわけドイツで連邦司法省の主導で開始され，既に何年も実施されている「司法の構造分析」[67]の下での個々の調査が明らかにしたように，まさにこういった裁判手続の中身，昔からのその鈍重さ，面倒さ，費用が嵩むことこそが，改革の必要が大きく，改革が絶対に必要なものであり，私見では，単なる「データ媒体の交換」に終わってしまう，電子化された形式によって，紙の書式を単に置換，補充するという意味での彼の「方式の改革」よりも，ずっと緊急事である．ビデオ会議による口頭弁論の代置に関しても，話は殆ど同じである．

そういった事態に鑑みて，以下のことに思いを致しておかねばならない．電子的な形式といえども，総ての形式と同様に，いわゆる固定化と安定化という機能と効果を持っている．つまり，形式化された内容というのは，何時もそうだが，その内容が固定化される性質を持っている．もちろん，それは，多くの場合に，十分な理由のあることではあるが．しかし，反面，そのことが意味す

---

[67] 以上に関しては，例えば，Blankenburg / Leipold / Wollschläger (Hrsg.), Neue Methoden im Zivilverfahren, 1999 ; Kötz / Frühhauf (Kienbaum Unternehmensberatungs GmbH), Organisation der Amtsgerichte, 1992 ; Kötz u. a., (Kienbaum Unternehmensberatungs GmbH), Organisation der Kollegialgerichte und des Instanzenzuges der ordentlichen Gerichtsbarkeit, 1993 ; Stock / Thuente / Wolff, Schnittstellen von außer- und innergerichtlicher Konfliktbearbeitung im Zivilrecht, 1995 ; Rottleuthner / Böhm / Gasterstädt, Rechtstatsächliche Untersuchung zum Einsatz des Einzelrichters, 1992 ; Fiedler / Hafft, Informations-technische Unterstützung von Richtern, Staatsanwälten und Rechtspflegern, 1992 ; Aumüller / Strempel (Hrsg.), Strukturelle Veränderungen in der Justiz, 1996 ; Gilles, Ziviljustiz und Rechtsmittelproblematik, 1992. を参照．

るのは，それが単なる形式化の努力なら，現代化の努力は総て，保守的，固定的，現状維持的とならざるを得ず，場合によっては内容的な改革を促進するよりも妨げる危険を，それ自体がはらんでいるのである．

〔石垣茂光・藤森正則 訳〕

【資料Ⅰ】

民事訴訟法174条（送達の受取）

(1) 弁護士，公証人，執行官，税理士，あるいは，その職業上高い信頼性があると考えられる人間，官庁，あるいは，公法上の社団，施設に対しては，受取書の交付を受けることで，書面の送達が可能である．

(2) 1項にあげた者に対しては，書面はテレコピーによる送達も可能である．書面の発信は「受取書による送達」を指示した上で行われ，発信地，送達の名宛人の名前と住所，および，書面を発信した司法職員の名前の認識が可能でなければならない．

(3) 1項にあげた者に対しては，電子文書による送達も可能である．他の訴訟関与者が明示的に同意を与えた場合も，同様とする．発信のための書面には電子署名が付され，無権限の第三者が文書の内容を知ることから保護されねばならない．受取書は，電子文書，ファクシミリ又は書面によっても交付できる．受取書が電子文書で発行されたときは，署名の代わりに名宛人の名前を挙示することで足る．

(4) 送達の証明は，裁判所に送り返されるべき，日付と名宛人の署名を付した受取書で十分である．受取書は，書面，テレコピー，又は，電子文書（130条a）として送り返すことができる．受取書が電子文書で交付されるときは，署名法による特別な電子文書が必要である．

民事訴訟法128条a（ビデオと録音による口頭弁論）

(1) 当事者の合意があれば，裁判所は，申立により，当事者，代理人，補助人に，口頭弁論の期間中，裁判所以外の場所に滞在して，その場所で手続行為を行うことを許可できる．時を同じくして，口頭弁論は当事者，代理人，補助人の滞在する場所で，録画，録音され，法廷に伝達される．

(2) 当事者の同意があれば，裁判所は，尋問の最中，証人，鑑定人，又は，当事者が裁判所以外の場所に滞在することを許可できる．時を同じくして，尋問は録画，録音されて法廷に伝達される．当事者，代理人，補助人が，1項により，裁判所以外の場所に滞在する許可を得たときは，時を同じくして，尋問は録画，録音されて，滞在場所に伝

達される.

(3) 伝達は記録されない．1項，2項の決定は，取消すことができない．

民事訴訟法130条（書面の内容）

準備書面には，以下の事項を記載しなければならない．

1．当事者および，法定代理人の氏名，身分，職業，住所，および，当事者の地位の表示．裁判所及び，訴訟物の表示．付属書類の表示．

2．当事者が法廷で行おうとする申立．

3．申立の基礎となる事実関係の挙示．

4．相手方の事実上の主張に関する陳述．

5．事実上の主張の証明又は反論のために，当事者が利用する証拠方法の表示，および，相手方が表示した証拠方法に関する陳述．

6．書面に責任を負う者の署名．テレファックスにより伝達される場合は，コピーによる署名の複写．

民事訴訟法130条a（電子文書）

(1) 準備書面及びその付属書類，当事者の申立，陳述，第三者の情報，証言，鑑定，陳述に，方式の定めがあるときも，電子文書による表示が裁判所での審査に適すものであるときは，表示は方式に適合する．以上の文書について責任を負う者は，署名法の定める特別な電子署名を遵守する必要がある．

(2) 連邦政府及び州政府は，その管轄内で，何時から電子文書の裁判所への提出が可能とされるか，及び，文書の審査に適した方式を，法令によって定める．州政府は，法令により，州司法当局に授権することができる．電子方式の許可は，個別の裁判所又は個別の手続に限って行うこともできる．

(3) その受領を指定された裁判所の施設が表示された時，即座に電子文書は提出される．

民事訴訟法292条a（特別な電子署名が用いられた場合の表見証明）

署名法による検証に基づく，電子的形式による署名の真実性の表見を動揺させ得るのは，署名のキーの保持者の意思によって陳述が行われたことに対する，真剣な疑念を基礎づける事実に限られる．

民事訴訟法299条（記録の閲覧，謄本）

(1) 当事者は訴訟記録を閲覧し，事務課を通じて正本，抄本，謄本の交付を受けることができる．
(2) 第三者に対しては，裁判所長は，当事者の同意がない場合には，第三者が法律上の利益を疎明したときに限り，記録の閲覧を許可できる．
(3) 訴訟記録が電子文章のときは，記録の印刷による閲覧だけが可能である．印刷は事務課によって行われる．
(4) 判決，決定，命令の草案，および，その準備のための作業，並びに，評決に関する書類は，閲覧も謄写も許されない．

民事訴訟法299条a（データ記憶媒体保存）

規則にしたがって，原本に代えて録画，又は，データ記憶媒体に，訴訟記録が伝達され，かつ，複製が原本と一致すると証明されたときは，録画，又は，データ記憶媒体による正本，抄本，謄本が許可される．以上の場合には，証明に際しては，原本に記載が行われる．

民事訴訟法371条（検証による証明）

(1) 検証による証明は，検証物の表示，および，証明すべき事実の開示によって行う．証明の対象が電子文書の場合は，証明はデータの移送又は伝達によって行う．
(2) 対象が挙証者の主張によれば挙証者の占有下にないときは，1項の定める以外に，対象の送致の期間を定めるか，又は，144条の命令を下す，申立によって行う．422条乃至432条の規定は，準用される．
(3) 当事者が期待可能な検証の受け入れを妨害したときは，対象の性質に関する相手方の主張は証明されたとみなされる．

民事訴訟法1031条（仲裁に関する合意の方式）

(1) 仲裁に関する合意は，その合意を証明する，当事者が署名した書面，又は，当事者間で交換された書簡，ファクシミリ，電報，あるいは，他の情報伝達手段によって，行われなければならない．
(2) いずれか一方の当事者，又は，第三者によって，両当事者に伝達された書面の中に，仲裁に関する合意が含まれ，かつ，適時に異議が唱えられなかったときは，書面の内容が，通常の取引慣行によれば契約内容とみなされる場合も，前項の方式に適合した

ものとみなされる．

(3) 1項，又は，2項の方式の要請に合致する契約が，仲裁条項を含む書面を関係づけており，かつ，契約が仲裁条項を契約の一部とするという方法で，関係づけられている場合は，以上の契約は仲裁に関する合意を基礎づけうる．

(4) 雇船契約に含まれた仲裁条項を明示的に関係づける船荷証券の発行によっても，仲裁に関する合意は基礎づけられる．

(5) 消費者の関係する仲裁に関する合意は，当事者の一方が自署した文書に含まれている必要がある．1項が定める書面の方式は，民法126条aによる電子的方式によっても満足される．仲裁裁判手続に関係するそれ以外の合意，それ自体は，文書や電子文書を含んではならない．公正証書に関しては，以上の例外とする．

(6) 方式の瑕疵は，仲裁裁判の本案の口頭弁論の開始によって治癒される．

【資料Ⅱ】

「2011年以降の司法──結果の要約」からの抜粋

現在使用中，及び，将来の技術的発展による司法の「電子化」
・裁判官と検察官の職務でも，自宅勤務が大幅に増大すること
・ビデオ会議とそれに類する技術的手段が，口頭弁論に取って代わる潜在的可能性
・訴訟開始から送達に至るまで，署名に保障された電子的な裁判手続，および，以上に関する期間と証明の問題
・電子的に保護された情報の管理，および，従来は司法が「書面に保護された」情報調達を優先してきたことへの影響
・現在と比べて，建物及び空間の必要を大幅に減じる「ヴァーチャル裁判所」へのトレンド，もちろん，例えば，刑事裁判のように，「一定の場所での」手続は絶対に不可欠で維持されなければならないが

技術化
・前進する技術化に直面して，「ビデオ未来像」によって(だけ)ではなく，特に，「人間と人間の間の」対話の拡大によって，社会の能力を強化し，法的平和を実現する機能を，司法は持ち合わせている．
・司法は，人間との交流によって，内外に向かって承認を得るチャンスがある．法的平和は，技術によってではなく，本当の意味で当事者の意見を「聞く」ことでもたらされる．

第4章　裁判手続，遠隔通信技術，「E（電子）訴訟法」　137

・刑事法だけではなく，アジール法（政治難民法），行政法，社会法，および，多くの私法上の紛争においても，技術の発展とは別に，決定的なのは人間との交流である．
・技術の進展にもかかわらず，司法を「象徴するモノ」（例えば，法服，分かりやすい手続の進行）は，それが法的平和に貢献する限りで，重要である．他国では，このような象徴物の一部は，依然として際立った役割を果たしている．
・自宅勤務，遠隔勤務の急増は，近い将来には考えられない．「人間は共同作業を望んでいる」
・言語認知の技術，および，電子的に保護された情報収集と情報処理は，近い内に裁判所の仕事を変化させるであろう．
・討論できなかったものの中で重要なのは，内容と他人の修得したことの伝達（例えば，判決の長さと言語）に関する問題である．それが解決できて始めて，裁判の進行に電子的補助手段が影響するのかが問題となる．
・多様化しつつある社会のために，司法は様々なアクセスの手段を保障しなければならない．したがって，問題は，「口頭弁論に代わるビデオ会議」ではなく，「どの様な手続や，何を目的とする場合に，口頭弁論に代わるビデオ会議が意味があるのか」である．

技術のトレンド

トレンド	影響
社会と司法による情報・通信技術の包括的な利用	・従来のIuKによる補助の改造と調整の必要性 ・仕事場，司法補助官，裁判官の補助／Eメールの接続 ・司法の利用の標準化の促進
特に，電子商取引，行政，法取引のどこにでも普及する技術の展開と利用	・輸送，保管時間の削減により手続が迅速化する可能性 ・特に，民事と経済犯の訴訟手続での，事実認定と立証の変化 ・電子書類と電子法取引に基づく裁判所の包括的な再組織化の圧力 ・司法書類への人的・場所的需要の減少
	・伝達業務の場所の改造，廃止（「技術が人間に取って代わること」／言語認識 vs. 筆記サービス／Eメール vs. 文書送付／電子化された事務室 vs. 裁判官の命令／事務室での事務遂行） ・高級なサービスの作業方式と「制作水準」の変化 ・裁判官のサービスの作業方式と「制作水準」の変化

	・職場以外での仕事の増大／デスクの節約などなど ・司法部門の職員の作業場所，作業時間の自由の拡大の可能性 vs. 人的，場所的な根無草化の危険 ・裁判所の空間の節約
	・古典的な口頭弁論の減少，ビデオを用いた情報伝達による補完／インターネットによる情報伝達／「裁判所の窓口相談」などなど ・裁判所が市民に近くなり，顧客サービスが改善される可能性（手続の透明化，アプローチ可能性，情報入手可能性）vs.「技術に暗い」国民階層から疎遠になり，サービスが低下する危険
市民相互の「民主的ネット化」vs. メディア社会での孤立化の危険	・他人との交流の自主管理による司法の利用の減少の可能性 vs. 国民の多くの階層の経済的，社会的交流からの排除の結果として，司法の保護機能の要請の増大
移動可能な通信器具の経済取引への普及（UMTS など），どこからでも通信，法取引が可能となること	・従来の土地管轄からの乖離，「流動的開廷期日」
医療技術と遺伝子技術の一層の発展	・電子的注射技術による覚醒剤の投与？ ・将来の「人工知能」の発展の下での司法の意味
監視技術の改造（ビデオ，メール，電話など）	・私人及び公安当局に対する第三権力によるコントロールの要請の増大 ・特に，執行の分野での，安全性の要請 vs.「監視される者」の利益

付 篇 [I]

Procedural Law for the Third Millennium
Round Table Discussion*

Panelists : Prof. Federico Carpi, Bologna
Nial Fennelly, First Advocate General of the Court of Justice
of the European Communties, Luxembourg,
Prof. Takeshi Kojima, Hachioji-shi/Tokyo
Prof. Garry D. Watson, North York
Moderator : Prof. Peter Gilles, Frankfurt

Peter GILLES

Introductory Remarks

After two and a half days of working sessions on the topic of the "Discretionary Power of the Judge" (whatever that means or should mean) and after just two and a half hours panel session on the topic of "Harmonisation or Globalisation of Civil Procedure" the second panel session at the afternoon of the last conference day will deal now for another two and a half hours with questions of a **"Procedural Law for the Third Millennium"**, according to a title still mentioned on the last page of the official program.

In the frame of the general topic of this congress **"A Procedural**

---

* Contribution for the Colloquium of the International Association of Procedural Law in Gent (Belgium) 25-28. April 2000, later on published in : Marcel Storme/Burkland Hess(ed.) Discretionary Power of the Judge : Limits and Control, Kluwer Uitgevers, Mechelen (Belgium) 2003, pp. 631-641.

Law for all Seasons ... From Charles V. to the Third Millennium", encompassing about 2500 years of past, present and future procedural law, this means that this panel would have to deal with procedural law for a time span of about thousand years. But studying the newest version of our official program inside the booklet we may detect - as an unexpected sign of modesty - a certain reduction of this former topic to "**The Procedural Law in**" - and not even 'for' -"**the 21. Century**", encompassing now just 100 years of procedural law as a maximum.

Even then the topic we have to deal with is still a pretty futuristic one.

In concern of the **panelists** the organisation committee, unfortunately was, for certain reasons, not able to invite for this panel :

George Orwell (India/England), **Aldous Huxley** (England/USA), **Stanislav Lem** (Poland), **Miquel de Notredame**, called Nostradamus (France), and **Pythia** from Delphi (Greece). Instead the organisation committee, fortunately, has succeeded to invite four other well known persons and eminent scholars as futurologists or futurologists to become, namely **Federico Carpi** (Italy), **Nial Fennelly** (Ireland/Luxembourg), **Takeshi Kojima** (Japan), and **Garry Watson** (Canada) to join this - let's say - "**prophetical jam session**", the honour and burden I have to moderate.

Now to the particular **subject** of our panel session placed somewhere in the continuum of a procedural law from 1500 A. D. up to eternity and surely provoked by the magic date of the year 2000 :

The topic "Procedural Law for the Third Millennium", for "the 21. century" or at least for some decades of this new century, from whom ever this **title** stems, is a quite challenging, perhaps an over-ambitious and for sure an extremely unusual one among the full range of all topics of our association treated meanwhile at eleven world congresses and uncounted interim conferences on the following reasons.

Like jurists normally have done everywhere and since ever our association treated up to now always **topics** concentrated on the **past developments** or the **present situation** of procedural law and its corresponding realities in the areas of intra or extra court proceedings, of administration of justice or of professional practice, mostly from a legal historic, legal dogmatic or legal pragmatic perspective, delivering just overviews, summaries or inventories after describing the history and/or the actual status of certain legal and/or factual procedural phenomena. In so far we are still standing at the Vienna's **"threshold"** of a new millennium, not having surmounted it till now.

In a sharp contrast to such a type of **retrospective** legal thinking, writing and doing the title of this panel asks now - so far I know - for the first time in the 50 years history of the IAPL very clearly for nothing less than for a procedural law which does not yet exist, destined for a world in a near or far future, we actually have practically no knowledge, no ideas and no imaginations about, i.e. for a **future procedural law** as an answer to questions raised by **future realities**, problems or even crises. In other words: Our new topic enforces a look into the future, a forecast, to answer the general question what type of procedural law we will have once or which one we would like to have once under future economical, financial, political, governmental, social, cultural or human, mental, ideological, educational, professional or other conditions.

Such a **look into the future** will be quite a hard job not only for the four panelists but also for all of us participating in the following debates, even when we - what we should do - cut the **temporal dimension** of the topic from a whole millennium or a whole century down to the **two** or **three decades**, thinking, talking and speculating just about the procedural law in the year 2020 or 2030.

Why - some of you may ask - should it be so difficult for us as jurists to do a job like this. Here is my very personal response :

Like jurists all over the world we are **past orientated, present orientated**, but not at all **future orientated** persons. We are all - under special aspects and to a certain extent - **historians, conservatives** or even **reactionaries**, perhaps not by birth, personal socialization or political inclination, but at least by our **legal education**, our legal **professional training**, our **practical routine** : We deal with factual situations or **cases** which already have happened. We work with (particularly in respect of procedural law often over-aged) **laws** and on laws which already have been enacted. We refer to or we rely upon judicial **judgements** which already have been pronounced and we refer to or rely on a mostly just 'recycled' **literature** which already has been written conserving ideas which already had been thought.

Besides : Whenever we study **monographs** on law, we will perhaps find here and there - as a mere annex to the main chapters, containing historical reviews and/or an analysis of present situations - in a very last and substantively often quite poor chapter something named "**outlook**", mostly not worth to read.

Further more : Looking around the **law faculties**, their **teaching** and **research projects**, we will find everywhere series of courses or projects dealing with historical or actual legal subjects, but it will be extremely rare to find somewhere any courses or projects like "**legal prognosis**" or "**legal politics**", "**law-ma-king**" "**law modeling**" or "**law implementation**", while a course or research work worth to be named "**future law**" or "**legal futurology**" as an own legal discipline is totally missing worldwide.

Even in the area of **legislation** conceptual and prospective, really **future-orientated approaches**, i.e. approaches, taking in account also future developments to avoid future factual or legal problems in advance, are extremely rare, because most of the contemporary legislative work is nowadays nothing else but a so-called **"reactive impulse-legislation"**. This expression means that the legislators only react on problems which had been - often since long already existing and steadily increasing, at least initiating or not initiating certain legislative activities under the pressure of public opinions or under the dictate of what powers ever.

And last but not least I would like to mention in this context that since the beginning of the 90s there had been a real flood of some hundred books and among them of at least one hundred **bestsellers**[1] dealing with the **"future"** of our world in many res-

---

1) Recent Book-Publications about the Future :
　　Jacques Attali, Millenium. Gewinner und Verlierer in der kommenden Weltordnung, Düsseldorf 1992 ; Thomas A. Bass, Reinventing the future.
　　Conversations with the world's leading scientists, Addison-Wesley Publishing Comp., USA 1994 ;
　Ulrich Beck, Riskante Freiheiten. Individualisierung in modernen Gesellschaften, Frankfurt am Main 1994 ;
　Ulrich Beck/Anthony Giddens/Scott Lash, Reflexive Modernisierung. Eine Kontroverse, Suhrkamp, Frankfurt am Main 1996 ;
　Joachim Becker, Der erschöpfte Sozialstaat. Neue Wege zur sozialen Gerechtigkeit, Eichborn, Frankfurt am Main 1994 ;
　Josef Brauner/Roland Bickmann, Cyber Society. Das Realszenario der Informationsgesellschaft : Die Kommunikationsgesellschaft, Metropolitan, Düsseldorf/München 1996 ;
　David Bosshart, Die Zukunft des Konsums. Wie leben wir morgen?, Econ, Düsseldorf/München 1997 ;
　Diane Coyle, The weightless world. Strategies for managing the digital economy, The MIT Press, USA 1997 ;
　Michaly Csikszentmihalyi, Dem Sinn des Lebens eine Zukunft geben. Eine Psychologie für das 3. Jahrtausend, Klett-Cotta, Stuttgart 1995 ;
　René Cuperus/Johannes Kandel (ed.), European social democracy : Transformation in progress, Friedrich-Ebert-Stiftung/Wiardi-Beck-mann-Stiftung 1998 ;
　Thomas H. Davenport, Information ecology. Mastering the information and knowledge environment, Oxford University Press, New York/Oxford 1997 ;
　Michael L. Dertouzos, What will be? Die Zukunft des Informationszeitalters. Springer Verlag, Wien, New York 1999 ;
　Warnfried, Dettling, Wirtschaftskummerland? Wege aus der Globalisierungsfalle,

pects, written by scientists, politicians, journalists or profes - sional futurologists. But till now I could not detect any jurist among those book-authors and no single chapter directly concentrated on the

---

Kindler, München 1998 ;
Heinrich Dieckmann,/Bernd Schachtsiek (ed.), Lernkonzepte im Wandel - Die Zukunft der Bildung, Klett-Cotta, Stuttgart 1998 ;
Frances Hesselbein/Marshall Goldsmith/Richard Beckhard, Drucker Foundation (ed.), Organisation der Zukunft. Neue Orientierung für Verwaltung, Wirtschaft und Gesellschaft, Econ, Düsseldorf 1998 ;
Francis Fukuyama, Trust. The social virtues and creation of prosperity, Penguin, London 1995 ;
Anthony Giddens, The third way. The renewal of social democracy, Polity Press, Oxford 1998 ;
ders., Der Dritte Weg, Suhrkamp. Frankfurt am Main 1998 ;
Franz T. Gottwald/Peter K. Sprinkart, Multi-Media-Campus. Die Zukunft der Bildung, Metropolitan, Düsseldorf 1998 ;
Charles Handy, Die Fortschrittsfalle - der Zukunft neuen Sinn geben. Gabler, Wiesbaden 1995 ;
Ian Hargreaves/Ian Christie (ed.), Tomorrow's politics. The third way and beyond, Demos, London 1998 ;
Eric Hobsbawn/Stuart Hall, Wrong. Marxism today, London 1998 ;
Axel Honneth (ed.), Kommunitarismus. Eine Debatte über die moralischen Grundlagen moderner Gesellschaften, Campus, Frankfurt am Main 1993 ;
Dave Hill, The Future of Men, Phoenix, London 1997 ;
Matthias Horx, Das Zukunfts-Mainifest. Aufbruch aus der Jammerkultur. 1997, Econ und List, München ;
ders., Die acht Sphären der Zukunft. Ein Wegweiser in die Kultur des 21. Jahrhunderts, Signum Verlag, Wien, Hamburg 2000 ;
Ronald Inglehart, Modernisierung und Postmodernisierung. Kultureller, wirtschaftlicher und politischer Wandel in 43 Gesellschaften, Campus, Frankfurt am Main 1998 ;
Ronald Inglehart, Culture shift in advanced industrial society, Princeton University Press 1992 ;
Robert Kurz, Schwarzbuch Kapitalismus. Ein Abgesang auf die Marktwirtschaft, Eichbaum Verlag, Frankfurt am Main 1999 ;
Oskar Lafontaine/Christa Müller, Keine Angst vor der Globalisierung, Bonn 1998 ;
Edward Luttwak, Turbokapitalismus. Gewinner und Verlierer der Globalisierung. Europa-Verlag, Hamburg, Wien 1999 ;
Hans-Peter Martin/Harald Schumann, Die Globalilisieruhgsfalle. Der Angriff auf Demokratie und Wohlstandt.. Rowohlt Verlag, Hamburg, Neuauflage 1999 ;
Meinhard Miegel, Das Ende des Individualismus. Die Kultur des Westens zerstört sich selbst, Bonn Aktuell 1993 ;

future of the judicial systems, the legal professions, legal conflict resolution of which type ever or on the law including procedural law, in general.

My résumé or **presumption** in so far therefore is : A typical jurist seems not to be well prepared or particularly interested to look into the future and he will not be very much used till now to act as a speculator, a visionary, a prophet, an illusionist or utopist, a foreseer, foreteller or a **fiction scientist** for the **science fiction of a future system of justice**. He will also usually not have to his disposal the necessary amount of visions and imaginations, of creativity, fantasy or even craziness to think also about the unthinkable, because such characteristics or abilities do not belong to the normal set of qualities and skills the jurists normally possess.

Dinty W. Moore, Des Kaisers virtuelle Kleider - Die nackte Wahrheit über die Internet-Kultur, Claassen, Hildesheim 1996 ;
Geoff Mulgan, Responsibility, freedom, business and power in the new century, Vintage, London 1997 ;
Geoff Mulgan (ed.), Life after politics. New thinking for the twenty-first century, Fontana Press, London 1997 ;
John Naisbitt, Global paradox. Warum in einer Welt der Riesen die Kleinen überleben werden, Econ, Düsseldorf 1994 ;
Faith Popcorn, Clicking. Der neue Popcorn report. Trends für unsere Zukunft, Heyne, München 1996 ;
Robert B. Reich, Die neue Weltwirtschaft. Das Ende der nationalen Ökonomie, Berlin 1993 ;
Jeremy Rifkin, Das Ende der Arbeit und ihre Zukunft, Frankfurt am Main 1995 ;
Richard Sennett, Der flexible Mensch. Die Kultur des neuen Kapitalismus, Berlin Verlag, Berlin 1998 ;
Peter Sloterdijk, Vor der Jahrtausendwende : Berichte zur Lage der Zukunft, Suhrkamp-Verlag, Frankfurt am Main 1990 ;
Helmut Swoboda, Propheten und Prognosen - Hellseher und Schwarzseher von Delphi bis zum Club of Rome, Droemersche Verlagsanstalt München/Zürich 1997 ;
Lester C. Thurow, Die Zukunft des Kapitalismus, Metropolitan, Düsseldorf 1997.
See also :
Süddeutsche Zeitung, Serie : Die Gegenwart der Zukunft 1999, 11/99 ;
Der Spiegel, Serie : Die Welt im 21. Jahrhundert. Ordnung im Chaos, 14/2000.

But, there is no principal without exception : In the worldwide **community of legal academics** as well as **practitioners, proceduralists** included, and even among the **members** of our **association** there is quite a number of persons who already proved themselves as futurologists or futurologists to become like - for example - one of our two Grandes Dames du droit judiciaire Madame **Pelayia Yessiou-Faltsi** and other colleagues who all have been involved in a huge comparative project on judicial systems in the world, which started already in 1990 and which had been directed by our friend and colleague **Takeshi Kojima** as the chief organizer who had been later on also the chief editor of its results published 1992,[2] 1995[3] and 1996.[4]

This huge research project and publication work had been concentrated on the past and present of judicial systems in France, in the USA, in Greece, Italy, the U. K. and comparatively in Japan, but it contained also - in respect of all the just mentioned nations - an own section with a - at that time still absolutely unusual - title **"On the future of justice"**, the following col-leagues worked on and wrote about in a remarkable and fascinating way : the French colleagues **Louis Favoreu**,[5] **Jean-Luis Mestre**,[6] **Fernand Boulan**[7] and **Jean-Louis**

---

2) Système juridique français. Dirigé par Takeshi Kojima, Toyo Atsumi, Hiroshi Hokama, et Mutsumi Shimizu. Publications del'Institut Japonais de Droit Comparé, 22. Institut Japonais de Droit Comparé. Presses Universitaires de Chuo, Tokyo, 1992.

3) The Grand Design of America's Justice System. Edited by Takeshi Kojima, Toyo Atsumi, Hiroshi Hokama, and Mutsumi Shimizu. Series of the Institute of Comparative Law in Japan, 30. The Institute of Comparative Law in Japan. Chuo University Press, Tokyo, 1995.

4) Europe's Judicial Systems. Past and Future. Edited by Takeshi Kojima, Toyo Atsumi, Hiroshi Hokama, Toshiyuki Kawazoe and Mutsumi Shimizu. Series of the Institute of Comparative Law in Japan, 37. The Institute of Comparative Law in Japan, Chuo University Press, Tokyo, 1996.

5) Louis Favoreu, Le futur de la justice constitutionelle, in : Système juridique

Bergel[8] the US-Americans **Lawrence M. Friedman**,[9] **Martin Marcus**,[10] **Wilfred Fein-berg**,[11] **Marc Galanter**,[12] **Murray L. Schwartz**,[13] **Geoffrey C. Hazard, Jr.**,[14] the Japanese colleagues **Toyo Atsumi**[15] and **Takeshi Kojima**.[16] and last but not least **Pelayia Yessiou-Faltsi**[17] (Greece), **Nicoló Trocker**[18] (Italy), **Geoffrey P. Wilson**[19] (U. K.), and again **Toyo Atsumi**[20] and **Takeshi Kojima**.[21]

---

français (N. 2), p. 237.

6) Jean-Louis Mestre, Le futur de la justice en France, in : Système juridique français (N. 2), p. 239.

7) Fernand Boulan, Le futur de la justice penale en France, in : Système juridique français (N. 2), p. 241.

8) Jean Louis Bergel, Une idée sur le futur de la justice civile!, in : Système juridique français (N. 2), p. 243.

9) Lawrence M. Friedman, Justice and rights : Some cautious predictions, in : The Grand Design of America's Justice System, in : The grand design of America's justice system (N. 3), p. 255.

10) Martin Marcus, The Future of the adversary system in the State of New York, in : The grand design of America's justice system (N. 3), p. 256.

11) Wilfried Feinberg, Future trends in the American justice system, in : The grand design of America's justice system (N. 3), p. 260.

12) Marc Galanter, Remarks on the future of justice, in : The grand design of America's justice system (N. 3), p. 264.

13) Murray L. Schwartz, The impact of societal changes upon the procedural system, in : The grand design of America's justice system (N. 3), p. 265.

14) Geoffrey C. Hazard, Jr., Equal justice and access to justice, in : The grand design of America's justice systern (N. 3), p. 272.

15) Toyo Atsumi, The role assigned to the judiciary in the future, in : Europe's judicial systems (N. 4), p. 179.

16) Takeshi Kojima, The future of civil justice and legal culture, in : Europe's judicial systems (N. 4), p. 183.

17) Pelayia Yessiou-Faltsi, Future of justice, in : Europe's judicial systems (N. 4), p. 163.

18) Nicoló Trocker, Reflections on the future of the (Italian) justice system, in : Europe's judicial systems (N. 4), p. 169.

19) Geoffrey P. Wilson, The future of justice in the United Kingdom, in : Europe's judicial systems (N. 4), p. 173.

20) Toyo Atsumi, On the transition of administration of justice at present and in the near future, in : The grand design of America's justice system (N. 3), p. 274.

21) Takeshi Kojima, On the legal profession, law, and civil procedure in general,

But I also like to mention some Brazilian colleagues like **Josaphat Marinho, José Eduardo Faria** and **Maria Tereza Sadek**, who discussed just some months ago during an annual meeting of the German-Brazilian Association of Lawyers (General topic : Justice Reform in Brazil and Germany. Experiences, facts and proposals, Brasilia November 16.-19. 1999) the specific topic of "**The Justice of the Future**" during an own panel session I also had been invited to participate as a speaker.

And last but not least, I am convinced that also our today's panelists belong to the exceptional group of future specialists. This will be proved immediately by their following statements which will be - because of the rigid time limits - as **Federico Carpi** would say - just "flashes" on the **future of a procedural law** we already have or - and this means a difference - on a **future procedural law** we do not have yet.

But more than the time limits the **huge dimension** and the **high complexity** of the topic will not allow any very precise or concise contributions as usual. Therefore, the audience should not expect more than some "flashes" or - at the best - some brain storming (or - breezing) and perhaps just a - hopefully - incentive talk-show picking up just some splinters out of the topic as a whole.

This holds true even then when we - as the panelists have done - follow the "aide memoire" and suggestion of **Marcel Storme** to formulate four or five **subtopics** in concern of future procedural law respectively four or five corresponding questions addressed to the panelists in advance and answered by the panelists during the panel session of today.

Concerning these attempts to reduce the topic's dimension and

---

in : The grand design of America's justice system (N. 3), p. 277.

complexity, one of our considerations has been to leave out - as far as possible - the whole issue of "Harmonization or Globalization of Procedural Law", the first panel session separately dealt with today under the guidance of **Konstantinos Kerameus**. It was also consented by the panelists that already from a methodological standpoint there would be no possibility to restrict the topic just to the **legal** or **theoretical side** of procedural law neglecting its **factual** or **practical** side. Instead it seemed to us absolutely necessary to take in account also the **realities** and **ideologies** of - mainly civil - "procedure" itself and also the realities and ideologies of the "administration of" - mainly civil - "justice" and of the "professional handling of" - mainly civil - "cases" as well. Furthermore, there was according to our opinion no way to ignore the prospective **general conditions** or **surroundings** of the subsystem named "justice" in all its interdependencies and interrelations to economies, politics, societies etc., all together projected into the future.

These basic considerations led to the idea to compose five **subtopics**, each of them with a more or less own background or context marked by the relations:

1. **Economy/finance and procedural law,**
2. **Government/politics and procedural law,**
3. **Society/culture/ideology and procedural law,**
4. **Informatics/telecommunication and procedural law,**
5. **Student education/professional training and procedural law.**

In each of these five scopes and in the international discussions concerning them as well we can detect now-a-days more or less obvious world-wide **tendencies** or even **movements**[22] to reform justice

---

22) See Peter Gilles. Transnational report: Administering justice and procedural

systems and court procedures, - reform trends, meanwhile often caught by expressions and characterised by key words like

1. "Economization"of procedural law[23]
2. "(Re-)privatization" of procedural law[24]
3. "(Re-)socialization" of procedural law[25]
4. "Technicalization" of procedural law[26]
5. "Professionalization" of procedural law[27]

---

handling of civil conflicts. The recent trends in East and West, in : Piruna Tingsabadh (ed.), Law, Justice and Open Society in ASIAN, Thammasat University Bangkok, Thailand. 1998, p. 381.

23) Further catch and key words : "rationing" "rationalization", "effectualization" "lean procedure" "lean administration of justice" ; "cost-benefit-analysis", "economic analysis of procedural law", "profit-orientation" ; "justice as business" "enterprise justice", "legal service industry" ; "destruction" "retrenchment", "limitation", restriction", "abolition", "cut-down" of procedural institutions, court units, jurisdictions, instances etc. ; "simplification", "acceleration", "centralisation", "concent-ration of procedures", "speedy", "mini", "petty", "pre"-trials ; "small-claim procedures" ; "simplified", "summarized proceedings".

24) Further catch and key words : "self-administration", "liberalisation", "deregulation" ; "withdrawal of the state judiciary" ; "break-down of the state justice monopoly "non-state" or "out-of-court" conflict resolution systems ; "alternatives towards state justice systems", "alternative dispute resolution "as complementary, competitive or substitutional conflict resolution instruments vis-à-vis state judiciary. "conciliation", "mediation", "arbitration", "alternatives within state justice systems", "intra- and extra court systems".

25) Further catch and key words : "culture-orientation" ; "moralization" ; "humanization" ; "democratization" ; "reconciliation culture" vs. "conflict culture" ; "negotiation concept" vs. "litigation concept" ; "communication concept" vs. confrontation concept" ; "social" and "human values" in the machinery of justice ; "due process", "fair trail", "procedural ethics" ; "ideal or optimal models of conflict resolution" ; "communication", "co-operation", "compensation" ; "bargaining", "dealing", "negotiation" ; "agreement", "arrangement" "compromise".

26) Further catch and key words : "computerization electronification", "automation", "virtualization" ; "virtual court proceedings", "tele-courts", "EDP-supported court proceedings" ; "judicial video conferences" ; "procedural teleinformation and telecommunication" ; "electronic actions", "files", "court administration", "documents", "proof-takings", "decisions" ; "court networks".

27) Further catch and key words : "judges of the future", "lawyers of the future" ; "the new judge", "the new lawyer" ; justice 2000" ; "the future of law schools", "tele-teaching", "virtual universities" ; "future education", "future profes-

In concern of the future these actual tendencies could become weaker or stronger, slower or faster, could change their direction or even turn in their opposite. All this offers a broad spectrum for speculations how in the next 20 or 30 years our present or perhaps a totally new procedural law will look like.

Having all this in mind, the following **five questions**, each of which in relation to one of the five contexts mentioned before, had been formulated and addressed to the panelists :

1. Context : Economy/Finance

Question :

"Will be - in regard of the future economical as well as financial developments - so-called speedy -, mini- or (final) pre-trials as well as simplified, summary or one-instance proceedings an acceptable normality and the traditional full-fledged trials (with further instances for appeal) the pure exception?"

2. Context : Government/Politics

Question :

"Will be - according to the ongoing withdrawal of state justice and the political promotion of alternative dispute resolution - the still dominant state conflict resolution widely replaced by different types of private justice and do we need in that case in the future at least some state supervision or state control (ADR-law) of these non-state procedures and conflict settlements?"

3. Context : Society/Culture/Ideology

Question :

"Will - in regard of foreseeable social and cultural changes - the present conflict-orientated litigation type of conflict resolution or, instead, the reconciliation-orientated negotiation type of conflict

---

sional training".

resolution succeed in the future or will perhaps some preferable merging of these conflict resolution concepts take place in the sense of some "ideal" or "optimal model" of conflict resolution?"

4. Context: Informatics/Telecommunication

Question:

"Will - in the new era of a global information society - the increasing application of modern telecommunication technologies in the justice systems and court proceedings lead to so-called "Virtual Court Proceedings", "tele-courts" or to a so-called "virtual conflict resolution" and what would that mean for the traditional fundamental principles of procedural law and their re-definition particularly in regard of the principles of fact presentation, negotiation, orality, publicity, directness, accessability and efficiency?"

5. Context: Student Education/Professional Training

Question:

"How have theoretical legal education and practical or professional legal training to be innovated and what type of judges and lawyers with which abilities and qualities we need to face the challenges of a "new age" of procedural law?"

Based on personal interests and professional experiences and according to an intern agreement of our panelists, **Garry Watson** will be mainly responsible for the sub-topic and question No. 1, **Takeshi Kojima** for the sub-topic and question No. 2 and (partly) No. 3, **Nial Fennelly** for the sub-topic and question No. 3 and **Federico Carpi** for the sub-topics and questions No. 4 and 5.

Let's go to work now.

付 篇 [II]

The Thai Justice System - Its Special Features and its Recent Reforms - from a European Point of View[*]

Peter GILLES

Contents
 I. Preliminaries
 II. South-East Asian countries as 'nations in transition' and the recent Thai legal reform movement
 III. Some characteristics of justice systems in South-East Asia
 IV. Selected subjects of Thai legal reforms concerning the Thai justice system
  1. The new Constitution
  2. The new courts and jurisdictions, personal and workload
  3. Administration and procedure of criminal justice and civil justice
  4. The new Arbitration Act and Alternative Dispute Resolution
  5. The new Bankruptcy Law
  6. The legal profession, the legal education and the paradoxon of a civil-law type of legislation and theory on one side and a common-law type of jurisdiction and practice on the other
 V. Summary and outlook

---

[*] Special thanks I owe to my interview parthers Prof. Sopon Rattanakon, former president of the Supreme Court, Wisit-Wisitsora-At, executive director of the Business Reorganization Office, Prof. Somkiat Worapannya-A-Nan, vice dean and expert for civil procedure at the Thammasat faculty of law and Prof. Chakrapong Leksakulchai, expert for civil procedure at the Thammasat faculty of law as well as to all my discussion partners I met at the Mini-stry of Justice and at other institutions. Special thanks I owe also to Prof. Dr. Kittisak Prokati from the faculty of law of Thammasat University, presently research fellow at the law faculty in Frankfurt, for his critical overlooking of this article. This contribution has been already published. See, Gilles, Reform developments in the Thai Justice System, in : Centre for European Studies/European Studies Programm/Chulalongkorn University, Thailand (ed.), Research Monographs No. 19, February 1999,

This contribution reports about the findings of a one-month research stay in Bangkok/Thailand from February 5th to March 2nd, 1999, Supported by a senior research grant of the European Study Program (Consortium Secretariat Universität Tübingen). The foremost goal and main interest of this short-time stay mainly at the law faculty of Thammasat University has been the collection, selection and - from a comparative point of view - the subsequent critical analysis of information about the newer and newest reform developments in the Thai justice system embracing the administration and organization of the courts, the intra-court and extra-court procedures (so-called alternative dispute resolution), the legal professions and services and the legal education and practical training of legal professionals as well.

I. Preliminaries

Because of the lack or inaccessibility of English written or into English translated pertinent written materials like books, articles, legislative acts, drafts, programs etc. the **research** had mainly to be carried out in the form of personal **interviews**, discussions or conversations on one side and an **internet** research on the other, - apart from the study of some **papers** and booklets in an English version, provided by certain departments of the Thai Ministry of Justice or other official institutions.

Therefore, the final outcome of this type of research work "without books", which is quite uncommon among German jurists as more or less mere "book scientists", was not and could not be at all a some-

---

Competitive Law, Thai-German resp. Asian-European Problem, Bangkok/Thailand, 1999; **Peter Gilles**, Reforms of the Thai Justice System - from a German Perspective, in : Zeit-schrift für Zivilprozeß-International, Jahrbuch des Internationalen Zivilprozeßrechts, 4. Vol. 1999, pp. 409-428.

how consistent, complete and profound description and examination of the Thai justice system as a whole. Instead, the findings consist in a highly complex and probably confusing bundle of impressions and recognitions based only on punctual and very splindered, sometimes just casual, more or less precise, detached, objective or verified facts, datas and infos in concern of very different judicial subjects and topics.

Nevertheless, the findings as a whole had been very interesting in particular for a legal comparatist, forming a strong incentive for further comparative work. This holds true especially in regard of the fact that in Europe and at least in Germany[1] up to now no broader and deeper acknowledge about the Thai justice system and the present "Thai way" of a justice system reform exists, which means that even a small and meager amount of information would be better than none.

II. South-East Asian countries as 'nations in transition' and the recent Thai legal reform movement

Watching from a European as well as a comparative point of view the ongoing or upcoming reforms in administering justice and in procedural handling of civil, criminal, administrative etc. conflicts one can observe in many developing nations of all continents and particularly in the member states of ASEAN like Thailand deep or even radical changes of the nations' legal and judicial systems and cultures on various reasons. These legal and judicial movements are obvious in the now-a-days therefore so-called **"nations in transition"**, which are presently - concerning their politics and ideologies, their

---

1) In Germany only one remarkable but meanwhile outdated book concentrated on court organization and civil procedure could be found: **Klaus Wenk**, Gerichtsverfassung und Zivilprozeß in Thailand, Ein Überblick, 1960.

economies and societies, their cultures and mentalities, passing a so-called "**process of transformation**", and most obvious in countries, where a (re-)unification has taken place or a conversion from a formerily communist respectively socialist system to a capitalist or from a dictatorial to a democratic one. Such developments are now-a-days catched by keywords like "**democratization**", "de-bureaucratization", "liberalization", "socialization", "humanization", "economization", "modernization" etc., which altogether - in concern of the Eastern world - could also be described to a certain extent as a kind of "westernization".[2] Such reform trends or movements - weak or strong, just starting or ongoing ones - can be found today in nearly all South-East Asian nations regardless to their present political, governmental or constitutional systems. That means they exist not only in South-East Asian nations with a quite stable and more or less already democratic system - like in Thailand - but also in those South-East Asian nations, which still heavily struggle to overcome dictatorships, military juntas or one-party-regimes fighting still for 'Law, Justice and Open Society in ASEAN".[3] In other words : We can find remarkable demands for "more democracy" all over and if not among the rulers than at least among their opponents. This means in the context of our topic quite a strong shift towards the separation of state powers and in this frame towards a really independent and particularly non-corrupt judiciary in the sense of a true and strong "third power". Looking at the legal

---

2) Concerning these general reform trends in South-East Asia see : **Peter Gilles**, Transnational report : Administering justice and procedural handling of civil conflicts. Recent trends in East and West, in : **Piruna Tingsabadh** (ed.), Law, Justice and Open Society in ASEAN. Proceedings of the regional symposium 6-9 October 1997, Bangkok, Cha-Am, Thailand, 1998, pp. 381-413.

3) **Piruna Tingsabadh** (ed.), Law, Justice and Open Society in ASEAN. Proceedings of the regional symposium 6-9 October 1997, Bangkok, Cha-Am, Thailand, 1998.

reforms accompanying the above mentioned ideological and political, economical and social, cultural and mental changes in the South-East Asian area, a foreign observer will be really impressed by the masses of newer and newest legislative acts, the new or revised constitutions, codes, amendments or drafts all over.

When overlooking these legal reforms someone will get perhaps at a first glance the impression that the main reform efforts among South-East Asian legal policies and legislations are still concentrated on the area of **economy law** like business-, trade-, commercial-, company-, trust- or competition-law neglecting the other fields of law. But at least at a second glance it will be easy to recognize that the legal reforms cover meanwhile also many other areas particularly like criminal law, administrative law, environment protection or consumer protection law and further areas including also - which is here of special interest - judicative law as well as procedural law and last but not least - as already mentioned - constitutional law.

Concerning this **law reform processes** all over the ASEAN region thanks to an increased scientific and legal-political co-operation between Thailand and its neighbour countries, Thailand holds meanwhile a very advanced position, serving in many legal respects as a model for other South-East Asian countries.

III. Some characteristics of justice systems in South-East Asia

Having now a closer look to the **justice systems** in **South-East Asia** in general and in Thailand in particular, it had to be pointed out, that according to all the totally new or fundamentally revised constitutions the **Judicative** respectively the so-called "third power" has to be separated and independent from the other both state powers, the Legislative and the Executive, and vested by an own strong state authority. Nevertheless we have to know that all South-East Asian states, Thailand included, and also the most of the North-East Asian states enjoy or suffer from a relatively weak and dependent, in concern of judicial facilities, court units and judicial personal quite small, in respect of recourses to the courts, jurisdictions, instances and competences quite simple, in regard of the numbers of disposed cases and duration rather inefficient and by the people not very estimated, accepted and used judiciaries. Therefore, the more or less evident reform intentions and efforts - as far as there are any in the mentioned nations - are expressly directed to revisions - or more elementary - to totally new "**constructions**" or "**reconstructions**" of the national justice-administration and court establishments, striving after more powerful and independent, bigger sized, in respect to jurisdictions, courts and competences more diversified and last but not least after a trustful, by the people accepted, efficient and nationally as well as internationally respected "**third power**" in the truth of this word.

These recent reform streams have to be seen in a strict contrast to the present situation in continental Europe and - up to an extreme - in Germany,[4] where the nations suffer from over-powered, oversized, overdiversified and overloaded justice systems, Therefore the reform

---

4) Concerning the situation in Germany, see : **Statistisches Bundesamt** (Hrsg.), Statistisches Jahrbuch für die Bundesrepublik Deutschland 1998, Rechtspflege, pp. 348-365. ; **Peter Gilles**, Rechtsstaat und Justizstaat in der Krise, Neue Justiz 1998, pp. 225-229 ; **id.**, Rechtstatsachenforschung und Rechtsstaat, in : Verfahrensrecht am Ausgang des 20. Jahrhunderts. Festschrift für Gerhard Lüke zum 70. Geburtstag, 1997, pp. 139-165 ; **id.**, National report on German law : Streiterledigungssysteme und Rechtskultur. Konfliktsbeilegung innerhalb der staatlichen Ziviljustiz durch Zivilge-richtsverfahren und sog. Alternativen hierzu in der Bundesrepublik Deutschland, in : **Japanese Association of the Law of Civil Procedure** (ed.), The International Symposium on Civil Justice in the Era of Globalization, (Japan) 1993, pp. 552-595.

movements and reform tendencies are going just in the opposite direction, what means in the direction to limit the judicial power, to reduce the judicial facilities in the sense of "**destruction**", to cut down the gluts of judges and lawyers, to simplify the court organizations and judicial procedures, to retrench or to rationalize the justice system asking for a "lean administration of justice" and "lean procedures".

But back again to the ASEAN-region : Concrete results of structural as well as functional reforms in the scope of justice-systems and court-procedures are up to now still quite meager with one - later on explained - exception : Thailand.

With these quite strong legal and judicial reforms in Thailand and the still quite weak ones elsewhere in South-East Asia, the nations concerned intend for sure to fulfil their own national political tasks or the already existing **constitutional demands**. These are in the first place the demands of specific human rights with direct reference to the administration of justice, to court procedures or to judges' activities now-a-days named as "**judicial**" or "**procedural**" human respectively **fundamental rights** like the right to an active participation in a law suit, the right to legal assigned and competent judges, or the right to be heard by the court as well as the demands of fundamental, basic or **constitutional guarantees** respectively **principles** with relevance to the justice system proclaiming for example the rule-of-law, the separation of state powers, the independence of the judiciary, a variety of jurisdictions and court hierarchies, a fair trial and due process or the equal treatment of people involved in the machinery of justice.

Besides, the reform countries also try to meet the expectations not only of their own citizens, of the public, of the mass media and of their own business people, but also the expectations of neighbour and foreign nations, of bi- or multilateral partner-ships, treaties and communities and likewise of a partial or global world and in this frame also of an international business clientel, of foreign investors, producers and traders, asking strongly not only for Western style substantive laws but also for a Western style fair, independent and efficient pursuit of justice.

But there is also another reason for carrying out on legal reforms on all levels. This is just money or, more precisely described, the prospect of financial support hold out for instance by the International Monetary Fund overseeing a US $ 17.2-billion bailout fund and for example by the World Bank with its newly offer to Thailand to fund a key research with a US $ 500.000 World Bank grant to finance a comprehensive study of Thailand's legal system. According to an article in the Bangkok Post[5] from February 23rd this year (1999) that study - as a basis for corresponding government legal reforms - should be primarily aimed against white-collar crimes, i. e. business crimes and all other types of misconduct on the financial sector exposed by the current financial crisis. Besides, this study should also consider legal ways to ensure corporate transparency and measures to improve market competitions such as an anti-trust law and further economic reform laws including an effective foreclosure law to allow the liquidation of failed companies' assets, which will play a major role as a key to economic recovery.

This World Bank grant has produced already quite a number of reform activities in the Prime Minister's Office, at the Ministry of Justice, the law faculties of the leading universities and elsewhere and will - according to the opinion of Mr. **Kittipong Kittayarak**, coordina-

---

5) "Lefal reform. World Bank to fund key research. Study aimed against white-collar crimes", in : **Bangkok Post**, February 23rd, 1999.

tor of the study, - lead to an increasing amount of legislation initiated also by the lower house, while up to now most draft bills come from the cabinet or government agencies.

And last but not least also some other areas will be comprised by this latest strong wave of legal reform attempts in Thailand like the legal education as mentioned already in the Bangkok Post article, and very soon for sure also the Thai legal professions, namely the judges and lawyers, and the area of procedural law and the structure of the Thai justice system as a whole.

IV. Selected subjects of Thai legal reforms concerning the Thai justice system

Picking up now some newer and newest **Thai reform projects** on the sector of administration of justice and procedural law only those should be stressed which seem - at least from a comparative point of view - to be very important legal steps on the "Thai way" to further stabilization and development of a democratic society.

1. The new Constitution

The most remarkable legislative act in so far has been the new **Constitution of the Kingdom of Thailand** enacted October 11th B. E. 2540 (1997),[6] which has improved the constitutional situation in

---

6) **Constitution of the Kingdom of Thailand**, published and translated in English with permission of the office of the Counsil of State, Thailand, 1998. Concerning the Constitution of the Kingdom of Thailand from B.E. 2534 (1991) and its five amendments No.1 from B.E. 2535 (1992), No.2 from B.E. 2535 (1992), No.3 B.E. from 2535 (1992), No.4 from B.E. 2535 (1992) and No. 5 from B.E. 2538 (1995) see : http://www.nectec.or.th/pub/info/thai-law/con-stitution-2538.txt ;

http://www.krisdika.go.th./legislation. In concern of the constitutions and charters of Siam respp. Thailand since 1932 see :

http://www.parliament.go.th./files/library/b05.htm. For more substantive quantity as well as in quality immensely. This new constitution from 1997 means not only a remarkable increase of constitutional provisions from 223 sections in the former constitution up to now 336 sections in the new one but also a huge step of Thailand in the direction towards a "rule-of-law state" (Rechtsstaat) in a more and more democratic society. To make this clear, it will be enough just to look at the increased mass of human respectively fundamental rights of the Thai individuals as well as of the rights and liberties of the Thai people as a whole on one side and the mass of constitutional principles, guarantees and basics on the other side, characterizing a rule-of-law state, like the quite sharp separation of state powers and their inner and outer independences up to an extent, which makes it impossible to describe all this here in detail.[7] Besides - while in many other Asian countries the judiciary remains as the weakest among the three state powers - the new Thai constitution contains an impressive attempt to make out of the state judiciary respectively the **Judicative** a real so-called "third power" in the sense of a real counter balance to Government or Administration on one hand and the Legislation on the other hand (sections 233-254), with a quite mighty **Constitutional Court** at the top (see sections 255-270), by a more empowered, remarkably enlarged and diversified court system and hierarchy of **Courts of Justice** (see section 271-281). Furthermore the new constitution is demanding now very precisely for trials and adjudication

---

information see also **Boonsri Meewong-ukote**, Constitutional reform in Thailand, in : **Piruna Tingsabadh** (ed.) (FN. 3), pp. 126-156 ; **Khin Muang Win**, Comparative constitution drafting process in the Philippines, Thailand and Burma : Drafting process plays crucial role for contents, in : **Piruna Tingsabadh** (ed.), (FN. 3), pp. 269-285 ; **Kittipong Kittayarak**, The impact of the Cherry Ann Duncan-case on the constitutional reform of criminal justice in Thailand, in : **Piruna Tingsabadh** (ed.) (FN. 3), pp. 365-380.

7) In the frame of the here treated topics see particularly sections 4, 5, 6, 26, 27, 28, 30, 62, 75 of the new **Thai Constitution**.

of cases in accordance with the constitution and the law (section 233), calling expressively for a full quorum of judges at the hearings of a case (section 236), for the independence of judges, which shall not be subjects to hierarchical supervision (section 249), for three levels of Courts of Justice (section 272) and apart from the traditional military courts (section 281) for the first time also for Administrative Courts respectively an own administrative jurisdiction to try and adjudicate cases of disputes between the state on one part and a private individual on the other (sections 276-280). This leads to the next point worth to be emphazised in this report, the new Thai justice system.

2. The new courts and jurisdictions, personal and workload

For a long time Thailand shared the defficiency of most of the Asian countries to have only a weak, small and simple justice system caused by historical, cultural, social and political circumstances. There had been for long just an ordinary jurisdiction divided into a civil and a criminal one with a hierarchy of courts containing Courts of First Instance, Courts of Appeal and the Supreme Court.[8] This situation had been changed already and will be changed again in the future according to the new constitutional challenges in concern of a greater force (adjudicative power, jurisdiction), a bigger size and equipment (personal, court units, installations) and a further diversification and specialization of jurisdictions and courts: According to

---

8) For more details see: **Prasobsook Boondech**, in: The legal system of Thailand. The 7th Law Asia Conference, Bangkok (Thailand), 1981, pp. 13-20; see also **Klaus Wenk**, FN 1, pp. 4-10; for the present court system, numbers and names of the Courts in Bangkok and in the provinces see: **Ministry of Justice** (ed.), Annual Judicial Statistics, Thailand B.E. 2536-2539 (1993-1996) with supplement B.E. 2540 (1997), pp. 18-34.

the new constitution the Thai **justice system** owes meanwhile not only an **ordinary**, i.e. civil and criminal court organization and jurisdiction, the older **military** and the newer **constitutional** one but - brand-new - now also an **administrative**[9] one which is just under construction. Even special labour- and tax-courts already exist, there are also strong intentions to install an own full labour court system and labour jurisdiction, too, and a financial respectively tax court system and jurisdiction as well in the next future.

Such a quite rapid development asks for an immense increase of **legal personal**, i.e. of well educated and trained lawyers, prosecutors and namely judges, ready for further spezialization. This turns out to be one of the biggest problems of the present reforms in regard to the fact, that the size of the **legal profession** and namely the number of **judges** in Thailand is - from a comparative perspective - till now extremely small : For a **population**[10] of meanwhile 61.466.178 after an increase of 649.961 people compared with the last year and with a total of 5.647.799 people just in the Bangkok area as the most densely populated province Thailand has not more than about 2.000 judges[11] working at courts of all types and managing a steadily increasing **case load**. According to a "Summary of Statistics of Court Cases throughout the Kingdom in B.E. 2540 (1997)"[12] the total number of cases (civil-, bankruptcy-, criminal- and military cases) just at the Courts of First Instance had been in 1997 : pending cases from previ-

---

9) After the drafting of an own **Administrative Procedure** Act, influenced by the German Verwaltungsverfahrensgesetz (VwVfG from 1976) a first Thai **Code of Administrative Court Procedure**, orientated on the German Verwaltungsgerichtsordnung (VwGO from 1960) is projected.
10) See: http://www.skali.com.my/today/gen/199902/03/gen19990203_12.html; http://cesimo.ing.ula.ve/GAIA/CIA/factbook/descriptions/Thailand_People.html; http://www.theodora.com.wfb/Thailand_People.html.
11) According to a personal information from the Supreme Court.
12) See **Ministry of Justice** (ed.) (FN. 8), p. 38 (supplement for 1997).

ous years 125.066, new cases 857.706, cases disposed 823.951, pending cases to following year 158.816. One can imagine what a high yearly pensum of work for each judge that means, especially for judges working at provincial courts where the pensum for a judge could reach the number of sometimes about 900 cases per year.

This means, that the Thai justice system suffers presently from a heavy **overload** and from a real **lack of judges**, which leads now-a-days - at least among the judges themselves and the administrators of justice - to a strong call for more judges on all levels and in all jurisdictions. This longlasting lack of judges could have been in the past also the main reason why Thailand on principle is still operating with a **"two-judges-system"**[13] at least in First Instance Courts. This is for a Western observer a quite strange and irritating conception raising in his view severe problems of personal independence, of surpressed dissenting opinions and of an incorrect compositon of the bench etc. But also among Thai jurists there are meanwhile sharp critics and questions, whether such a two-judges system has to be seen as illegal, i.e. against Thai Court Organization Act,[14] or even unconstitutional in regard to section 236 of the new constitution which says :

---

13) Even in fact only two judges are dealing with and deciding the cases the formal judgements always contain not only two, but three signatures, i.e. one is just a "ghost-written" signature of a "phantom-judge". For further information concerning the twojudges system and the composition of the benches at the different courts in Thailand, see : **Ministry of Justice** (ed.), Judicial statistics, Thailand (FN. 8), pp. 27-33.

14) According to the Thei Court Organization Act from June 15th, 2478 B.E. (1935) and in force since October 1st, 2478 B.E. (1935) : A single judge has in first instance only a very limited jurisdiction (Art. 22), while two judges on principle have a quite unlimited jurisdiction in civil and criminal cases (Art. 23). These two judges are colleagually responsable for the judgement. Nevertheless, a regional chief judge is allowed to intervene and to take part in the decision making. Particularly to the content and the further development of the Court Organization Act from June 15th 2478 B.E. (1935) and its further amendments, see : **Klaus Wenk** (FN. 1), p. 4-10.

"The hearing of a case requires a full quorum of judges. Any judge not sitting at the hearing of a case shall not give judgement or a decision of such case, except for the case of force majeure or other unavoidable necessity as provided by law."

3. Administration and procedure of criminal justice and civil justice

On reasons of more or less deep gaps between the state authorities and the people, of severe political, social and economic problems and of sharp class differences and frictions in- between the populations it is quite typical for developing countries that they pay a much earlier and a much bigger attention to the criminal justice, its courts, offices and procedures than to the civil justice. To a certain extent this also still holds true for Thailand where during the newer processes of a legal reform the reform of the **criminal justice system** has played and still plays a major role while the reform of the **civil justice system** is up to now still neglected. Indicators for that could be seen in the broad range of sections in the new Constitutional Law dealing just with the criminal courts and procedures (in particular sections 237-247), in quite a number of newer legislative acts concerning just the criminal area, in the powerful Police Department and the Office of the Attorney General as well as in an own National Academy of Criminal Justice[15] and last but not least in the newest attempts to develop effective measures against the so-called white-collar crimes.[16]

In contrast to these already for quite a long time relatively strong

---

15) For further information about these institutions, see : htttp//www.oja,go.th/oja/ebon1/htm.
16) See **Bangkok Post** (FN. 5).

reform intentions on this criminal sector, the civil judicial and procedural situation has not changed much since 1935, i.e. since the Thai **Court Organization Act**[17] from June 15th 2478 B.E. (1935), put into force on October 1st 2478 B.E. (1935), and of the **Thai Civil Procedure Code**[18] from March 7th 2477 B.E. (1934), enacted on June 15th 2478 B.E. (1935). This Thai Civil Procedure Code had been up to now only marginally reformed by several amendments (B.E. 2499, 2518, 2527, 2538) - the last one stems from 2538 B.E. (1995) -, while a newest draft containing practically nothing else but some clearing-ups of section 20 concerning dispute settlement by agreement or compromise, of section 189 concerning, petty cases and of section 197 concerning default judgements is still waiting to be enacted. That means that fundamental revision of the Thai civil procedure law is still missing.

Like many other laws stemming out of the epoch of "modernizing" and also "westernizing" of the **old Thai law** during the reign of the Kings Rama V., Rama VI. and Rama VII. also the Thai Civil Procedure Code neither is the product just of a "reception" of any foreign code nor the product just of an "octroi" by some occupying foreign forces but the result of longlasting and intensive comparative studies under a strong influence of a foreign adviser of the King, the Belge **Gustave Rolin-Jaequemyus**,[19] which led to a "multi-mix"-civil procedure code combining various principles and provisions from many parts of

---

17) See: **Klaus Wenk** (FN. 1), pp. 4-10; the Thai civil procedure code in a newer, but not the newest version is available also in an English translation.
18) See **Klaus Wenk** (FN. 1), pp. 19-61.
19) About the history and development of Thai law in general see **Vicha Mahakun**, A brief history of Thai law, in : The Legal System of Thailand. The 7th Law Asia Conference, Bangkok (Thailand), 1981, pp. 21-25; **Walter Tips**, Gustave Rolin-Jaequemyus and the Making of Modern Siam, 1996; see also **Peter Gilles**, Prozeßrechtsvergleichung/Comparative Procedural Law (Germany), 1996, p. 58.

the world (Europe, Asia, North America and even Africa), but following nevertheless mainly European and also Germnan patterns. Therefore, the main "national" character of this Thai code has been and is very similar to those of continental European procedure codes in force at that time. That means that the Thai Civil Procedure Code from 1935 looks and is like one of a **civil law** or **code law** country and not of a **common law** or **case law** country namely like England, where many Thai jurists, judges and lawyers had been legally educated and trained at that time. Analysing this code, the ordinary civil procedure has therefore still the character and structure of a so-called "piecemeal trial" with a series of more or less contentless hearings (so-called "calling-through" hearings) with just a "dropping information" and "episodic proof taking", heavy, slow and longlasting,[20] suffering up today from all these deficiencies, also the old European civil procedure practices had suffered from for a long time.

But in the meantime fundamental reforms of the old-fashioned and outdated classical "19th-century"-codes of procedural law have taken place in many European countries like in Germany to make the civil court processes quicker, cheaper and better. The most crucial and even radical reform of the old civil procedural code of Germany from 1877 had been realized by the Amendment for the Acceleration and Simplification of the Civil Procedure Code, put in force in 1977, by a concentration or even condensation of the former piecemeal trial by installing one main hearing which had to be well prepared in advance and wherein the dispute has to be - if any possible - totally and finally solved.[21] Meanwhile a sub-committee of the Thai Law Reform

---

20) According to information by Thai practitioners and professors a normal first instance civil proceeding needs four **hearings** at a minimum and eight hearings as average and sometimes more than twenty hearings. The **duration** of a normal first instance civil proceeding is about one and a half year in the average.

Commission belonging to the Thai Office of the Council of State[22] is also engaged in reforms related to civil procedure but till now with no significant results.

4. The new Arbitration Act and Alternative Dispute Resolution

While up to now the state court (civil) conflict resolution does not belong to the particular center pieces of the Thai legal reform movement a lot of reform energies are invested since quite a while into the so-called **Alternative Dispute Resolution** (ADR), i. e. into possibilities like conciliation, mediation, arbitration and negotiation or into the so-called extra court-, out-of-court- or non-state dispute settlement. Certain types of such "alternative" means of conflict resolution have a long tradition in Thailand.[23]

---

21) About the **German civil procedure reforms** see: **Peter Gilles**, Zur novellierten Zivilprozeßordnung und einigen aktuellen Entwicklungstendenzen innerhalb der Zivilprozeßrechtswissenschaft der Bundesrepublik Deutschland (Japanese trans-lation: **Akira Ishikawa**), in: Hogaku Kenkyu, Journal of Law, Politics and Sociology (Japan), 1979, pp. 521-536; **id.**, Neuere Entwicklungen im Zivilprozeß der Bundesrepublik Deutschland unter Berucksichtigung der sog. Vereinfachungs-novelle von 1976 (Chinese translation: **Chen Sung Tsung**), in: **Cheng Sung Tsung**, Verteilung der Beweislast im Zivilverfahrensrecht (Taiwan), 1979, pp. 351-367; **id.**, New civil procedure in Germany - the latest wave of technical, theoretical and political reforms. Report for the Angro-German Law Conference on Civil Procedure in Cambridge (England), 1984 (discussion paper); **id.**, Reformed civil procedure in the Federal Republic of Germany. Outline of newer technical, theo-retical and political innovations (Japanese translation: **Takeshi Kojima** and **Takashi Inomata**, in: **Gilles**, Aufgaben von Prozeßeinrichtungen in der Bundesrepublik Deutschland, Chuo University Press (Japan), 1988, pp. 174-193.
22) For more information about the **law drafting agencies** in Thailand in the past and nowadays see: http://203.152.23.33/html/cgeninfo_e.htm
23) For more information in detail see: **The Arbitration Office**, Ministry of Justice, Thailand (ed.) Alternative mechanism for the settlement of transnational commercial disputes, APEC-Symposium, 27-28th April, 1998, Bangkok, 1998, and there the contributions of **Vichai Ariyanuntaka**, Rethinking international com-

In regard to **arbitration**[24] the now-a-days Thai activities are somehow bundled by the Thai Arbitration Office and the "Thai Arbitration Institute",[25] the later has worked out its own "**arbitration rules**" as well as - which is very rare in the world - its own "**conciliation rules**", too, offering for both types of alternative dispute resolution "model contract clauses" :

Model arbitration clause
"Any dispute, controversy or claim arising out of or relating to this contract, or the breach, termination or invalidity thereof, shall be settled by arbitration in accordance with the arbitration rules of the Arbitration Institute, Ministry of Justice, applicable at the time of submission of the dispute to arbitration. The conduct of the arbitration thereof shall be under the auspices of the Arbitration Institute."

Model conciliation clause
"Where, in the event of dispute arising out of or relating to this

---

mercial arbitration in Thailand : A retrospective analysis for future moves, pp. 29-63, **Anan Jantara-opakorn**, A Thailand's perspective of dispute resolution under ICSID-regime, pp. 241-277 and **Phijaisakdi Horayang-kura**, Cultural Aspects of Conciliaton and Arbitration : Should there still be a 'Center'?, pp. 343-349 ; **APEC Sekretariat** (ed.), International commercial disputes. A guide to arbitration dispute resolution in APEC-Member economies. APEC-committee on trade and investment. Dispute mediation (Singapore) 1997, and there the Report : Thailand, General overview pp. 17-1 - 17-9 ; **Voravuthi Dvadasin**, The application of alternative dispute resolution processes of the foreign court to the Thai court of first instance, Bangkok (Thailand) 1995, **id.**, Dispute resolution mechanisms for international trade in Thailand, Bangkok (Thailand) 1996.

24) See **Anand Jantara-opakorn**, Law and dispute settlement by arbitration out of court, 1993 ; **id.**, Law on international arbitration, 1995 ; **Pichaisak Horayangkura**, Dictionary of arbitration, 1993.
25) **Ministry of Justice** (ed.), The Arbitration Institute, Bangkok (Thailand) 1977 ; for the current status of the Arbitration Office and the Arbitration Institute, both integrated into the Ministry of Justice, see : **Voravut Dwadasin**, Dispute resolution mechanisms (FN 23), pp. 14-18.

contract, the parties wish to seek an amicable settlement of dispute by conciliation, the conciliation shall take place in accordance with the conciliation rules of the Arbitration Institute, Ministry of Justice, applicable at the time of submission of the dispute to conciliation and the conduct of the conciliation thereof shall be under the auspices of the Arbitration Institute."

Besides these arbitration and conciliation rules, formulated by the Office of the Arbitration Tribunal, which provide to the conflicting parties quite a huge autonomy to define the procedure, also **state law provisions** of arbitration exist since long, as the Thai Code of Civil Procedure contains from the beginning an own **chapter on "Arbitration"** (sections 201-222), now accompanied by a relatively new own Arbitration Act from July 19th B.E. 2530 (1987). With this own **Arbitration Act** Thailand tried to fulfil the obligations of the New York Convention (1958), Thailand acceded to, by incorporating in effect the principles and obligations of the convention into Thai domestic law. Though this act also recognised the enforcement of foreign arbitral awards the act does not specifically separate between domestic and international arbitration and does not respect enough the characteristics of both types. Therefore a lot of questions and problems exist about the conformity of this relatively new Thai Arbitration Act with the well recognised UNCITRAL model law, which had the consequence, that a draft of a new Arbitration Act is meanwhile under consideration by the Thai cabinet. The main goals of this draft are to formulate a new arbitration act mainly based on the UNCITRAL model law and containing domestic and international arbitration governed by sets of rules combined in one act. It also tries to avoid certain present frictions between the Thai Arbitration Act on one side and the Genevan Convention as well as the New York

Convention, Thailand is a party to, on the other side.

Apart from this exposed non-state but nevertheless highly professionalized and proceduralized arbitration and the less formalized conciliation, negotiation and mediation, in Thailand also still "naturally grown" forms of private-, neighbour-, group-, association-, business-, folk- or tribal-justice can be discovered, some of them with very long tradition, and many different forms of **legal services** to facilitate the access to state justice and/or to provide legal information, legal advice, legal assistance or legal representation helping the people of Thailand and particularly the weak and the poor.[26]

Among these non-state legal services a particular one should be mentioned: the delivery of legal services by so-called **legal clinics**, sometimes combined with a specific clinical education. For this type, the Legal Aid Office at the law faculty of Thammasat university in Bangkok is a very good example. It is precisely described and analysed by a Thai colleague[27] in a manuscript which will be published soon in a book named "Educating for Justice".

5. The new Bankruptcy Law

Ending up the list of selected subjects of newer and newest law reforms in Thailand the attention should be drawn to the last of four amendments from April 10th B.E. 2541 (1998) - called **Reorganization Law** - of the Thai **Bankruptcy Act** from B.E. 2483 (1940) enacted as a new chapter 3/1 of the Bankruptcy Act named "Proceedings for reorganizing business of deptor" (sections 90/1 -

---

26) **Marut Bunnag**, Access to justice: legal assistance to the poor in Thailand, in: The Legal System in Thailand, The 7th Law Asia Conference, Bangkok (Thailand) 1981, pp. 21-25.

27) **Malee Pruekpongsawalee**, Thammasat clinical education and the delivery of legal services: Historical and personal perspective (manuscript 1999, to be published in a book named "Educating for Justice" by the University of Wisconsin.

90/90), which forms now a new centerpiece of the old Thai Bankruptcy Act.[28] This new part of the Thai bankruptcy law is strongly influenced by the Singapore Re-organization Law and by the US-American Re-organization Law, the later one served also as a model for the German legislator shaping the new Insolvency Act (Insolvenzordnung), in force since January 1st, 1999, replacing the old German Bankruptcy Act (Konkursordnung).

As the name Reorganization Law indicates, the main goal of this new Thai law could be described as the court supervised formal attempts to restructure the finances of a financially distressed enterprise by very detailled provisions of measures. In other words : The law intends to prevent business from being driven into unnecessary bankruptcy because of temporary liquidity problems. This new amendment with its enormous economical impacts and strongfly demanded or even urged by the national as well as the international business world, does not mean that the Thai Bankruptcy Law is now perfect and complete enough or that the reform has reached an end. Just in the opposite, the Thai government has already initiated another bill for an Amendment No. 5 of the existing Bankruptcy Law to reform this Act again in concern of various points of the existing regulations. And among the members of the newly founded Business Reorganization Office, which belongs to the Legal Execution Department at the Ministry of Justice, meanwhile also much further reaching reform topics are discussed like the inclusion of a voluntary arrangement into the Bankruptcy Act, the consumer-bankruptcy, the reduction of stigma to bankruptcy or the preparation for Cross-boarder Insolvency Model Law.[29] With these further legal steps Thailand

---

28) **Bankruptcy Act B.E. 2483 (A.D. 1940)** as amended by Bankruptcy Act (No. 4) B.E. 2541 (A.D. 1998), English translation prepared by Chandler and Thong-Ex Law Offices Limited, Bangkok, 1999.

will join the club of countries with the most modern bankruptcy laws in the world.

6. **The legal profession, the legal education and the paradoxon of a civil-law type of legislation and theory on one side and a common-law type of jurisdiction and practice on the other**

Having finally a look at the Thai **legal profession**,[30] at the **legal education**[31] as well as at the **legal practice**[32] particularly the judicial one, there has to be pointed out again, that the numbers of state judges, public prosecutors and practising lawyers for the Thai population of presently nearly 61,5 millions are very small compared for example with the legal personal of the Federal Republic of Germany with its population of about 81 millions after the re-unification according to the official statistics :[33]

In 1997 the total number of judges has reached 21.000, the number of the public prosecutors had been more than 5.200 and the estimation of the number of lawyers meanwhile near to 100.000.

These exorbitant numbers of legal professions in Germany mean, that the legal professions have turned to become mass professions

---

29) **Wisit Wisitsora-At**, Thai Reorganization Law, Information Papers, Bangkok, 1999, edited by the Business Re-organization Offices, Thailand.

30) See **Klaus Wenk** (FN. 1), pp. 11-18 ; **Sansern Kraichitti**, Law and legal profession in Thailand, in : The Legal System of Thailand, The 7th Law Asia Conference, Bangkok (Thailand) 1981, pp. 1-7 ; **Kanit Nanakorn**, Legal profession : Code of Ethnic and Disciplinary Procedures, in : The Legal System of Thailand, The 7th Law Asia Conference, Bangkok (Thailand) 1981, pp. 62-66.

31) **Prasit Kovilaikool/Kietkajorn Vachanasvasti**, Legal education in Thailand, in : The Legal System of Thailand, The 7th Law Asia Conference, Bangkok (Thailand) 1981, pp. 26-33.

32) **Sansern Kraichitti** (FN. 30), pp. 1-7.

33) **Statistisches Bundesamt**, Statistisches Jahrbuch 1998, Rechtspflege, pp. 348-365.

while in Thailand - and that holds true for many other East Asian countries, too, - the **legal professions** form still an academically educated **elite** with a corresponding corps d'èsprit, cast-feeling and class-consciousness, with a more conservative than progressive mental attitude and behaviour and with a state-serving and state stabilizing mentality and function at least among the majority and the elder generation of state judges and public prosecutors - if not also among the established practising lawyers - regardless to current and changing party political streams in-between a democratic frame.

That means that a good deal of the so-called **"Asian values"**[34] - contrasted to so-called "Western values" - could be detected in the Thai legal professions, their selfunderstandings, organizations, roles and functions, ethics, spirits and activities.

These Asian values are since long often described and characterized by attributes or catchwords like "soft authoritarianism", "communitarianism", "market economic legitimacy", "social conformism" or

---

34) **Thio Li-ann**, Human rights and Asian values : At the periphery of ASEAN-EU-relations, in : Journal of European Studies, Chulalongkorn University, 1997, Vol. 5, pp. 27-70 ; **Jürgen Ruland**, Asian values and liberal democracy : a European perspective, in : Journal of European Studies, Chulalongkorn University, 1997, Vol. 5, pp. 71-88. ; **Kim Dae Jung**, Is culture destiny? The myth of Asia's anti-democratic values, Foreign Affairs, Vol. 73 No. 6, 1994, pp. 189-194. ; **William Callahan**, The discourse of democracy in Thailand, in : Asian Review, 1993, pp. 126-170 ; **Donald K. Emmerson**, Singapore and the 'Asian values' debate, in : Journal of Democracy, Vol. 6 No. 4, 1995, pp. 80-103 ; **Michael Freeman**, Human rights, democracy and Asian values, in : Pacific Review, Vol. 9 No. 3, 1996, pp. 352-366 ; **Stephanie Lawson**, Cultural relativism and democracy : Political myths about Asia and the West, in : **Richard Robinson** (ed.) Pathways to Asia. The politics of engagement, Sidney 1996, pp. 108-130 ; **Tommy Koh**, The ten values that undergird East Asian's strength and success, in : International Herold Tribune, 11th December 1993 ; **Richard Robinson**, The politics of Asian values, in : The Pacific Review, Vol. 9 No. 3, 1996, pp. 309-327 ; **Oskar Weggel**, Die Asiaten. Gesellschaftsordnungen, Wirtschaftssysteme, Denkformen, Glaubensweisen, Alltagsleben, Verhandlungsstile, München, Verlag C.H. Beck, 1989.

"political paternalism" or in regard to the Asian mentality and behaviour as "hierarchical", "deferential", "duty-orientated", "used to civic responsibilites and unequal duties", "virtue demonstrated", "family-related", "self-reliant", "harmonic", "collective" or "groupinterest-orientated" juxtaposed against so-called **Western values** described by words like "adversarial", "civil rights-orientated", "litigious", "used to personal and equal rights", to the "rule of law" or to the "legal system", or characterized as "individualism", "liberalism", "anthropocentrism", "self-centredness", "political legitmacy" or a "rule-of law"- or "legal-system-consciousness".

For sure, these often reported traditional Asian values may have changed meanwhile and at least some of them may have already lost their traditional influential force especially in the present era of deep and rapid **transformation processes** in culture, economy, social life and policy, as mentioned at the beginning of this report. But this does not mean, that they do not exist any more and that not some of them are still dominating the way of thinking and doing of the majority of state judges, public prosecutors and the Thai state servants in general. This may aside from other reasons explain the for a Western observer really astonishing **conformity of legal opinions and convictions** in the whole field of law and especially in the judicial decision-making process, where lower courts and lower judges are eagerly and strictly try to adapt their own legal opinions and judgements to the opinions and judgements of the higher courts and the higher judges, while all of them try to adapt their adjudication to the **Supreme Court decisions**, which are reigning over the legal thinking and doing of the legal professionals up to an extreme and which are even more forcible than the Constitution itself.

To repeat an impression, the former president of the Supreme Court has told about: When Thai judges of the Courts of Justice are dealing with cases, which cause legal problems, they will usually neither study any legal literature like text books or commentaries nor lower or higher court cases and case-books but practically nothing else than Supreme Court decisions if there are any, dealing with a case which is identical or similar to that, which has to be decided. And if there is no pertinent Supreme Court decision at all, the judges will get totally helpless and will ask for help by chief-judges, senior-judges or other legal authorities.

No wonder therefore, why on the basis of an outspoken respect and "bias-deference to elders and authority"[35] the personal and professional influence of higher-ranked judges on the lower-ranked ones is very strong and why chief- or senior judges play an important role as supervisors or at least advisors, as controllers, interventionists and educators in the Thai judiciary. This takes place even to an extent which would raise in Western countries heavy questions of judicial independence.

Looking at all this it also seems questionable whether the Thai understanding of **court hierarchy** is perhaps quite diffrent from that one in Western countries. Here the court hierarchy is nothing else but an organisational pyramidal structure based just on different functions and work of equally empowered and independent judges (first instance : producing a first decision of the case, second instance : controlling of the decision made, third instance : taking care of the unity of law apart or besides controlling the preceding decisions) and not any more an expression of different stronger and weaker judicial-administrative powers and a higher authority of the higher judges and a nearly total sovereignty of the supreme ones like in history. In Thailand instead one can get the impression that the

---

35) **Thio Li-ann** (FN. 34), p. 42.

court-hierarchy contains still in fact different judicial powers of lower, higher and supreme judges in the sense of authoritarian inferiorities and superiorities, even if this "judicial power graduation" is not at all ordered by law or constitution, but just the result of great respect and deep deference vis-à-vis upper or supreme authorities.

This may also partly explain the obvious and from a comparative standpoint very far reaching **conformity** or uniformity of the Thai **jurisdiction** and **judicature**, also quite different from the corresponding situation in Western countries where lower ranked judges have in general - if any - a much lower professional respect and personal deference to higher or supreme courts and judges and their decisions, yet it belongs to their daily professional work to take high court-, supreme court- or constitutional court decisions in their own considerations while autonomously solving a case. For many reasons and perhaps also for this reason the Western jurisdiction and judicature is - compared with the Thai one - everything else but uniform or conform. Instead, here we have huge amounts of differing and contrasting court decisions with extremely adversarial and contraversial opinions among the judges and judgements on all court levels, not only among the state and the federal courts, the first, second and third instance courts but also among the courts of different jurisdictions up to their supreme courts and even among the separate departments, chambers or senates of the single court units. And last but not least we can even find contrasting decisions of the several senates of the Supreme and Constitutional Courts, and finally also dissent opinions between the single judges, sitting on same benches particularly at the Constitutional Court.

This immense **"non-uniformity"** is not only typical for the Western style jurisdiction and judicature but also for the **legal education**, the **legal science** and the endless and boundless scientific **legal litera-**

ture as well characterized by a very critical and analytical discussion of differing doctrines and dogmatics, containing masses of oldfashioned and brandnew opinions and theories and including often also court decisions but mostly just for a practical illustration, for the test or proof of theory or as a subject to analyse and to transform into theory to enrich the legal dogmatical system.

Also in this educational and scientific respect the situation in Thailand is quite different from Western ones, if it is true what Thai authors[36] have written:

> "Legal research is indispensable to law teaching as it is a vehicle to acquire knowledge. Legal research in Thailand, however, is deficient as relatively few legal scholars are engaging in research activities. The existing research results, where they exist, are products of library research, concentrating on the elaboration of traditional legal norms, rather than products of empirical study aiming at the evaluation of the impact of law on the society. The neglect of sociological research is due partly to the missleading long-standing notion in Thailand to treat law as an independent, self-contained, established discipline."...
>
> ...
>
> "The importance of legal literature on the development of legal education is self-evident. In Thailand there is an abundance of legal literature in the forms of text books, treaties, and the socalled "nutshells". A great number of these materials are of dubious value because they are too simplistic to be helpful to students in tackling difficult legal problems."

---

36) See **Prasit Kovilaikool/Kietkajorn Vachanasvasti**, Legal education in Thailand (FN. 31), pp. 26-33.

In this context it is from a Western point of observation also very interesting to learn from the author of one of the leading text books on civil procedure law, that this book deals just in one third of its volume with norms, dogmatics or the theory of civil procedure while the presentation of cases and court decisions, nearly all of them stemming from the Supreme Court, covers two thirds of the book's volume.

All this what was mentioned in the 6. chapter of this report terminates in a very astonishing result which appears as quite a strange **paradoxon**, when looking at the traditional as well as actual **legislation** in Thailand with its respectable amount of old and new cocdifications, its steadily increasing production of amendments and other **written law** representing a law system very similar or even identical with law systems typical for so-called **civil-law**- respectively **code-law** countries on one side and the **court jurisdiction** and **judicial practice** on the other side, which is typical for the so-called **common-law** respectively **case-law** countries in accordance to the classical "families" or "circles" of law, elaborated by the legal comparatistic.[37]

Just a few words to illustrate this again : While we find in Thailand more and more written respectively statutory respectively codified or legislated law, neither the accompanying legal methods, how to interpret and to apply this law, nor the doctrines and dogmatics do play

---

37) See also **Takeshi Kojima**, Legal families in procedural law, revisited, Universita di Catania (ed.), Transnational aspects of procedural law. International Association of Procedural Law, X. World Congress on Procedural Law, Taormina 17-23. Settembre 1995, General Reports Vol. II(Italia) 1998, pp. 567-625 ; **Azmy A. Ateia**, Regroupement des familles juridiques en droit judiciaire, in : Universita di Catania (ed.) Transnational aspects of procedural law. International Association of Procedural Law, X. World Congress on Procedural Law, Taormina 17-23. Settembre 1995, General Reports Vol. II (Italia) 1998, pp. 627-684, critical insofar **Peter Gilles**, Prozeßvergleichung/Comparative Procedural Law (FN. 19), pp. 111-112.

any major role in legal study and legal education, like it holds true for the Western civil-law countries. Besides and even more important, the Thai legal professionals, namely the judges, in their majority practically neglect or even ignore the written law as well as the anyhow meager legal theory and legal literature, if there is any, trying to avoid an own autonomous interpretation and application of the pertinent norms and trying to solve the cases referring just to judicial precedent and practically only to supreme court decisions. This Thai style of judicial decision-making is very near or even the same what we can find in the area of common-law and especially in England, where quite a lot of Thai jurists had been legally educated and trained since the end of the 19th century during the so-called "westernization period" in which the British influence on Thai law had been very strong.[38] Such connections between Thai law and English law and between Thai jurists and English jurists are still existent, but they are not any more as strong as they had been in the past.

Nevertheless, a tradition or legal cult had remained particularly among the Thai judges to concentrate more on single and concrete cases than on an abstract norms and a consistent legal system, preserving this common-law style of judicial behaviour and decision-making, which is the today Thai practice.

This development is perhaps also strengthened and confirmed by the fact, that many of the elder and high ranked judges with their great reputation, functioning also as advisors or educators of the younger judges' generation, had been also educated and trained in England before and after the Second World War educating and advising therefore "the British way". And also the fact that many of the present judges in Thailand are able to speak and to read English

---

38) **Prasit Kovilaikool/Kietkajorn Vachanasvasti** (FN. 31), p.26.

excellently, naturally prefer therefore to rely on materials written in English and/or by English authors, which is perhaps also a reason why among the Thai judges the common law-thinking and practising is still so strong.

V. Summary and outlook

To summarize these impressions, experiences and observations in concern of some of the newer and newest legal reforms of the Thai administration of justice, the court procedures, the legal professions and legal services as well, this report should have made clear, that we presently can face a very strong legal reform movement in Thailand with masses of programs, bills, drafts, amendments and new codes, already drafted and put in force or still under preparation. This masses of already enacted or just planned codifications of all types will make out of the Thai kingdom a more and more "**democratic regime of government**" (section 2 of the Constitution) and a more and more so-called **rule-of-law-state** respectively **Rechtsstaat**.[39]

But the **law drafting** itself in Thailand as everywhere is always only the first step - and perhaps an easier one than the next step - of law reform, which has to be followed by the so-called **implementation** of the drafted statutory regulations like mandatory orders or prohibitions, which - after drafting and putting in force - utter only pure **legal effects** assigned to them and not or at least not immediately also the **factual effects** expected from the new regulations or hoped for. This mere legal effectiveness on one hand and the tempo-

---

39) See **Heinrich Siedentopf**, The principle of the rule of law, in : **Siedentopf/ Sommermann/Hauschild** (ed.), The Rule of Law in Public Administration : The German Approach, Speyerer Forschungsberichte No. 122, 3. edition 1994, pp. 3-12. See also : **Peter Gilles**, Rechtsstaat und Justizstaat in der Krise (FN. 4) ; id., Rechtstatsachenforschung und Rechtsstaat (FN. 4).

rary or permanent absence of a factual efficiency on the other hand could turn out to severe problems for national legislation and the society itself, when and where the ordinary people or those the regulations are addressed to, are not able or not willing to care about the new legal situation or - like in Thailand - when and where the legal professions do not pay much attention to the - old or new - written law in general or take it just as a quantité néglegiable, hanging on and waiting for Supreme Court decisions. Therefore, all law reformers should keep in mind, that a law reform is in its first phase nothing or not much more else but the production of so-called "**paper law**", "letter law" or "law in the books".

What has to follow as the next phase is to "bring the new law to life" by the promotion of its factual and practical effects, i.e. to transform this "paper law" into "**living law**", "law in action" respectively into "practised" and "experienced law" for instance by information, instruction, education, training or other supporting measures.[40] In other words : After the law drafting itself the implementation has to follow, i.e. the establishment of a new legal thinking and legal behaviour according to the formulated new legal ideas and requirements.[41]

---

40) **Peter Gilles**, Transnational Report : Administering justice and procedural handling of civil conflicts (FN. 2), pp. 389-390.
41) In concern of the so-called "implementation" and the general problems of the "modernization od legislation", "law reform" and "law drafting", see : **Karl-Peter Sommermann**, Legislative Process and Rationality, in : **Siedentopf/Hauschild/Sommermann** (ed.), Law Reform and Law Drafting, Speyerer Forschungsbericht No. 129, 2. edition, 1994, pp. 35-45 ; **Heinrich Siedentopf**, Testing Draft Laws and Implementation Studies, in : **Siedentopf/Hauschild/Sommermann** (ed.), Law Reform and Law Drafting, Speyerer Forschungsbericht No. 129, 2. edition, 1994, pp. 61-70 ; **Christoph Hauschild**, Training in Techniques of Legislation, in : **Siedentopf/Hauschild/Sommermann** (ed.), Law Reform and Law Drafting, Speyerer Forschungsberichte No. 129, 2. edition, 1994, pp. 71-77 ; **Heinrich Siedentopf**, Simulation and Planning Games as a Tool in the Drafting Process : Testing Law, Drafts and Training of Officials, in : Siedentopf/Hauschild/Sommermann (ed.), Modernization of Legislation and Implementation of

And these new legal ideas and requirements have to be implemented into the heads and hearts not only of the legal scholarship, the lawyers and the judges but in the heads and hearts of all people and professions concerned to bring the new law to "full life". Insofar, some of the South East Asian nations have still to go quite a long and stony way, because the implementation of law and particularly of a "globalized", "internationalized" or partly also "europeanized" and "westernized" East Asian law means - even more than the mere law-drafting itself - that some typical traditional **"Asian values"** mentioned before are at stake.

Laws, Speyerer Forschungsberichte No. 142, 1994, pp. 17-30; **Christoph Hauschild**, Performance Orientation in the Civil Service: A Necessity for the Implementation of Laws, in: Speyerer Forschungberichte Nr. 142, 1994, pp. 81-91; **Karl-Peter Sommermann**, Implementation of Laws and the Role of Administrative Courts, in: **Siedentopf/Hauschild/Sommermann** (ed.), Modernization of Legislation and Implementation of Laws, Speyerer Forschungsberichte Nr. 142, 1994, pp. 93-107.

ペーター・ギレス教授著作目録

(Monographien, Editionen und Gemeinschaftswerke sind mit ☐ besonders gekennzeichnet).

☐ "Der Umfang von Aufhebung und Neuverhandlung im zivilprozessualen Wiederaufnahmeverfahren", Dissertation, Frankfurt a. M., 1965.
"Gewerbesteuerpflicht des ERP-Sondervermögens", in : Deutsches Steuerrecht, 1965, S. 362-364.
"Zur Systematik des Wiederaufnahmeverfahrens (Iudicium rescindens)", in : Zeitschrift für Zivilprozeß, Bd. 78 (1965), S. 466-490.
"Zur Haftung der GmbH-Geschäftsführer bei unterlassenem oder verzögertem Konkursantrag", in : Neue Juristische Wochenschrift, 1966, S. 1551 f. (zus. mit Hans Georg Graf Lambsdorff).
"Zur Systematik des Wiederaufnahmeverfahrens (Iudicium rescissorium). Zugleich ein Beitrag zur Wiederaufnahme in Ehesachen", in : Zeitschrift für Zivilprozeß, Bd. 80 (1967), S. 391-421.
"Der praktische Fall - Zivilrechtsklausur : Das fehlerhafte Teilurteil", in : Juristische Schulung, 1968, S. 229-237.
"Vollstreckungsgegenklage, sog. vollstreckbarer Anspruch und Einwendungen gegen die Zwangsvollstreckung im Zwielicht prozessualer und zivilistischer Prozeßbetrachtung", in : Zeitschrift für Zivilprozeß, Bd. 83 (1970), S. 61-114.
☐ Rechtsmittel im Zivilprozeß. Berufung, Revision und Beschwerde im Vergleich mit der Wiederaufnahme des Verfahrens, dem Einspruch und der Wiedereinsetzung in den vorigen Stand, Habilitationsschrift, Athenäum Verlag, Frankfurt a. M., 1972.
"Zur aktuellen Zivilrechtsproblematik gewerbsmäßiger Ehevermittlung", in : Juristenzeitung 1972, S. 377-384.
"Schadensersatzpflicht des GmbH-Geschäftsführers nach § 823 Abs. II BGB i.v. M. § 64 Abs. I GmbHG (Schutzbereichs-problematik) - OLG Celle, OLGZ 1971, 367", in : Juristische Schulung 1974, S. 226-229 (zus. mit Michael Baumgart).
"Zum aktuellen Stellenwert des Zivilprozeßrechts und den Defiziten traditioneller Prozeßrechtstheorie", v. M., Hannover 1974.
"Der sog. Einwendungsdurchgriff bei finanzierten Umsatz- und Dienstleistungsgeschäften als rechtspolitisches und methodisches Problem", in : Juristenzeitung, 1975, S. 305-312.
"Soziologie und Prozeßrecht. Interdisziplinäre Entwicklungen im Zivilprozeßrecht", Evangelische Akademie Hamburg, Tagung über einstufige Juristenausbildung in Bad

Segeberg, v. M., Hannover, 1975.

"Der praktische Fall - Bürgerliches Recht: Das geliehene Geld und das Testament der Freundin", in : Juristische Schulung 1975, S. 105 - 110 (zus. mit Michael Baumgart).

"Das B-Geschäft lebt - Anmerkungen zu dem verfrühten Nachruf von Scholz auf eine noch weithin praktizierte Form des Konsumentenkredits", in : Juristenzeitung 1975, S. 729 f.

"Rechtstatsachen und aktuelle Zivilrechtsprobleme finanzierter Umsatz- und Dienstleistungsgeschäfte - zu einem Teilaspekt des Verbraucherschutzes in der Bundesrepublik Deutschland" (japanische Übersetzung : Mikio Adachi), in : Hogaku Shirin, Review of Law and Political Sciences (Japan), Bd. 73 Heft 1 (1975), S. 1-29.

"Verfahrensfunktionen und Legitimationsprobleme richterlicher Entscheidungen im Zivilprozeß - Zur Kritik N. Luhmanns am Richtigkeitspostulat der sog. klassischen Verfahrenslehre", in : Festschrift für Gerhard Schiedermair zum 70. Geburtstag, 1976, S. 183-201.

"Ehevermittlung", in : Arbeitsgemeinschaft der Verbraucher/Deutscher Gewerkschaftsbund (Hrsg.), Verbraucherschutz, Handbuch des Verbraucherrechts, Luchterhand, Neuwied, 1976, Gruppe 130, S. 1-58.

"Finanzierte Geschäfte und ihre zivilrechtswissenschaftliche Behandlung in der Bundesrepublik Deutschland" (japanische Übersetzung : Mikio Adachi), in : The Hogaku Seminar (Japan), Bd. 20, Heft 3 (1976), S. 72-79.

"Rechtsmitteleinlegung, Rechtsmittelbegründung und nachträgliche Parteidispositionen über das Rechtsmittel", in : Archiv für civilistische Praxis, 177 (1977), S. 189-244.

□ Optisches Zivilprozeßrecht - Zivilverfahrensrecht (Entscheidungsverfahren), dargestellt in 20 Schaubildern, Verlag Neue Wirtschafts-Briefe, Herne-Berlin 1977.

□ Gewerbsmäßige Ehevermittlung. Rechtsgrundlagen und Rechtsanwendung, Luchterhand Verlag, Neuwied, 1977.

"Das neue Mahnverfahren", in : Neue Wirtschafts-Briefe, Zeitschrift für Steuer- und Wirtschaftsrecht, 1977, Nr. 6, S. 409-416 (Fach 19, S. 995-1000).

"Das neue Mahnverfahren", in : Deutsche Rechtsprechung, Sonderbeilage Nr. 2/1977 (Nachdruck aus NWB Nr. 6/1977).

□ Humane Justiz. Die deutschen Landesberichte zum ersten internationalen Kongreß für Zivilprozeßrecht in Gent 1977/Justice with a human face. The German national reports for the first international congress on the law of civil procedure in Gent 1977, Athenäum Verlag, Kronberg/Ts., 1977 (Herausgeber und Mitautor).

"Die Berufung in Zivilsachen und die zivilgerichtliche Instanzenordnung - Rechtspolitische, -theoretische und -soziologische Aspekte des Rechtsmittelrechts in der Bundesrepublik Deutschland/Appellate Proceedings" mit 6 Diagrammen, in : Gilles (Hrsg.), Humane Justiz. Die deutschen Landesberichte zum ersten internationalen Kongreß für Zivilprozeßrecht in Gent 1977, 1977, S. 147-171.

"Neuerungen im Zivilprozeßrecht - Übersicht über die Vereinfachungsnovelle von 1976", in : Neue Wirtschafts-Briefe, Zeitschrift für Steuer- und Wirtschaftsrecht, 1977, Nr. 8, S. 409-416 (Fach 19, S. 1001-1008).

"Neuerungen im Zivilprozeßrecht - Übersicht über die Vereinfachungsnovelle von 1976", in : Deutsche Rechtsprechung, Sonderbeilage Nr. 3/1978 (Nachdruck aus NWB Nr. 8/1977).

"Anschließung, Beschwer, Verbot der reformation peius und Parteidispositionen über die Sache in höherer Instanz", in : Zeitschrift für Zivilprozeß, Bd. 91 (1978), S. 128-176.

"Normprogramm eines Mietrechtskonflikts. Darstellung der materiellrechtlichen und prozeßrechtlichen Entwicklungsalternativen eines Räumungsstreits", JA-Studienbogen Nr. 9 (1978), in : Juristische Arbeitsblätter, 1978, Heft 12 (zus. mit Wolfgang Teske).

☐ Forum Rechtswissenschaft. Beiträge zu neueren Entwicklungen in der Rechtswissenschaft, früher Athenäum Verlag, Kronberg, dann C. F. Müller Verlag, Heidelberg, danach Nomos-Verlagsgesellschaft, Baden-Baden, 1979 bis 2003 (geschäftsführender Herausgeber).

"Grundprobleme des zivilprozessualen Anschließungsrechts", in : Zeitschrift für Zivilprozeß, Bd. 92 (1979), S. 152-211.

Einführung zu Stahlmann, Zur Theorie des Zivilprozeßrechts. Von der Legitimation durch Erkenntnis zur Legitimation durch Verfahren, 1979, S. 5 f. Besprechung von Prütting, Die Zulassung der Revision, 1977, in : Juristische Arbeitsblätter 1979, S. 223 f.

"Die Berufung in Zivilsachen und die zivilgerichtliche Instanzenordnung. Rechtspolitische, -theoretische und -soziologische Aspekte des Rechtsmittelrechts in der Bundesrepublik Deutschland" (japanische Übersetzung : Takehiko Mikami), in : Hogaku Kenkyo, Journal of Law, Politics and Sociology (Japan), Bd. 53 Heft 3 (1979), S. 281-302.

"Kundenschutz im Fernunterrichtswesen. Zum neuen Fernunterrichtsschutzgesetz und seiner Bedeutung für die Verraucherrechtsentwicklung in der Bundesrepublik Deutschland" (japanische Übersetzung : Mikio Adachi), in : Hogaku Shirin, Review of Law and Political Sciences (Japan), Bd. 77, Heft 2 (1979), S. 51-84.

"Zur novellierten Zivilprozeßordnung und einigen aktuellen Entwicklungstendenzen innerhalb der Zivilprozeßrechtswissenschaft der Bundesrepublik Deutschland"(japanische Übersetzung : Akira Ishikawa), in : Hogaku Kenkyu, Journal of Law, Politics and Sociology (Japan), Bd. 52, Heft 5 (1979), S. 521-536.

"Neuere Entwicklungen im Zivilprozeßrecht der Bundesrepublik Deutschland unter Berücksichtigung der sog. Vereinfachungsnovelle von 1976", in : Chen Jung Tsung, Verteilung der Beweislast und Zivilverfahrensrecht, Nationale Taiwan Universität, Rechtswissenschaftliche Reihe Bd. 17 (Taiwan), 1979 (chinesische Übersetzung : Chen Jung Tsung : S. 351-367, deutsche Fassung : S. 369-391).

"Verbraucherpolitische Vertragsrechtsreformen im Bürgerlichen Gesetzbuch - Zu dem Gesetzentwurf über finanzierte Rechtsgeschäfte und über Maklerverträge", in : Zeitschrift für Rechtspolitik 1979, S. 265-274.

"Prozeßrechtliche Probleme von verbraucherpolitischer Bedeutung bei den neuen Verbraucherverbandsklagen im deutschen Zivilrecht", in : Hikakuho Zasshi, Comparative Law Review (Japan), Bd. 13, Heft 2 (1979), S. 1-55.

"Kundenschutz bei sog. Haustürgeschäften. Zu den neuesten deutschen und europäischen Gesetzesinitiativen zum Verbraucherschutz bei Vertragsabschlüssen außerhalb von Geschäftsräumen - Zugleich ein Beitrag zu neu geplanten Verbraucherschutzklagen im Wettbewerbsrecht", in : Hikakuho Zasshi, Comparative Law Review (Japan), Bd. 13, Heft 2 (1979), S. 57-85.

"Zum Standort des Zivilprozeßrechts in der deutschen Juristenausbildung und zum gegenwärtigen Bedeutungszuwachs des Prozeßrechts innerhalb der Gesamtrechtswissenschaft - Zugleich ein Überblick über neuere und neueste Entwicklungen in der Zivilprozeßrechtswissenschaft der Bundesrepublik Deutschland" (japanische Übersetzung : Tatsuo Fukuyama), Tokyo University, v. M., Japan 1979, (nachträglich publiziert in : Gilles, Aufgaben von Prozeßeinrichtungen in der Bundesrepublik Deutschland, herausgegeben und mitübersetzt von Takeshi Kojima, Chuo-University Press (Japan), 1988, S. 35-59).

"Zur neueren Verbraucherschutzgesetzgebung in ihrem Verhältnis zum klassischen Privatrecht", in : Juristische Arbeitsblätter 1980, S. 1-8.

"Soziologie und Prozeßrecht. Ein Überblick über interdisziplinäre Tendenzen und Probleme der Integration von Rechtswissenschaften und Sozialwissenschaften im deutschen Zivilprozeßrecht" (japanische Übersetzung : Takehiko Mikami), in : Minjisoshyo Zasshi, Journal of civil procedure (Japan), Bd. 26, Heft 1 (1980), S. 1-30.

Besprechung von Rebe, Optisches Handelsrecht, 2. Aufl. 1979, in : Neue Wirtschafts-Briefe, Zeitschrift für Steuer- und Wirtschaftsrecht, 1980, Nr. 4 (Umschlagseite).

"Grundzüge des neuen deutschen Zivilprozeßrechts und erste Praxiserfahrungen mit der sog. Vereinfachungsnovelle", in : Annales de la faculté de Droit d'Instanbul (Türkei), Bd. 27, Nr. 43 (1980), S. 3-17.

"Verbraucherschutz bei Vertragsabschlüssen außerhalb von Geschäftsräumen - Zu einem Teilaspekt der deutschen und europäischen Verbraucherrechtsentwicklung", in : Annales de la Faculté de Droit d'Istanbul (Türkei), Bd. 27, Nr. 43 (1980), S. 19-51.

"Das neue Beratungshilfe- und Prozeßkostenhilfegesetz" in : Neue Wirtschafts-Briefe, Zeitschrift für Steuer- und Wirtschaftsrecht, 1980, Nr. 46, S. 2899-2906 (Fach 19, S. 1151-1156), (zus. mit Bernhard Hahn).

"Kundenschutz bei sog. Haustürgeschäften" (japanische Übersetzung : Takeshi Kojima), in : Hikakuho Zasshi, Comparative Law Review (Japan), Bd. 13, Heft 3 (1980), S. 39-61.

"Zum Bedeutungszuwachs und Funktionswandel des Prozeßrechts. Ein Überblick über interdisziplinäre Entwicklungen im Zivilprozeßrecht", in : Juristische Schulung 1981, S. 402-409.

"Aktuelle Verbraucherschutzgesetzgebung und neuere Verbraucherrechtsdiskussion in der Bundesrepublik Deutschland - Zugleich zur Frage der Bedeutung besonderer Verbraucherschutzrechte für das allgemeine Privatrecht" (japanische Übersetzung: Mutsuo Kurita), in: Hogaku Kenkyu, Journal of Law, Politics and Sociology (Japan), Bd. 54, Heft 5 (1981), S. 17-36.

"Gerhard Schiedermair 75 Jahre alt", in: Uni-Report, Johann Wolfgang Goethe-Universität Frankfurt, Jahrgang 14, Nr. 9 v. 24.6.-1981.

"Prozeßkosten", Einleger zu Gilles, Optisches Zivilprozeßrecht - Zivilverfahrensrecht (Entscheidungsverfahren), dargestellt in 20 Schaubildern, Verlag Neue Wirtschafts-Briefe, Herne-Berlin, Stand Mai 1981.

"Statement: Some Comments about the Out-of-Court Settlement of Disputes from a German Point of View", Kurzreferat zum Kolloquium der International Association of Legal Science (CISS-UNESCO) zum Thema "The Settlement of Disputes out of the Court" vom 6. 7.-9. 7. 1981 in Pau/Frankreich, v. M., Frankreich, 1981.

"Der praktische Fall - Bürgerliches Recht: Ein problematischer Gewerkschaftsbeitritt", in: Juristische Schulung, 1981, S. 899-905 (zus. mit Thomas Westphal).

"Einführung" zu Hahn, die Haftung des Arztes für nichtärztliches Hilfspersonal. Zulässigkeitsfragen ärztlicher Delegierung von Blutentnahmen, Injektionen, Infusionen und Bluttransfusionen an nichtärztliche Mitarbeiter, 1981, S. V f.

Besprechung von Schlichting, Praktikum des Zivilprozeßrechts. Grundprobleme des Zivilverfahrensrechts in 68 Fällen mit Lösungen, 1981, in: Juristische Arbeitsblätter, 1981, Heft 12, S. III.

"Neue politische Tendenzen und prozessuale Theorien zu den Verbraucherverbandsklagen in Westdeutschland (Teil 1)" (japanische Übersetzung: Takeshi Kojima und Toshio Uehara), in: Jurist (Japan), Nr. 750 (1981), S. 140-146.

"Neue politische Tendenzen und prozessuale Theorien zu den Verbraucherverbandsklagen in Westdeutschland (Teil 2)" (japanische Übersetzung: Takeshi Kojima und Toshio Uehara), in: Jurist (Japan), Nr. 751 (1981), S. 96-102.

"Judicial Independence and Involvement of Judges in Party Politics and Trade Union Activities, German topical report for the Planning Conference of the International Bar Association in Jerusalem/Israel from March 1st - 5th, 1982-Abstracts", in: Shimon Shetreet (ed.), Judicial Independence. Jerusalem conference papers, vol. II, National reports and topical papers Jerusalem, van Leer Jerusalem Foundation, March 1.-5. 1982, Israel, 1982, S. 175 f.

"Judicial Independence and Party Politics", Report for the Congress of the International Bar Association, 19th Biennial Conference, New Delhi, India, October 17th-23rd, 1982, v. M., Indien, 1982.

"Zivilprozeßrecht in Lehre und Prüfung", Vereinigung der Zivilprozeßrechtslehrer, v. M., Zürich, 1982.

☐ Das Recht des Direktmarketing. Kundenwerbung und Verträge außerhalb von

Geschäftsräumen, Verlag Recht und Wirtschaft, Heidelberg, 1982.
"Ehevermittlung als Dienstvertrag - OLG Frankfurt, Urteil vom 8. 7. 1981-17 U 242/80", in : Der Jurist, 1982, S. 273-275 (zus. mit Holger Heinbuch).
"Juristenausbildung und Zivilverfahrensrecht", in : Zeitschrift für Zivilprozeß, Bd. 95 (1982), S. 373-466.

☐ "Der Prozeß als Mittel zur rechtlichen Konfliktslösung", Funkkolleg Recht, Südwestfunk, Ausbildungs- und Familienprogramm, Studieneinheit 7, Sendetext/Kollegtext, Baden-Baden 1982.

☐ "Der Prozeß als Mittel zur rechtlichen Konfliktslösung", Deutsches Institut für Fernstudien an der Universität Tübingen (Hrsg.), Funkkolleg Recht, Studienbegleitbrief 3, Studieneinheit 7, Beltz Verlag Weinheim-Basel, 1982, S. 63-100.

☐ "Miete", Funkkolleg Recht, Südwestfunk, Ausbildungs- und Familienprogramm, Studieneinheit 19, Sendetext/Kollegtext, Baden-Baden, 1982.

☐ "Miete", Deutsches Institut für Fernstudien an der Universität Tübingen (Hrsg.), Funkkolleg Recht, Studienbegleitbrief 7, Studieneinheit 19, Beltz Verlag Weinheim-Basel 1983, S. 70-114. "Richterliche Unabhängigkeit und parteipolitische Bindung von Richtern," in : Deutsche Richterzeitung 1983, S. 41-48.

☐ Juristenausbildung und Zivilverfahrensrecht, Carl Heymanns Verlag, Köln-Berlin-Bonn-München, 1983.
"Partnerschaftsservice statt Ehemakelei. Ein neues Dienstleistungsgewerbe mit Makler-, Dienst- und Werkvertragsproblemen", in : Neue Juristische Wochenschrift 1983, S. 361-369.
Anmerkung zum Urteil des Amtsgerichts Hamburg vom 23. 7. 1982-22 a C 10/82-, in : Neue Juristische Wochenschrift 1983, S. 395 f.

☐ Effektivität des Rechtsschutzes und verfassungsmäßige Ordnung. Die deutschen Landesberichte zum VII. Internationalen Kongreß für Prozeßrecht in Würzburg 1983/Effectiveness of judicial protection and constitutional order. The German national reports for the VII. International Congress on Procedure Law in Würzburg 1983, Carl Heymanns Verlag, Köln-Berlin-Bonn-München, 1983 (Herausgeber und Mitautor).
"Vorwort", in : Gilles (Hrsg.), Effektivität des Rechtsschutzes und verfassungsmäßige Ordnung, 1983, S. V f.
"Der Beitrag der Sozialwissenschaften zur Reform des Prozeßrechts/The contribution of social sciences to the reform of procedure law", in : Gilles (Hrsg.), Effektivität des Rechtsschutzes und verfassungsmäßige Ordnung. 1983, S. 105-144.
Nationalbericht "Deutschland (Bundesrepublik)", in : Roth (Hrsg.), Rechtssoziologie und Prozeßrecht. Nationalberichte und Generalbericht zum Thema "Der Beitrag der Rechtssoziologie zur Reform des Prozeßrechts" des VII. Internationalen Kongresses für Prozeßrecht, Würzburg 1983, Wien, 1983, S. 37-58.
"Verjährung von Verzugsschäden aus einem Versicherungsvertrag - BGH Urteil vom

10.5.1983-IV a ZR 74/81 -", in : Der Jurist 1983, S. 293 f.

"Zur neueren Diskussion um die Juristenaubildung in der Bundesrepublik Deutschland", in : Comparative Law, Annales of Toyo University. Institute of comparative law (Japan), Initial No. 1983 (japanische Übersetzung : Kanji Kondo, S. 41-55, deutsche Fassung S. 108-127).

"Schuldrechtsreform und Verbraucherrechtsentwicklung in der Bundesrepublik Deutschland" (japanische Übersetzung : Kazutoshi Kobayashi), in : Hanrei Taimusu (Japan), Bd. 34, Nr. 493 (1983), S. 26-36.

"Partnervorschlagsdienst als Werkvertrag", in : Monatsschrift für Deutsches Recht, 1983, S. 712-716.

"Außerordentliche Kündigung von Bekanntschaftsvermittlungsverträgen - OLG Koblenz, Urteil vom 22. 12. 1982 - 7 U 768/82-", in : Der Jurist, 1983, S. 330 f.

Anmerkung zu BGH, Urteil vom 25. 5. 1983-IV a ZR 182/81-, in : Neue Juristische Wochenschrift, 1983, S. 2819 f.

Telefonkommentar zu BGH, Urt. v. 25. 5. 1983-IV a ZR 182/81-und LG Rottweil, Urt. v. 24. 8. 1983- S 72/83-, NJW Cassette Rechtsprechung, Oktober 1983.

"Zur Verrechtlichung der Vertragsanbahnung im Zivilrecht. Vorvertragliche Rechtsverletzungen und ihre zivilrechtlichen Folgen an aktuellen Beispielen von Wettbewerbsrechts- und Gewerberechtsverstößen im Direktmarketingbereich" (japanische Übersetzung : Koichi Shimojima), Hosei Universität, v. M., Japan, 1983.

"Reformpostulate der neueren Juristenausbildungsdiskussion und ihre Konseqenzen für die Zivilprozeßrechtswissenschaft in Forschung und Lehre" (japanische Übersetzung : Kaoru Matsuura), in : Meijo Hogaku, Meijo Law Review (Japan), Bd. 33, Heft 1 (1983), S. 1-17.

"Zur Integration von Sozialwissenschaften und Prozeßrechtswissenschaft. Die neueren Entwicklungen der letzten Jahre" (japanische Übersetzung : Takehiko Mikami), Keio-Universität, Tokyo, v. M., Japan 1983, (nachträglich publiziert in : Gilles, Aufgaben von Prozeßeinrichtungen in der Bundesrepublik Deutschland, herausgegeben und mitübersetzt von Takeshi Kojima, Chuo-University Press (Japan), 1988, S. 94-153).

"Direktmarketing und Verbraucherrechtsschutz" (japanische Übersetzung : Seishi Nishigori), Osaka Industrial Association, v. M., Japan 1983.

"Rechtsprobleme der Vertragsanbahnung im Versicherungswesen" (japanische Übersetzung : Satoshi Aoshima), Yasuda Insurance Foundation, v. M., Japan 1983, (nachträglich publiziert in : Gilles, Verbraucherrechtsentwicklung in der Bundesrepublik Deutschland, herausgegeben von Toshio Takeuchi, Hogaku Shoin Verlag, Tokyo (Japan), 1989, S. 171-190).

"Verhandlungsmaxime und Relationstechnik (Teil 1) - Über die Methode praktischer Ausbildung (Diskussion zwischen Peter Gilles, Shozo Inoue und Takeshi Kojima, japanische Übersetzung : Isamu Mori)", in : Hanrei Taimusu (Japan), Bd. 34, Nr. 491

(1983), S. 22-33.

"Verhandlungsmaxime und Relationstechnik (Teil 2) - Über die Methode praktischer Ausbildung (Diskussion zwischen Peter Gilles, Shozo Inoue und Takeshi Kojima, japanische Übersetzung: Isamu Mori)", in: Hanrei Taimusu (Japan), Bd. 34, Nr. 492 (1983), S. 7-8.

"Der Theorie-Praxis-Aspekt in der Juristenausbildung in seiner Bedeutung für eine reformierte Zivilprozeßrechtswissenschaft" (chinesische Übersetzung: Chen Jung Tsung), v. M., Taiwan, 1983 (nachträglich publiziert in: Chen Jung Tsung, Prozeßpartei und Zivilverfahrensrecht, Taiwan 1987, S. 305-316).

☐ Theorie und Praxis im Zivilprozeßrecht. Ergebnisse einer Richterbefragung zur Praxisrelevanz zivilprozessualen Lehrstoffs, Carl Heymanns Verlag, Köln-Berlin-Bonn-München, 1984.

"A new civil procedure in Germany - the latest wave of technical, theoretical and political reforms -", Report for the Anglo-German Law Conference on Civil Procedure in Cambridge, 2.-5. July 1984, v. M., England 1984.

"Contempt of Court in the Face of the Court - a European View", Comparative report for the XX. Biennial Conference of the International Bar Association in Vienna, 2.-7. September 1984, v. M., Östereich 1984.

"Aktuelle rechtspolitische Fragen zum zivilprozessualen Rechtsmittelsystem in der Bundesrepublik Deutschland unter besonderer Berücksichtigung eines verfassungsgesetzlich garantierten Rechts auf Rechtsmittel" (griechische Übersetzung: Georgios Orfanides), in: Diki, Zeitschrift für Prozeßrecht (Griechenland), Bd. 15, 1984, S. 785-812.

"Über die Kooperationsmaxime (Teil 1) - Versuch eines neuen Modells der Verhandlung (Diskussion zwischen Peter Gilles, Shozo Inoue und Takeshi Kojima, japanische Übersetzung: Isamu Mori)" in: Hanrei Taimusu (Japan), Bd. 35, Nr. 533 (1984), S. 31-38.

"Über die Kooperationsmaxime (Teil 2) - Versuch eines neuen Modells der Verhandlung (Diskussion zwischen Peter Gilles, Shozo Inoue und Takeshi Kojima, japanische Übersetzung: Isamu Mori)", in: Hanrei Taimusu (Japan), Bd. 35, Nr. 534 (1984), S. 33-42.

"Über die Kooperationsmaxime (Teil 3) - Versuch eines neuen Modells der Verhandlung (Diskussion zwischen Peter Gilles, Shozo Inoue und Takeshi Kojima, japanische Übersetzung: Isamu Mori)", in: Hanrei Taimusu (Japan), Bd. 35, Nr. 535 (1984), S. 55-63.

"Juristenausbildungsreform in der Bundesrepublik Deutschland. Erfahrungen mit ein- und zweistufigen Ausbildungsmodellen" (ungarische Übersetzung: Lászlo Ujlaki), in: Magyar Jog (Ungarn), Heft 9 (1984), S. 793-800.

"Zur Theorie-Praxis-Integration in der Juristenausbildung - auf dem Weg zu einer prakti-

schen Rechtswissenschaft", Janus Pannonius Universität, Pécs, v. M., Ungarn 1984.
- ☐ Soliciting and sales at home parties. Factual legal analysis and jurisprudential evaluation of the Tupperware-Direct-Marketing-System according to German Unfair Competition Law. Legal evaluation on behalf of Tupperware Germany (englische Übersetzung: Sylvia Kobryner), Tupperware, Frankfurt a. M. 1984, 169 S. (nicht im Buchhandel).
- ☐ Werbung und Vertrieb durch Heimvorführungen. Rechtstatsächliche Untersuchung und rechtswissenschaftliche Beurteilung des Tupperware-Direktmarketing-Systems nach deutschem Wettbewerbsrecht. Rechtsgutachten im Auftrag der Tupperware Deutschland, Tupperware, Frankfurt a. M., 1984, 200 S. (nicht im Buchhandel).
- "Der Theorie-Praxis-Aspekt in der Juristenausbildung in seiner Bedeutung für eine reformierte Zivilprozeßrechtswissenschaft" (chinesische Übersetzung: Chen Jung Tsung), in : The National Taiwan University Law Journal (Taiwan), Bd. 13, Nr. 1 (1984), S. 259-268.
- "Prozeßrechtliche Probleme von verbraucherpolitischer Bedeutung bei den neuen Verbraucherverbandsklagen im deutschen Zivilrecht", in : Zeitschrift für Zivilprozeß, Bd. 98 (1985), S. 1-31 (Nachdruck aus Hikakuho Zasshi (Japan), 1979, S. 1-55).
- "Intimsphäre als Rechtsschutzschranke - Zur Justiziabilität programmierter Persönlichkeitsdaten im Dienstleistungsrecht (Anm. zu LG Bonn, FamRZ 1984, 891 f.)", in : Zeitschrift für das gesamte Familienrecht, 1985, S. 132-134.
- "Vereinfachungsnovelle und Verfahrenskonzentration im Zivilprozeß - Kritische Überprüfung des Rechtsmittelzuges - (Diskussion zwischen Peter Gilles, Shozo Inoue und Takeshi Kojima, japanische Übersetzung : Isamu Mori)", in : Hanrei Taimusu (Japan), Bd. 36, Nr. 540 (1985), S. 31-43.
- "Rechtsmittelreform im Zivilprozeß und Verfassungsrechtsaspekte einer Rechtsmittelbeschränkung", in : Juristenzeitung, 1985, S. 253-261.
- "Politik und Theorie der Verbraucherverbandsklagen" (japanische Übersetzung: Takeshi Kojima, Toshio Uehara und Hiroaki Toyota), in : Ishikawa/Kojima (Hrsg.), Zivilverfahren in Europa. Ihre Situation und ihre Aufgaben, Chuo University Press (Japan), 1985, S. 117-157.
- ☐ "Der Prozeß als Mittel zur rechtlichen Konfliktslösung", in : Löwisch/Grimm/Otte (Hrsg.), Funkkolleg Recht Bd. 1, Fischer Taschenbuchverlag, 1985, S. 144-167.
- ☐ "Miete", in : Löwisch/Grimm/Otte (Hrsg.), Funkkolleg Recht Bd. 3, Fischer Taschenbuchverlag, 1985, S. 49-76.
- ☐ Eheanbahnung und Partnervermittlung. Untersuchung der Rechtslage und Rechtsreform des gewerblichen Partnerschaftsservice aus Anlaß des Gesetzentwurfs über Maklerverträge 1985, Verlag C. H. Beck, München 1985.
- ☐ Rechtsmittel im Zivilprozeß unter besonderer Berücksichtigung der Berufung, Bundesanzeiger-Verlag, Bonn, 1985 (Mitherausgeber und Mitautor).
- "Vorwort" (zusammen mit Röhl, Schuster und Strempel), in : Gilles/Röhl/Schuster/

Strempel (Hrsg.), Rechtsmittel im Zivilprozeß unter besonderer Berücksichtigung der Berufung, 1985, S. 7 f.

"Rechtsmittel im Zivilprozeß aus juristischer Sicht. Kurzüberblick über Entwicklungen, Stand und Reformanliegen der Rechtsmitteldiskussion in Theorie, Praxis und Politik", in: Gilles/Röhl/Schuster/Strempel (Hrsg.), Rechtsmittel im Zivilprozeß unter besonderer Berücksichtigung der Berufung, 1985, S. 11-24.

"Rechtswissenschaftlicher Ausblick", in: Gilles/Röhl/Schuster/Strempel (Hrsg.), Rechtsmittel im Zivilprozeß unter besonderer Berücksichtigung der Berufung, 1985, S. 325.

"Ungebührliches Verhalten von Prozeßbeteiligten und Zeugen vor Gericht. Eine kritische Stellungnahme zur europäischen Rechtslage aus deutscher Sicht" (griechische Übersetzung: Dimitris Maniotis), in: Harmenopoulos (Griechenland), Bd. 8, 1985, S. 629-638.

"Rechtswissenschaftliche Theorie und gerichtliche Praxis. Zu Ausbildungsproblemen im Zivilprozeßrecht" (griechische Übersetzung: Paris Arvanitakis), in: Diki, Zeitschrift für Prozeßrecht (Griechenland), Bd. 16, 1985, S. 289-307.

"Germany: Judicial Independence and the Involvement of Judges in Party Politics and Trade Union Activities", in: Shetreet/Dechénes (eds.), Judicial Independence: The Contemporary Debate, Martinus Nijhoff Publishers, Dordrecht-Boston-Lancaster, 1985, S. 96-116.

☐ "Der Prozeß als Mittel zur rechtlichen Konfliktslösung. Staatliche Justiz - gerichtliches Verfahren - richterliche Entscheidung", in: Grimm (Hrsg.), Einführung in das Recht, UTB-Band 1362, C. F. Müller Verlag, Heidelberg, 1985, S. 243-301.

Kurzkommentar zu OLG Karlsruhe, Urt. v. 21.2.1985-4 U 207/83-, in: Entscheidungen zum Wirtschaftsrecht, § 611 BGB 2/85, S. 559 f.

Kurzkommentar zu OLG Hamburg, Urt. v. 28.8.1985-5 U 135/84-, in: Entscheidungen zum Wirtschaftsrecht, § 9 AGBG 13/85, S. 827 f.

Kurzkommentar zu OLG München, Urt. v. 12.9.1985-5 U 4430/85-, in: Entscheidungen zum Wirtschaftsrecht, § 138 BGB 10/85, S. 843 f.

Besprechung von Heilmann/Schlichting, Verfahrensgestaltung im Zivilprozeß. Praktische Fälle zur Richterausbildung, 1984, in: Juristische ArbeitsblAtter 1986, S. 167 f.

☐ "Miete. Wohnungsmiete in Recht und Praxis", in: Otte (Hrsg.), Einführung in das Bürgerliche Recht, UTB-Band 1375, C. F. Müller Verlag, Heidelberg, 1986, S. 78-145.

"Das Recht im Direktmarketing. Hinweise auf Rechtsunsicherheiten im Gesamtbereich des Direktmarketing", in: Direkt Marketing, Zeitschrift für Direktwerbung und Verkaufsförderung, 1986, Heft 3, S. 100-106 (zusammen mit Wilfried Alt).

"Direktwerbung differenzierter betrachten. Redaktionsgespräch", in: Direkt Marketing, Zeitschrift für Direktwerbung und Verkaufsförderung, 1986, Heft 4, S. 159-163.

"Das Gesetz über den Widerruf von Haustürgeschäften und ähnlichen Geschäften. Anmerkungen zum jüngsten Verbraucherschutzsondergesetz im Zivilrecht unter besonderer Berücksichtigung seines rechtspolitischen Gesamtkontextes", in: Neue Juris-

tische Wochenschrift, 1986, S. 1131-1147.
Telefonkommentar zum Gesetz über den Widerruf von Haustürgeschäften und ähnlichen Geschäften vom 22. 1. 1986 (BGBl. I, 122), NJW-Cassette Rechtsprechung, Mai 1986.
Telefonkommentar zu OLG München, Urt. v. 12.9.1985-5 U 4430/85-, NJW-Cassette Rechtsprechung, Juli 1986.
Kurzkommentar zu OLG Düsseldorf, Urt. v. 21. 11. 1985-2 U 214/83-, in : Entscheidungen zum Wirtschaftsrecht, § 1 UWG 6/86, S. 511 f.
Kurzkommentar zum OLG Stuttgart, Urt. v. 31. 1. 1986-2 U 102/85-, in : Entscheidungen zum Wirtschaftsrecht, § 1 UWG 14/86, S. 925 f.
Kurzkommentar zu VG Hannover, Urt. v. 9. 1. 1986-6 VG A 253/82-, in : Entscheidungen zum Wirtschaftsrecht, Art. 2 GG 1/86, S. 991 f.
"Membership of judges in trade unions and involvement of judges in trade union politics", Report for the Congress of the International Bar Association, 21st Biennial Conference, New York, USA, September 15.-19., 1986, v. M., USA, 1986.
"Verbraucherschutz und Schuldrechtsreform in der Bundesrepublik Deutschland", Handelskammer Istanbul, Istanbul, und Selcuk Universität, Konya, v. M., Türkei 1986.
"Zur neuen alten Juristenausbildung in der Bundesrepublik Deutschland - unter besonderer Berücksichtigung des Zivilprozeßrechts" (türkische Übersetzung : Hayrettin Ökcesiz), in : Hukuk Arastirmalari, Zeitschrift für Rechtsforschung (Türkei), Band 3, 1986, S. 39-51.
"Schuldrechtsreform in der Bundesrepublik Deutschland - Verbraucherschutz als Reformimpuls, Reformbeiträge der Zivilrechtswissenschaft und kritische Analyse der Gesamtkonzeption", Nationale Taiwan Universität, Taipeh, v. M., Taiwan 1986.
"Zur aktuellen rechtspolitischen Diskussion einer Reform der zivilprozessualen Rechtsmittel in der Bundesrepublik Deutschland unter besonderer Berücksichtigung von Verfassungsaspekten (japanische Übersetzung : Akira Ishikawa und Masahisa Deguchi), Keio-Universität Tokyo, v. M., Japan 1986, nachträglich publiziert in : Gilles, Aufgaben von Prozeßeinrichtungen in der Bundesrepublik Deutschland, herausgegeben und mitübersetzt von Takeshi Kojima, Chuo-University Press (Japan), 1988, S.232-276.
"Vertragsanbahnung und Zivilrecht - Tendenzen zivilistischer Verrechtlichung vorvertraglichen Verhaltens" (koreanische Übersetzung : Chong-Bock Lee, S. 110-124), in : Kangweon Law Review (Süd-Korea), Band 2 (1986), S. 85-109.
"Civil jurisdiction and civil procedure in Western Germany", Japanese Institute of International Business Law (IBL), Tokyo, v. M., Japan 1986.
"Schuldrechtsreform in der Bundesrepublik Deutschland - Verbraucherschutz als Reformimpuls, Reformbeiträge der Zivilrechtswissenschaft und kritische Analyse der Gesamtkonzeption" (koreanische Übersetzung : Jong-Hyu Jeong), in : Chonnam Law Review (Süd-Korea), Band 14 (1986), S. 7-26.
"Sogenannte Gewerkschaftsrichter als Justizproblem" (japanische Übersetzung : Masahiro

Suzuki und Shoichi Tagashira), Kobe Universität, v. M., Japan 1986, nachträglich publiziert in: Gilles, Aufgaben von Prozeßeinrichtungen in der Bundesrepublik Deutschland, herausgegeben und mitübersetzt von Takeshi Kojima, Chuo-University Press (Japan), 1988, S. 279-303.

"Reformed civil procedure in the Federal Republik of Germany. Outline of newer technical, theoretical and political innovations" (japanische Übersetzung von Takeshi Kojima und Takashi Inomata), Chuo-Universität, Hachioji, v. M., Japan, 1986, nachträglich publiziert in: Gilles, Aufgaben von Prozeßeinrichtungen in der Bundesrepublik Deutschland, herausgegeben und mitübersetzt von Takeshi Kojima, Chuo-University Press (Japan), 1988, S. 174-193).

"Vertragsanbahnung und Zivilrecht - Tendenzen zivilistischer Verrechtlichung vorvertraglichen Verhaltens" (japanische Übersetzung: Ryuji Yamamoto), Ritsumeikan Universität Kyoto, v. M., Japan 1986.

"Rechtspflege in der Bundesrepublik Deutschland", Comparative Study of Judicial Administration, International Project, directed by Takeshi Kojima, in: Hikakuho Zasshi, Comparative Law Review (Japan), Band 20, Heft 3 (1986), S. 37-105 (zus. mit Corinna Goldmann).

"Vertragsanbahnung und Vertragsabschluß außerhalb von Geschäftsräumen - Zum neuen Gesetz über den Widerruf von Haustürgeschäften und ähnlichen Geschäften in der Bundesrepublik Deutschland und zur neuen Richtlinie des Rates der Europäischen Gemeinschaften betreffend den Verbraucherschutz im Falle von außerhalb von Geschäftsräumen geschlossenen Verträgen" (japanische Übersetzung: Kazutoshi Kobayashi), in: Hanrei Taimusu (Japan), Band 3 (1987), Nr. 624, S. 36-47.

"The judge in his own case - Contempt in the face of the court" (koreanische Übersetzung: Moon-Hyuck Ho), in: Seoul Law Review (Süd-Korea), Band 28, Nr. 2 (1987), S. 132-146.

Kurzkommentar zu OLG Stuttgart, Beschl. v. 24. 6. 1986-6 W 13/86-, in: Entscheidungen zum Wirtschaftsrecht, § 256 ZPO 1/87, S. 407 f.

Kurzkommentar zu OLG Hamburg, Urt. v. 3. 7. 1986-3 U 55/86-, in: Entscheidungen zum Wirtschaftsrecht, § 1 UWG 1/87, S. 289 f.

Kurzkommentar zu OLG Stuttgart, Urt. v. 6. 2. 1987-2 U 67/86-, in: Entscheidungen zum Wirtschaftsrecht, § 1 UWG 8/87, S. 817 f.

☐ Effiziente Rechtsverfolgung. Deutsche Landesberichte zur VIII. Weltkonferenz für Prozeßrecht in Utrecht 1987/Efficiency in the Pursuit of Justice. German National Reports for the VIIIth World Conference on Procedural Law in Utrecht 1987, C. F. Müller Verlag, Heidelberg, 1987 (Herausgeber und Mitautor).

"Vorwort" und "Zur Einführung", in: Gilles (Hrsg.) Effiziente Rechtsverfolgung, 1987, S. V - VII.

"Ungebühr vor Gericht - Richter in eigener Sache" (japanische Übersetzung: Shozo

Inoue), in : Jurist (Japan), Nr. 893 (1987), S. 94-103.
Kurzkommentar zu OLG Stuttgart, Urt. v. 15. 5. 1987-2 U 170/86-in : Entscheidungen zum Wirtschaftsrecht, § 1 UWG 12/87, S. 1019 f.
Kurzkommentar zu LG Frankenthal, Urt.v. 15. 5. 1987-7 O 512/86-, in : Entscheidungen zum Wirtschaftsrecht, § 1 HWiG 1/87, S. 1119 f.
☐ Handbuch des Unterrichtsrechts. Schulung, Bildung und Freizeitgestaltung durch kommerziellen Direktunterricht und Fernunterricht privater Dienstleistungsunternehmen in Recht und Praxis, C. H. Beck Verlag, München 1988 (zus. mit Holger Heinbuch und Georgios Gounalakis).
Kurzkommentar zu OLG Stuttgart, Urt. v. 8. 1. 1988-2 U 116/87-, in : Entscheidungen zum Wirtschaftsrecht, § 1 UWG 6/88, S. 507 f.
Kurzkommentar zu OLG Stuttgart, Urt. v. 4. 3. 1988-2 U 304/87-, in : Entscheidungen zum Wirtschaftsrecht, § 1 UWG 9/88, S. 717 f.
Kurzkommentar zu OLG Stuttgart, Beschl. v. 11. 3. 1988-5 W 13/88-, in : Entscheidungen zum Wirtschaftsrecht, § 823 BGB, 5/88, S. 579 f.
"Schuldrechtsreform und Verbraucherschutz in der Bundesrepublik Deutschland - Verbraucherschutz als Reformimpuls und kritische Analyse eines gesetzgeberischen Großprojekts", Asociacion Juridica Argentino-Germana, Buenos Aires, v. M., Argentinien 1988.
"Contempt in the Face of Court by Parties, Lawyers and other Participants of the Law Suit. An European View", Instituto dos Advogados Brasileiros, Rio de Janeiro, v. M., Brasilien, 1988.
"Aktuelle Rechtsfragen des Telemarketing. Werbung und Vertrieb unter Einsatz teletechnischer Kommunikationsmittel und ihre Beschränkungen durch das Wettbewerbsrecht mit einigen rechtsvergleichenden Anmerkungen", in : Institute of Comparative Law, Waseda University (ed.), Law in East and West. On the occasion of the 30th anniversary of the Institute of Comparative Law, Waseda University, Waseda University Press, Tokyo (Japan), 1988, S. 983-1007.
"Briefkastenwerbung. Eine aktuelle Rechtsproblematik von wachsender Bedeutung", in : Institute of Comparative Law in Japan, Chuo-University (ed.), Conflict and Integration : Comparative Law in the World Today, The 40th anniversary of the Institute of Comparative Law in Japan, Chuo-University, Tokyo (Japan), 1988, S. 645-672.
"The protection of privacy and personality in judicial proceedings - An outline of problems from an European point of view", Report for the congress of the International Bar Association, XXIInd Biennial Conference, Buenos Aires, Argentinien, September 25.-30., 1988, v. M., Argentinien 1988.
Kurzkommentar zu OLG Frankfurt, Urt. v. 18. 5. 1988-21 U 61/87- in : Entscheidungen zum Wirtschaftsrecht, § 1004 BGB 1/88 S. 893 f.
Kurzkommentar zu OVG Lüneburg, Urt. v. 15. 3. 1988-10 A 12/86-, in : Entscheidungen

zum Wirtschaftsrecht, Art. 2 GG 1/88, S. 997 f.

☐ Aufgaben von Prozeßeinrichtungen in der Bundesrepublik Deutschland, herausgegeben und mitübersetzt von Takeshi Kojima, Chuo-University Press, Tokyo/Hachioji (Japan), 1988.

"Recht und Praxis des Telemarketing. Werbung und Vertrieb unter Einsatz teletechnischer Kommuniationsmittel und ihre Schranken im Privat- und insbesondere Wettbewerbsrecht", in : Neue Juristische Wochenschrift, 1988, S. 2424-2432.

"Das Mahnverfahren", in : Neue Wirtschafts-Briefe, Zeitschrift für Steuer- und Wirtschaftsrecht, 1989, Nr. 7, S. 499-514 (Fach 26, S. 1535-1544) (zus. mit Hahn).

Kurzkommentar zu BGH, Urt. v. 20. 12. 1988-VI ZR 182/88-in : Entscheidungen zum Wirtschaftsrecht, § 1004 BGB 1/89, 253 f.

Kurzkommentar zu BVerwG, Urt. v. 21. 4. 1989-7 C 48/88-in : Entscheidungen zum Wirtschaftsrecht, Art. 2 GG 1/89, 685 f.

Kurzkommentar zu OLG Hamburg, Urt. v. 20. 4. 1989-3 U 152/88-in : Entscheidungen zum Wirtschaftsrecht, § 1 UWG 8/89, 923 f.

☐ Verbraucherrechtsentwicklung in der Bundesrepublik Deutschland, herausgegeben von Toshio Takeuchi und übersetzt von Matsuo Kurita, Kazutoshi Kobayashi, Mikio Adachi, Takeshi Kojima und Satoshi Aoyama, Hogaku Shoin Verlag, Tokyo (Japan), 1989.

"Auf dem Weg zu einem neuen Verbraucherkreditgesetz", in : Zeitschrift für Rechtspolitik, 1989, S. 299-307.

"Juristenausbildung in Korea und in der Bundesrepublik Deutschland im Vergleich", Chonnam National University, Kwangju, v. M., Süd-Korea 1989.

"Juristenausbildung in Japan und in der Bundesrepublik Deutschland im Vergleich", Tokai Universität, Kanagawa-Ken, und Keio Universität, Tokyo, v. M., Japan 1989.

☐ Miseren der Juristenausbildung in Ost und West. Zu den Juristenausbildungssystemen und den jüngsten Reformdiskussionen um alte und neue Probleme der Juristenausbildung in Japan und in der Bundesrepublik Deutschland. Zugleich ein Beitrag zur Situation und Zukunft juristischer Berufe (japanische Übersetzung : Shozaburo Yoshino), Buchmanuskript, Japan 1989 (85 Seiten).

"Europäische Gemeinschaft (EC) und Verbraucherkreditgesetz in der Bundesrepublik Deutschland aufgrund der Richtlinie der Europäischen Gemeinschaft über Verbraucherkredit vom 22. 12. 1986 mit Kommentar des Gesetzentwurfs der Bundesregierung über Verbraucherkredite, zur Änderung der Zivilprozeßordnung und anderer Gesetze vom 25. 10. 1989" (japanische Übersetzung : Ryuji Yamamoto), in : Ritsumeikan Law Review (Japan), Heft 6 Nr. 208 (1989), S. 750-786.

"Gefährdung und Schutz der Persönlichkeitsrechte und Privatsphären innerhalb der staatlichen Justiz und in gerichtlichen Verfahren - eine rechtsvergleichende Problemübersicht von einem europäischen Standpunkt", Kyushu-Universität, Fukuoka, v. M., Japan 1989.

"Gefährdung und Schutz der Persönlichkeitsrechte und Privatsphären innerhalb der staatlichen Justiz und in gerichtlichen Verfahren - eine rechtsvergleichende Problemübersicht von einem europäischen Standpunkt", Korea Universität, Seoul, v. M. Süd-Korea 1989.

"Gerhard Schiedermair (1906-1986)", in : Diestelkamp/Stolleis (Hrsg.), Juristen an der Frankfurter Universität, Nomos Verlagsgesellschaft, Baden-Baden, 1989, S. 292-305.

"Ergebnisbericht über das Projekt Materialien zum Direktmarketing", in : Bulletin des Direktvertrieb Heft 4, 1990, S. 11 f.

Kurzkommentar zu BGH, Urt. v. 11. 7. 1990 - IV ZR 160/89-, in : Entscheidungen zum Wirtschaftsrecht, § 656 BGB 1/90, S. 879 f.

Kurzkommentar zu LG Berlin, Urt. v. 20. 5. 1990 - 16 O 294/89-in : Entscheidungen zum Wirtschaftsrecht, § 1 UWG 19/90, S. 1123 f.

Telefonkommentar zu BGH, Urt. v. 11. 7. 1990-IV ZR 160/89-NJW-Cassette Rechtsprechung September 1990.

"Endagering and protection of privacy and personality in state judiciary and judicial proceedings. An overview of problems from an European point of view. Contribution on the occasion of 100th anniversary of the Law Department of Keio University, Tokyo", in : Keio Law Review (Japan), No. 6, 1990, S. 139-156.

☐ Juristenausbildung und Zivilverfahrensrecht (japanische Übersetzung : Kaoru Matsuura und Yasuo Ueno), japanische Übersetzung des gleichnamigen Buches von 1983 mit einem Nachtrag von 1987 zum Thema "Neue alte Juristenausbildung - Ende der Reform?", Verlag Kobundo, Tokyo (Japan), 1991.

Kurzkommentar zu BGH, Urt. v. 24. 1. 1991-IX ZR 174/90-, in : Entscheidungen zum Wirtschaftsrecht § 1 HWiG 1/91, S. 483 f.

Kurzkommentar zu OLG Koblenz, Urt. v. 20. 12. 1990-6 U 1859/88-, in : Entscheidungen zum Wirtschaftsrecht § 1 UWG 14/91, S. 621 f.

"Verfahrensrecht ZPO", Reader, Hessische Verwaltungs- und Wirtschafts-Akademie Frankfurt VWA (Hrsg.), semesterweise kontinuierlich überarbeiteter Reader Wintersemester 1990/91 bis Wintersemester 1998/99.

☐ "Der Prozeß als Mittel zur rechtlichen Konfliktslösung. Staatliche Justiz - gerichtliches Verfahren - richterliche Entscheidung", in : Grimm (Hrsg.), Einführung in das Recht, UTB-Band 1362, C. F. Müller Verlag, Heidelberg, 2. Aufl. 1991, S. 244-302.

☐ Anwaltsberuf und Richterberuf in der heutigen Gesellschaft. Deutsche Landesberichte zur IX. Weltkonferenz für Prozeßrecht in Coimbra und Lissabon 1991/Role and Organisation of Judges and Lawyers in Contemporary Societies. German National Reports for the IXth World Conference on Procedural in Coimbra and Lisbon 1991, Nomos Verlagsgesellschaft Baden-Baden, 1991 (Herausgeber). "Vorwort" in : Gilles (Hrsg.), Anwaltsberuf und Richterberuf in der heutigen Gesellschaft, 1991, S. 7-10.

"Einführung und Überblick : Aktualität und Internationalität juristenberuflicher Fragestellungen in Deutschland/Introduction and Overview : Actuality and Internationality of Problems Concerning Legal Professions in Germany", in : Gilles (Hrsg.), Anwaltsberuf und Richterberuf in der heutigen Gesellschaft, 1991, S. 11-17.

"Reforma del derecho de obligaciones y protección del consumidor en la República Federal Alemana" (spanische Übersetzung : Juan Marcos Rivero Sánchez), in : Revista Judicial, Corte Suprema de Justicia (Costa Rica), Jahrgang XVI, Nr. 54 (1991), S. 11-21.

"Ziviljustiz in der Bundesrepublik Deutschland. Realitäten, Probleme, Kritik und Reform unter Mitberücksichtigung der deutsch-deutschen Wiedervereinigung der Rechtspflege" (griechische Übersetzung : (Athanassios Kaissis), Thessaloniki, v. M. Griechenland 1991.

"Gefährdung und Schutz von Persönlichkeitsrechten und Privatsphäre innerhalb der staatlichen Justiz und in gerichtlichen Verfahren - eine rechtsvergleichende Darstellung aus europäischer Sicht" (griechische Übersetzung : Forschungsinstitut für prozeßrechtliche Studien), Athen, v. M., Griechenland, 1991.

"Rechtsmittelreform in der Zivilgerichtsbarkeit. Zugleich zu Fragen einer Großen Justizreform", in : Zeitschrift für Rechtssoziologie, 1991, S. 278-286.

"HtürGeschWidG oder HausTGuäGWiG oder wie?", in : Zeitschrift für Wirtschaftsrecht (ZIP), 1992, S. 1679.

☐ Zeitschrift für die Anwaltspraxis (ZAP), 1992 bis 1997 (Mitherausgeber).

"Prozessuale Weiterungen des Verbraucherschutzes bei Kreditgeschäften. Zugleich zu allgemeinen Entwicklungen des Verbraucherrechts im Bereich der Haustürgeschäfte und Verbraucherkreditgeschäfte", in : Festschrift für Zentaro Kitagawa, 1992, S. 347-366.

"Der Schutz der Privatsphäre im Räderwerk der Justiz" (ungarische Übersetzung : Burián László), in : Magyar Jog (Ungarn), Heft 3, 1992, S. 177-188.

☐ Ziviljustiz und Rechtsmittelproblematik. Vorstudie zur Analyse und Reform der Rechtsmittel in der Zivilgerichtsbarkeit. Beiträge zur Strukturanalyse der Rechtspflege. Rechtstatsachenforschung. Herausgegeben vom Bundesministerium der Justiz, Bundesanzeiger Verlag Köln, 1992.

"Streiterledigungssysteme und Rechtskultur - Konfliktsbeilegung innerhalb der staatlichen Ziviljustiz durch Zivilgerichtsverfahren und sog. Alternativen hierzu in der Bundesrepublik Deutschland", in : Waseda Conference Center (ed.), International Symposium on Civil Justice in the Era of Globalization, Session IV, Dispute Resolution Systems and Legal Culture, National Report on German Law, Tokyo (Japan), 1992.

"Deutsche Ziviljustiz als Beispiel für die Überlastung staatlicher Gerichte und Strategien zu ihrer Entlastung" (türkische Übersetzung : Ejder Yilmaz), in : Ankara Barosu Dergisi (Anwaltskammer-Zeitschrift Ankara), Türkei, Heft 5, 1992, S. 749-770.

"From technical procedure to procedural justice. Material versus formal view of procedure and legitimation of judicial decion making through procedural norms", Workshop on

Procedural Justice, The Oñati International Institute for the Sociology of Law, Oñati vom 8.-11. 6. 1992, v. M. Spanien, 1992.

"Das Mahnverfahren", in : Neue Wirtschafts-Briefe, Zeitschrift für Steuer- und Wirtschaftsrecht, 1993, Nr. 4, S. 289-298 (Fach 19 S. 1855-1864), (zus. mit Annette Ruth).

"Contempt of Court - Ungebühr vor Gericht - Richter in eigener Sache. Rechtsvergleichende Überlegungen aus deutscher Sicht", in : Gedächtnisschrift für Peter Arens, 1993, S. 143-167.

"ADR - from a German point of view", in : Japanese Association of the Law of Civil Procedure (ed.), The International Symposium on Civil Justice in the Era of Globalisation, Tokyo, August 1993, Japan 1993, S. 491-495.

"National report on German law. Streiterledigungssysteme und Rechtskultur. Konfliktsbeilegung innerhalb der staatlichen Ziviljustiz durch Zivilgerichtsverfahren und sog. Alternativen hierzu in der Bundesrepublik Deutschland", in : Japanese Association of the Law of Civil Procedure (ed.), The International Symposium on Civil Justice in the Era of Globalisation, Tokyo, August 1993, Japan 1993, S. 552-595.

"Alternative conflict resolution", Universitá di Pavia, v. M. Italien 1993.

"Persönlichkeitsschutz in der Justiz", Universitá di Pavia, v. M. Italien 1993.

"Zur gegenwärtigen Lage der deutschen Justiz. Ein Überblick über Probleme und Kritiken, Analysen und Reformanliegen am Beispiel der Ziviljustiz in der Bundesrepublik Deutschland" (koreanische Übersetzung Bup-Young Ahn), in : Hallym Law Forum (Korea), Vol. 3 (1993), S. 139-170.

"Das gegenwärtige Justizsystem in der Bundesrepublik Deutschland. Ein Überblick über Probleme, Analysen und Reformen" (türkische Übersetzung : Füsun Uyanis), in : Marmara Üniversitesi Yayin, No. 543, Hukuk Fakültesi Yayin, No. 6, Fakultatis Decima Anniversaria, Nr. 10, Yil Armaani, Istanbul (Türkei), 1993, S. 383-401.

"Ziviljustiz in der Bundesrepublik Deutschland" (ungarische Übersetzung : Ujlaki László), in : Magyar Jog (Ungarn), Heft 8, 1994, S. 501 - 505.

"Alternativen zur staatlichen Ziviljustiz in der Bundesrepublik Deutschland" (ungarische Übersetzung : Ujlaki László), in : Magyar Jog (Ungarn), Heft 9, 1994, S. 556-572.

Kurzkommentar zu OLG Düsseldorf, Urt. v. 12. 7. 1994-20 U 126/93-, in : Entscheidungen zum Wirtschaftsrecht § 1 UWG 29/94, S. 1137 f.

"Teleshopping. Rechtliche Aspekte zum Thema DRTV und Infomercials (Teil I)", in : Direkt Marketing, Zeitschrift des Marketing-Forum für Dialogmarketing und integrierte Kommunikation, Oktober 1994, S. 56 (zus. mit Andrea Ruppert).

"Teleshopping. Rechtliche Aspekte zum Thema DRTV und Infomercials (Teil II)", in : Direkt Marketing, Zeitschrift des Marketing-Forum für Dialogmarketing und integrierte Kommunikation, November 1994, S. 53 (zus. mit Andrea Ruppert).

Kurzkommentar zu KG Berlin, Urt.v. 13. 10. 1994-25 U 5530/93-, in : Entscheidungen zum Wirtschaftsrecht § 1 UWG 5/95, S. 197 f.

Kurzkommentar zu BGH, Urt. v. 8. 12. 1994-I ZR 189/92-, in : Entscheidungen zum Wirtschaftsrecht § 1 UWG 9/95, S. 503 f.

☐ Transnationales Prozeßrecht/Transnational Aspects of Procedural Law. Deutsche Landesberichte zur Weltkonferenz für Prozeßrecht in Taormina, Sizilien, 1995/German Reports for the World Conference on Procedural Law in Taormina, Sicily, 1995, Nomos Verlagsgesellschaft, Baden-Baden, 1995 (Herausgeber).

"Vorwort", in : Gilles (Hrsg.), Transnationales Prozeßrecht, 1995, S. 7-10.

"Special features of comparative procedural law/Spécificités du droit judiciaire comparé/ Eigenheiten der Prozeßrechtsvergleichung". Generalbericht zum Weltkongreß für Prozeßrecht mit dem Leitthema "Transnationale Aspekte des Prozeßrechts", Taormina/ Sizilien, vom 17.-23. September 1995, v. M., Italien 1995.

"Privaios sferos gynyba ir valstybiné justicija - bendroji Europos problematika/ Privatsphäreschutz und Staatsjustiz - Eine Problemskizze aus europäischer Sicht", in : Teisé, Leidiama nuo 1957 mety 1994/82, Teisinés sistemos reformos Lietuvoje problemos, Mokslo darbai, Vilniaus universiteto leidykla (Litauen), 1995, S. 12-42.

☐ Prozeßrechtsvergleichung/Comparative Procedural Law. Zustand, Bedeutung und Eigenheiten einer Rechtsdisziplin im Aufschwung, Heymanns Verlag, Köln, 1996.

"Zur gegenwärtigen Lage der deutschen Justiz. Ein Überblick über Probleme und Kritiken, Analysen und Reformanliegen am Beispiel der Ziviljustiz in der Bundesrepublik Deutschland", in : Comparative Law Review, Vol. 7 (ed. Nicolaus Copernicus University), Torun (Polen), 1996, S. 25-44.

☐ Zeitschrift für Zivilprozeß-International (ZZP-Int) seit 1996 (Betreuer der Ressorts Ostenropäische Staaten und Ostasien).

Kurzkommentar zu OLG Dresden, Urt. v. 8. 11. 1995-8 U 833/95-, in : Entscheidungen zum Wirtschaftsrecht § 1 HWiG 3/96, S. 465 f.

Kurzkommentar zu BGH, Urt. v. 25. 10. 1995-I ZR 255/93-, in : Entscheidungen zum Wirtschaftsrecht § 1 UWG 6/96, S. 379 f.

"Rechtstatsachenforschung pro Rechtsstaat - Rechtsstaat contra Rechtstatsachenforschung. Anmerkungen zum Generalthema des Symposiums aus deutscher Sicht" mit "Abstract" (S. 240-259) (türkische Übersetzung S. 260-276 : Altan Heper) sowie mit Beiträgen zur allgemeinen Diskussion (türkische Übersetzung : Genel Tartima), S. 277-294, sowie zum Abschlußforum mit dem Thema "Hukuk Devleti Evrensel midir?/Ist der Rechtsstaat universell?" (türk. Übersetzung : Hayrettin Ökçesiz), S. 295-310, sämtlich in : Hayrettin Ökçesiz (Hrsg.), Hukuk Felsefesi ve Sosyolojisi Arkivi (Archiv für Rechtsphilosophie und -soziologie (Türkei), Sonderheft : Hukuksal Olgular Aratirmasi ve Hukuk Devleti - Hukuk Devleti Uygulamasi ve Görgül Aratirilm sinin Bilimsel Temelleri/Die Rechtstatsachenforschung und der Rechtsstaat - Die Praxis des Rechtsstaats und die wissenschaftlichen Grundlagen ihrer empirischen Untersuchung (Alman Kültür Merkezi Istanbul ve Hukuk Felsefesi ve Sosyolojisi Arkivi (HFSA) ibirliiyle 17.-19. 11. 1994 tarihinde Istanbul'da gerçekletirilen Sempozyumun bildirileri ve tartimalari/Beiträge zum Symposium vom 17.-19. 11. 1994 in Istanbul. Veranstaltet von dem Archiv für Rechtsphilosophie und -soziologie (HFSA) und dem Deutschen Kulturinstitut Istanbul, 3. Kitap/3. Heft, Istanbul (Türkei), 1996, S. 240-259, 260-276, 295-310.

"Persönlichkeits- und Privatsphäreschutz im Justizbetrieb" (türkische Übersetzung: Hakan Pekcanitez), in: Izmir Barosu Dergisi (Anwaltskammer-Zeitschrift Izmir), Türkei, Heft 1, 1996, S. 9-28.

Kurzkommentar zu OLG Dresden, Urt. v. 8. 11. 1995-8 U 833/95, in : Entscheidungen zum Wirtschaftsrecht § 1 HWiG 3/96, S. 465 f.

Kurzkommentar zum BGH, Vorlagebeschl. v. 11. 1. 1996-IX ZR 56/95-, in : Entscheidungen zum Wirtschaftsrecht § 1 HWiG 5/96, S. 749 f. (zus. mit Jonas Ewert)

Kurzkommentar zu BGH, Urt. v. 25. 10. 1995-I ZR 255/93, in : Entscheidungen zum Wirtschaftsrecht § 1 UWG 6/96, S. 379 f.

"Thesen zu einigen der rechts- und verfassungs-, verfahrens- und justizpolitischen Aspekte des Themas : Grundrechtsverletzungen bei der Zwangsvollstreckung", in : Kostas E. Beys, Studienzentrum zur Justizgewährung, Athen (Hrsg.), Grundrechtsverletzungen bei der Zwangsvollstreckung. Wissenschaftliches Symposion, Syros, 1995, Dike International, Jahressonderausgabe der Hellenischen Monatsschrift des Prozessualen Rechts, Band 3, Athen (Griechenland), 1996, S. 111-154.

"German consumer protection law", Thammasat University, v. M. Bangkok (Thailand), 1996.

"Philosophy of procedural law : For justice or conflict resolution?", Legal Philosophy Graduate Class, Thammasat University, v. M., Bangkok (Thailand), 1996.

"Alternative conflict resolution : ADR and Thammasat Law Center activities", Thammasat University, v. M., Bangkok (Thailand), 1996.

"Initiation of contracts and civil law", Thammasat University, v. M., Bangkok (Thailand), 1996.

"Theory and practice of civil procedure in the scope of Thai German comparison" Ministry of Justice, Judicial Training Center, v. M., Bangkok (Thailand), 1996.

"Law inforcement and consumer protection", Thammasat University, v. M., Bangkok (Thailand), 1996.

"The ADR-movement from a comparative prospective", General Attorny's Office, Public seminar, v. M., Bangkok (Thailand), 1996.

"Basic principles of civil procedure", Thammasat University, v. M., Bangkok (Thailand), 1996.

Kurzkommentar zu LG Frankfurt/O., Urt. v. 5. 12. 1996-15 S 286/96, in : Entscheidungen zum Wirtschaftsrecht § 138 BGB 4/97, S. 207 f. (zus. mit Andrea Ruppert).

"Rechtstatsachenforschung und Rechtsstaat. Ein Beitrag zur gegenwärtigen 'Krise des Rechtsstaats' und zum 'gegenwärtigen Dilemma der Rechtstatsachenforschung' im

Anschluß an ein türkisch-deutsches Symposium in Istanbul 1994, in : Verfahrensrecht am Ausgang des 20. Jahrhunderts, Festschrift für Gerhard Lüke zum 70. Geburtstag, 1997, S. 139-165.

"Transnational Report : Administaring justice and procedural handling of civil conflicts. Recent trends in East and West", in : Tiruna Tingsabadh (ed.), Law, justice and open society in ASEAN Thammasat-University Press, Bangkok (Thailand), 1997, S. 381-413.

"Constitucionalizção do processo civil comum e da execução forçada", Seminário de Estudos Pós-Graduados, Tribunal de Justicia do Ceara, v. M., Fortaleza, (Brasilien), 1997.

"Parteiautonomie - Richtermacht - Anwaltsherrschaft", v. M., Fortaleza (Brasilien), 1997.

"Geschäftsbelastung der Gerichte und Entlastungsstrategien", v. M., Fortaleza (Brasilien), 1997.

"Persönlichkeitsschutz in der Justiz", Escola Superior do Ministerio Publico, v. M., Fortaleza (Brasilien), ... 1997.

"Grundprinzipien des Zivilprozeßrechts", v. M., San José (Costa Rica), 1997.

"Privatrechtstheorie", v. M., San José (Costa Rica), 1997.

"Vortrag Geschäftsbelastung staatlicher Justiz und Entlastungsstrategien", v. M., San José (Costa Rica), 1997.

"Verbraucherrecht", v. M., San José (Costa Rica), 1997.

"Gerichtsverfassung und Justizreform", v. M., San José (Costa Rica), 1997.

"ADR", v. M., San José (Costa Rica), 1997.

"Verbraucherschutz bei der Vertragsanbahnung", v. M., San José (Costa Rica), 1997.

"Verfahrensprinzipien des Zivilprozesses", Ministry of Justice, v. M., Vilnius (Litauen), 1997.

"Thesen zu einigen rechts- und verfassungs-, verfahrens- und justizpoliitischen Aspekten der sog. Konstitutionalisierung einfachen Zivilprozeß- und Zwangsvollstreckungsrechts", brasilianische Übersetzung : Willis Santiago Guerra Filho, Beitrag zum Seminar : Neue Perspektiven der Forschungen im Verhältnis zwischen Prozeß und Verfassung, Fortaleza, v. M., Brasilien 1997.

"Alternativen zur Ziviljustiz in der Bundesrepublik Deutschland", in : Teisé, Leidiama nuo 1957 mety 1997 31, Lietuvos Istatymu Kurimo ir Igyvendinimo Teorines ir Praktines Problemos, Mokslo darbai, Vilniaus universiteto leidykla (Litauen), 1997, S. 22-38.

"Recent trends of administering justice in civil cases", v. M., Fortaleza (Brasilien), 1998.

Kurzkommentar zu OLG Stuttgart, Urt. v. 22. 8. 1997-2 U 121/97, in : Entscheidungen zum Wirtschaftsrecht § 1 HWiG 1/98, S. 45 f. (zus. mit Jonas Ewert)

"Projektdesign". Planungspapier für ein Modellgesetz als Arbeitsgrundlage für die Schaffung einer neuen costaricanischen Zivilprozeßordnung, v. M., San Jose (Costa Rica), 1997 (zus. mit Juan Marcos Rivero Sanchez).

"Rechtsstaat und Justizstaat in der Krise", in : Neue Justiz, 1998, S. 225-229.

"Eigenheiten der Prozeßrechtsvergleichung", in : Italo Andolina (ed.), International

Association of Procedural Law, X. World Congress on Procedural Law. Trans-National Aspects of Procedural Law, Taormina 17-23 Settembre 1995, Università di Catania, Pubblicazioni della Facoltä di Giurisprudenza, Nuova Serie 157/3, Vol. III, 1998 (Italien), S. 969-1091.

"Anmerkungen zum Thema Justizbelastung und zur Notwendigkeit eines Entlastungsstrategiekonzepts", in : Jürgen Brand/Dieter Strempel (Hrsg.), Soziologie des Rechts. Festschrift für Erhard Blankenburg zum 60. Geburtstag. Schriften der Vereinigung für Rechtssoziologie, Band 24, Nomos Verlagsgesellschaft, Baden-Baden, 1998, S. 531-537.

"Rechtstatsachenforschung pro Rechtsstaat - Rechtsstaat contra Rechtstatsachenforschung. Anmerkungen zum Generalthema des Symposiums aus deutscher Sicht" (türkische Übersetzung : Altan Heper), in : Hayrettin Ökçesiz (Hrsg.), Hukuk Devleti, HFSA - Hukuk Felsefesi ve Sosyolojisi Arkivi Yayinlari : 4, 1998 (Türkei) S. 117-141.

"Richter in eigener Sache : Ungebühr vor Gericht" (koreanische Übersetzung : Moon-Huyck Ho), in : Moon-Hyuck Ho, Beiträge zum Zivilprozeßrecht, Band 1, Seoul (Korea), 1998, S. 344-362.

"Rechtsstaat und Justizstaat in der Krise. Zur gegenwärtigen Misere hochentwickelter Rechts- und Justizsysteme - am Beispiel Deutschland", in : The Institute of Comparative Law in Japan, Chuo University (ed.), Toward Comparative Law in the 21st Century. The 50th Anniversary of The Institute of Comparative Law in Japan, Chuo University Press, 1998 (Japan), S. 439-457.

"Zwangsvollstreckung und Verfassung", v. M. Izmir (Türkei), 1998.

"Kritisches zum deutschen Rechts- und Justizsystem", v. M. Izmir (Türkei), 1998.

"Recent Movements towards Reforms of Civil Justice Systems in Eastern and Western Countries", v. M. Catania (Italien), 1998.

ARD in Continental Europe - Illusions and Realities, v. M. ,Catania (Italien), 1998.

☐ Teisé, Mokslo darbai (Rechtszeitschrift der Universität Vilniaus (Litauen), seit 1999 (Redaktion mitglied).

"Recent movements towards justice reforms", v. M. Seoul (Korea), 1999.

"Neuere Entwicklungen im Bereich der Ziviljustiz und der Zivilgerichtsverfahren", v. M., Seoul (Korea), 1999.

"Reforms of the Thai Justice System - From a German Perspective", in : Zeitschrift für Zivilprozeß International, Jahrbuch des Internationalen Prozeßrechts, 4. Band, 1999, S. 409-428.

"Rechtsstaat und Justizstaat in der Krise", v. M., Kwangyu (Korea), 1999.

"Justizsysteme in der Kritik. Vergleichende Betrachtungen aus deutscher Sicht", v. M., Kwangju (Korea), 1999.

"Vergleichende Analyse von Ziviljustiz- und Zivilprozeßreformen in Ost und West", v. M., Seoul (Korea), 1999.

"Grundlagen und Grundfragen der Justiz- und Prozeßrechtsvergleichung", v. M., Seoul

(Korea), 1999.
"Konfrontation oder Kommunikation? Neue Modelle inner- und außergerichtlicher Konfliktlösungen in Zivilsachen", v. M., Seoul (Korea), 1999.
"Rechtsstaat und Justizstaat in der Krise", v. M., Seoul (Korea), 1999.
"Rechtsstaat und Justizstaat in der Kritik", v. M., Izmir (Türkei), 1999.
☐ Prozeßrecht an der Jahrtausendwende/Procedural Law on the Threshold of a New Millennium. Deutsche Landesberichte zur Weltkonferenz für Prozeßrecht in Wien, Österreich, 1999/German National Reports for the World Conference on Procedural Law in Vienna Austria, Nomos Verlagsgesellschaft, Baden-Baden, 1999 (Herausgeber).
"Vorwort", in : Gilles (Hrsg.), Prozeßrecht an der Jahrtausendwende, 1999, S. 7 f.
☐ "Reform developments in the Thai justice system", Centre for European Studies/ European Studies Program/Chulalongkorn University, Bangkok (Thailand) (ed.), Research Monographs Nr. 19, February 1999 : Competitive Law (Thai-German resp. Asian-European Problem), Bangkok (Thailand), 1999.
"ADR From a German point of view", in : Folsom/Gordon/Spanogle jr. (ed.), International Business Transactions. A Problem-orientated coursebook, 4. edition (USA), 1999, p. 1152-1154.
"Justizkritik und Justizreform aus rechtstatsächlicher Sicht", v. M., Brasilia (Brasilien), 1999.
"Die Justiz der Zukunft", v. M., Brasilia (Brasilien), 1999.
"Procedural law for the Third Millennium, Introductionary Note", v. M. Gent (Belgien) 2000.
"Procedural law for the Third Millennium. Final Remarks", v. M., Gent (Belgien) 2000.
"Reform of legal education in Thailand, Part I : Role of legal education in the legal systems", v. M., Bangkok (Thailand), 2000.
"Reform of legal education in Thailand, Part II : Fundamental considerations on curricula of legal studies", v. M., Bangkok (Thailand), 2000.
"Reform of legal education in Thailand, Part III : Combination of theoretical studies and legal practices", v. M., Bangkok (Thailand), 2000.
"Reform of legal education in Thailand, Part IV : Organisation, facilities and expenses of legal education", v. M., Bangkok (Thailand), 2000.
"Das Rechtsstaatskonzept in der Civil-Law-Tradition - Vergangenheit, Gegenwart, Zukunft", v. M., Bangkok (Thailand), 2000.
"Transnationale Aspekte von Justizproblemen und Justizreformen/Gegenwärtige Probleme der Ziviljustiz und des Zivilprozesses in Litauen und Deutschland", v. M., Vilnius (Litauen), 2000.
"Civil justice systems 2000 plus - Worldwide trends toward fundamental reforms of administration of justice. An intra- as well extra court conflict resolution", v. M., Aomori (Japan), 2000.

"Zivilprozeßrecht und Internet", Korea Legislation Research Institute (KLRI) v. M., Seoul (Südkorea), 2000.

"L'Armonizzazione delle codificationi processual-civilistichi in Ambito Europeo/Harmonization of civil procedural law in Europe", v. M., Catania (Italien), 2001.

"Justizreformen im Ost-West-Vergleich". Bericht anläßlich der Konferenz in Chongking (Volksrepublik China) vom 22.-24. März 2001, in : International Symposium on Civil and Economic Law, Academic Papers, 22. bis 23. 3. 2001 Chongking (China), S. 101-119.

"Deutscher Landesbericht : Prozeßrecht und Internet - Zur Kompatibilität sogenannter virtueller Gerichtsverfahren mit hergebrachten Verfahrensmaximen". Symposium Internationales Internetrecht, v. M., Izmir (Türkei), 2001.

"Deutscher Landesbericht : Prozeßrecht und Internet", in : Dokuz Eylül Üniversitesi Yayini (Hrsg.), Uluslararasi Internet Hukuku Sempozyumu, 21-22 Mayis 2001, Izmir (Türkei), 2002, S. 355-372.

"Deutscher Landesbericht : Prozeßrecht und Internet" (türkische Übersetzung : Mine Erturgut), in : Dokuz Eylül Üniversitesi Yayini (Hrsg.), Uluslararasi Internet Hukuku Sempozyumu, 21-22 Mayis 2001, Izmir (Türkei), 2002, S. 373-388.

"Methods and strategies to harmonize or to approximate national civil procedural laws and the need for transnational - revisited - fundamental principles of civil procedure", Bericht für das Colloquium "The Coming Together of Procedural Laws in Europe", Brüssel, 26.-27. Oktober 2001, v. M., Brüssel (Belgien), 2001.

"10 Thesen zur Europäisierung des Prozeßrechts", Report für das Colloquium "The Coming Together of Procedural Laws in Europe", Brüssel, 26.-27. Oktober 2001, v. M., Brüssel (Belgien), 2001, nachträglich publiziert in : Marcel Storme (ed.), Procedural Laws in Europe. Towards Harmonisation, Antwerpen/Apeldoorn (Belgien), 2003, S. 409-427.

"Europeanization of procedural law", 13 Diagrams for the Colloquium "The Coming Together of Procedural Laws in Europe", v. M., Brüssel, 26.-27. Oktober 2001, Brüssel (Belgien), 2001.

"Aktuelle Justizprobleme und Justizreformen in Deutschland - im transnationalen Kontext" (ungarische Übersetzung : Ujlaki László), in : Magyar Jog (Ungarn), Heft 10, 2001, S. 609-617.

Kurzkommentar zu OLG Dresden, Urt. v. 23. 8. 2001-8 U 1535/01 ; in : Entscheidungen zum Wirtschaftsrecht § 3 FernAbsG 1/01, S. 1145 f. (zusammen mit Nikolaj Fischer)

"Geleitwort : Zum Thema Zivilverfahrens- und Verfassungsrecht", in : Nikolaj Fischer, Zivilverfahrens- und Verfassungsrecht. Dargestellt am Beispiel von ausgewählten Verfassungsrechtsaspekten der reformierten Zivilprozeßordnung und Zivilgerichtsbarkeit, Verlag für Wissenschaft und Forschung, Berlin 2002, S. IX.

"Deutsche Schuldrechtsmodernisierung und Verbraucherzivilrecht 2002" (japanische Übersetzung : Mihoko Sumida), v. M., Asia Universität Tokyo (Japan), 2002.

"The Thai Justice System", Nagoya University, v. M., Graduate School of Law, Center for Asian legal Exchange, Nagoya (Japan), 2002.

"Juristenausbildung 2003-Zur neuesten Ausbildungsreformdebatte in Deutschland" (japanische Übersetzung : Masahisa Deguchi und Manabu Homa), v. M., Ritsumeikan Universität, Kyoto (Japan), 2002.

"Worldwide Reform Movements in the Area of Judicial Administration and Court Procedures - Civil Justice Systems 2002 plus", v. M., Kyushu University, Asian Science Seminar, Fukuoka (Japan), 2002.

"Internationalization and Electronification in Justice Systems" (japanische Übersetzung : Shiro Kawashima), v. M., Kyushu University, Asian Science Seminar, Fukuoka (Japan), 2002.

"Vereinheitlichung und Angleichung unterschiedlicher nationaler Rechte - Die Europäisierung des Zivilprozeßrechts als Beispiel" (japanische Übersetzung : Hiroyuki Sano und S. Aiura), v. M. Kagoshima Universität, Kagoshima (Japan), 2002.

"Gerichtsverfahren, Teletechnik und E-Prozeßrecht" (japanische Übersetzung : Masanori Fujiwara), v. M., Asahikawa Universität, Asahikawa (Japan), 2002.

"Worldwide Reform Movements" (japanische Übersetzung : Tatsuyuki Yamaguchi), v. M., Okinawa University, Okinawa (Japan), 2002.

"Worldwide Reform Movements of Justice Systems and Court Procedures", (japanische Übersetzung : Tatsuyuki Yamaguchi), Public Conference, Okinawa University, Naha, Okinawa, v. M. Naha (Japan), 2002.

"Court Procedure, Teletechnics and E-Procedural Law" (japanische Übersetzung : Tatsuyuki Yamaguchi), Okinawa Jurists Organization, v. M., Naha, Okinawa (Japan), 2002.

"Unification and Harmonization of Different National Laws" (japanische Übersetzung : Tatsuyuki Yamaguchi), Okinawa University, Naha, Okinawa, v. M. Naha (Japan), 2002.

"Reforms of the German Civil Justice System and Civil Court Proceedings" (japanische Übersetzung : Tatsuyuki Yamaguchi), Okinawa University, Naha, Okinawa, v. M. Naha (Japan), 2002.

"The New German Reform of Legal Education" (japanische Übersetzung : Tatsuyuki Yamaguchi), Okinawa University, Naha, Okinawa, v. M. Naha (Japan), 2002.

"Justizsysteme im Wandel" (japanische Übersetzung : Isamu Mori), Dokkyo Universität, Soka Saitama, v. M. Soka (Japan), 2002.

"The Future of Civil Justice" - Vortragsreihe "Civil Justice Systems and State Policies", "Civil Justice Systems and Economies", "Civil Justice Systems and Teletechnics", "Civil Justice Systems and International Relations", -"Civil Justice Systems and Legal Professions", Chuo University, The Institute of Comparative Law in Japan, Hachioji/ Tokyo, v. M. Hachioji/Tokyo (Japan), 2002.

"Some remarks on the German system of justice - a personal view, International Seminar on the civil process of the XXI. Century, Barcelona 2002", in: Generalitat de Catalunya, Centre d'Estudis Juridics i Formació Especialitzada Barcelona (Spanien) (ed.), Formació Externa, Documents de Treball, Seminari Internacional, El procés civil del segle XXI, Com coordinar eficacment les competències d'un tribunal superior de justicia, d'un constitucional i dels tribunals supranacionals? Existeixen massa instàncies en els judicis civils? 27 de septiembre de 2002, Barcelona (Spanien), 2002, p. 1-4.

"Statistical, factual and legal information about the justice-system in Germany, in: Generalitat de Catalunya, Centre d'Estudis Juridics i Formació Especialitzada Barcelona (Spanien) (ed.), Formació Externa, Documents de Treball, Seminari Internacional, El procés civil del segle XXI, Com coordinar eficacment les competències d'un tribunal superior de justicia, d'un constitucional i dels tribunals supranacionals? Existeixen massa instàncies en els judicis civils? 27 de septiembre de 2002, Barcelona (Spanien), 2002, p. 1-12.

□ Zivilprozeßrecht und Internet, Band I, Schriftenreihe Expertenforum, Korea Legislation Research Institute (KLRI), Seoul (Südkorea), 2002, S. 3-37, koreanische Übersetzung: Abteilung für Planung, S. 41-62.

"Vereinheitlichung und Angleichung unterschiedlicher nationaler Rechte. Die Europäisierung des Zivilprozeßrechts als ein Beispiel - Unification and harmonization of different national laws - The Europeanization of Civil Procedural Law as an Example -", in: Zeitschrift für Zivilprozess-International, Band 7, 2002, S. 3-37.

"Juristenausbildung 2003-Anmerkungen zur neuesten Ausbildungsreform", in: Neue Juristische Wochenschrift, 2003, S. 707 ff. (zusammen mit Nikolaj Fischer).

"Rechtsangleichung in Europa - Geschäftigkeit ohne Theorie?", in: Festschrift Kostas E. Beys. Dem Rechtsdenker in attischer Dialektik, Band 1, Athen (Griechenland), 2003, S. 431-446.

"Zur beginnenden Elektronifizierung von Zivilgerichtsverfahren und ihrer Verrechtlichung in der deutschen Zivilprozeßordnung durch Sondernormen eines neuen 'E-Prozeßrechts'", in: Magister Artis Boni et Äqui. Studia in honorem Nemeth Janos (Festschrift für Janos Nemeth), Budapest (Ungarn), 2003, S. 273-275.

"Juristenausbildung 2003. Zur neuesten Ausbildungsreformdebatte in Deutschland", in: Ritsumeikan Law Review, Kyoto (Japan), Nr. 20, 2003, S. 181-218 (zusammen mit Nikolaj Fischer).

"Justizsysteme im Wandel" (japanische Übersetzung: Isamu Mori), in: Dokkyo Law Review, Japan, 2003 Nr. 61, S. 277-301.

"Rechtsvergleichung - Rechtsangleichung. Methodologische Grundfragen am Beispiel des Prozeßrechts" (brasilianische Übersetzung: Willis Santiago Guerra Filho), Candido Mendes Universität, v. M., Rio de Janeiro (Brasilien), 2003.

"Technologische Neuerungen im deutschen Gerichtsprozeß/Inovações Tecnológicas no Processo Judicial Alemão" (brasilianische Übersetzung: Peter Naumann), Procuradoria

Geral do Municipio, v. M., Rio de Janeiro (Brasilien), 2003.

"Technologische Neuerungen im deutschen Gerichtsprozeß/Inovações Tecnológicas no Processo Judicial Alemão" (brasilianische Übersetzung : Peter Naumann), Universidade do Estado do Rio de Janeiro (UERJ), v. M. Rio de Janeiro (Brasilien), 2003.

"Harmonisierung unterschiedlicher nationaler Justiz- und Verfahrensrechte in Zeiten der Globalisierung - Zu theoretisch-methodologischen Problemen der europäischen Rechtsangleichung am Beispiel des Justiz- und Verfahrensrechts/Harmonização diferentes sistemas nacionais de organização judiciária e de direito processual nos tempos da globalização - sobre os problemas teórico-metodológicos da harmonização do direite europeu, exemplificados no direito regulamentador do Judiciário e no direito processual" (brasilianische Übersetzung : Peter Naumann)/Deutscher Akademischer Austauschdienst (DAAD) : Die Rolle von Staat und Zivilgesellschaft bei den sozialen und politischen Reformbemühungen in Brasilien und Deutschland, Alumni-Seminar Rio de Janeiro, 21.-24.8.2003, v. M. Rio de Janeiro (Brasilien), 2003.

"Fundamental Reform Movements in Administration of Justice and Court Procedures in the Contemporary World/Movimentos de Reformas Fundamentais em Administração de Justiça e Processos Judiciais no Mundo Contemporâneo" (brasilianische Übersetzung : Marcelo Lima Guerra), Curso de Mestrado da Universidade Federal do Ceará (UFC), v. M., Fortaleza (Brasilien), 2003.

"Court Procedures, Teletechnics and the Beginning of an Electronic Procedural Law/ Processos Judiciais, Teletéchnica e o Advento do Direito Processual Eletrônico (brasilianische Übersetzung : Marcelo Lima Guerra), Faculdade Farias Brito, Organização Educacional, v. M., Fortaleza (Brasilien), 2003.

"Principle Reform Tendencies Concerning the Process of Orality and its Law/Principales Tendencias de Reforma del Proceso de Oralidad en el Derecho" (spanische Übersetzung : Juan Marcos Rivero Sánchez), Seminar : La Oralidad en la Gran Reforma Procesal, Universidad de Costa Rica (UCR), v. M., San José (Costa Rica), 2003.

"Hybris of Justice Systems/Sistemas de Justicia Hibridos" (spanische Übersetzung : Juan Marcos Rivero Sánchez), Seminar : La Oralidad en la Gran Reforma Procesal, Universidad de Costa Rica (UCR), v. M., San José (Costa Rica), 2003.

"Elektronischer Zivilprozeß/El Proceso Civil Electrónico" (spanische Übersetzung : Juan Marcos Rivero Sánchez), Seminar : La Oralidad en la Gran Reforma Procesal, Universidad de Costa Rica (UCR), v. M., San José (Costa Rica), 2003.

"Verbraucherrechtsentwicklung und Schuldrechtsreform in Deutschland (spanische Übersetzung : Juan Marcos Rivero Sánchez), Zivilrechtsseminar, Universidad de Costa Rica (UCR), v. M., San José (Costa Rica), 2003.

"Zu Krisen und Reformen des Rechts, der Justiz und der Juristenausbildung in Deutschland" (spanische Übersetzung : Juan Marcos Rivero Sánchez), Diskussionsleitung : Victor Pérez Vargas, Universidad de Costa Rica (UCR), v. M., San José (Costa

Rica), 2003.
"Große Ziviljustizreform in Costa Rica und ihre Konsequenzen für die Juristenausbildung" (spanische Übersetzung : Mateo Ivankovich Fonseca), Escuela Judicial, Bild- und Tonaufzeichnung (Videokonferenz), San José (Costa Rica), 2003.
"The Relationship between Parties, Judges and Lawyers. German Intervention, Abstracts/Theses", XII. World Congress on Procedural Law Mexico-City (Mexiko), September 19-26, 2003, v. M., Mexico-City (Mexiko), 2003.
"Unterricht des Zivilverfahrensrechts am Anfang des XXI. Jahrhunderts" (ungarische Übersetzung : Helga Hilbert), Internationale Konferenz "Recht und Juristen an der Schwelle des 21. Jahrhunderts" der Staats- und Rechtswissenschaftlichen Fakultät der Universität Pécs, Ungarn, Oktober 2003, Sektion 5 : Zivilprozeßecht, v. M. Pécs (Ungarn), 2003.
"Unterricht des Zivilverfahrensrechts am Anfang des XXI. Jahrhunderts. Zusammenfassung. Bemerkungen zur Juristenausbildungsreform 2003 in Deutschland", in : Polgári Eljárásjogi Szekció. Civil Procedural Law Section. Sektion Zivilprozeßrecht, "Jog és jogászok a. 21. század küszöbén", Nemzetközi Konferencia, Pécsi Tudományegyetem Allam- és Jogtudományi Kar, 80 éve Pécsett, Pécs (Ungarn), 2003, S. 4-6.
"Die Berufung in Zivilsachen und zivilgerichtliche Instanzenordnung. Rechtspolitische, - theoretische und -soziologische Aspekte des Rechtsmittelrechts in der Bundesrepublik Deutschland" (chinesische Übersetzung : Zhang Chenguo), in : Zhang, Weiping (Hrsg.), Zivilprozessrechtsforschung, 1. Auflage, Bejing (V. R. China), 2004, S. 1-28.
"Justizreformen in Ost und West und Digitalisierung des Gerichts" (japanische Übersetzung : Tatsuyuki Yamaguchi), in : Okinawa Hoseigakkai-hou (Archive of Annual Convention of Okinawan Jurists and Political Scientists), Okinawa (Japan), 2003, No. 15, S. 31-43.
"Procedural Law for the Third Millennium", in : Marcel Storme/Burkhard Hess (ed.), Discretionary Power of the Judge : Limits and Control, Kluwer Uitgevers, Mechelen (Belgien), 2003, S. 631-641.
"Harmonização de Sistemas Jurídicos Nacionais", in : Stephan Hollensteiner (organizador), Estado e Sociedade Civil no Processo de Reformas no Brasil e na Alemanha. Contribuições do Seminário para Ex-Bolsistas de Direito, Rio de Janeiro, 21.-24. 8. 2003 (DAAD), Rio de Janeiro (Brasilien), 2003, S. 143-168.
"Vereinheitlichung und Angleichung unterschiedlicher nationaler Rechte. Die Europäisierung des Zivilprozeßrechts als ein Beispiel", in : Annali del Seminario Giurigicu, Universita di Catania (Sicilia), Volume III (2001-2002), Mailand (Italien), 2003, S. 745-791.
"Justizsysteme in der Kritik : Vergleichende Betrachtungen aus deutscher Sicht", in : Teisé-Mokslo darbei/Law-Research Papers, Vilnius University Publishing House, Volume 49, Vilnius (Litauen), 2003, S. 149-163.

☐ "Prozeßrecht und Rechtskulturen/Procedural Law and Legal Cultures" Eröffnungsvortrag und deutsche Landesberichte zur Weltkonferenz für Prozeßrecht in Mexico City, Mexiko, 2003/Inaugural Speech and German National Reports for the World Conference on Procedural Law in Mexico City, Mexico, 2003, Nomos Verlagsgesellschaft Baden-Baden, 2004, (Herausgeber, zusammen mit Thomas Pfeiffer).

"Teaching of Civil Procedure at the Beginning of 21th Century" (ungarische Übersetzung : Judit Zeller), in : Jura. A Péczi Tudományegyetem Àllam-és Jagtudományi Karának tudományos Lapia, Bd. 1, Universität Pecz (Ungarn), 2004, S. 164-168.

"Zur neuesten deutschen Juristenausbildungsreform und ihren Bezügen zum Universitätsunterricht im Zivilverfahrensrecht" mit koreanischer Zusammenfassung, in : Seoul Law Journal, Volume XLV, No. 2, Seoul (Korea) 2004, S. 207-222.

☐ Harmonisierung unterschiedlicher nationaler Rechte - zu theoretisch-methodischen Problemen der europäischen Rechtsangleichung am Beispiel des Justiz- und Verfahrensrechts , Schriftenreihe Expertenforum, Korea Legislation Research Institute, Seoul (Korea), 2004, S. 3-25 (koreanische Übersetzung : Seoung-Jae Yu), S. 28-51.

☐ "Juristenausbildung in Deutschland nach der Reform 2003/Beibehaltung der Staatsexamen in Deutschland/Anmerkungen zur geplanten Einführung des Law School-Systems in Korea" in : Law School Foundation Commission, Yeungnam University (ed.), International Seminar on the Establishment and the Managemenat of Law School, College of Law, Yeungnam University, Taegu (Korea), December 3nd 2004, S. 9-15 (koreanische Zusammenfassung : Kim, Hye-Jeong, S. 17-21).

"Vorwort", in : Gilles/Pfeiffer (Hrsg.), Prozeßrecht und Rechtskulturen, 2004, S. 7 f. (zusammen mit Thomas Pfeiffer).

"Introduction as Chairman of Session No. 5 : Abstracts/Theses Concerning the Subject - The Relationship of Parties, Judges and Lawyers", in : Gilles/Pfeiffer (Hrsg.), Prozeßrecht und Rechtskulturen, 2004, S. 147-150.

☐ Moon-Hyuck Ho/Peter Gilles (ed.), Studies in Internationl Civil Procedure/Comparative Study of Civil Procedure, Seoul National University, College of Law, Seoul (Korea), 2004.

☐ Moon-Hyuck Ho/Peter Gilles (ed.) Studies in Civil Procedure, Seoul National University, Seoul (Korea), 2004

"Justizsysteme im Wandel. Vergleichende Betrachtungen von einem deutschen Standpunkaus", in : Seoul Law Journal, Vol. XLV, No. 4, Seoul (Korea), 2004, S. 466-490.

"Derzeitige Entwicklung der Juristenausbildung in Korea und neue Herausforderungen für die deutsch-koreanische Zusammenarbeit", in : Alexander von Humboldt Stiftung (ed.), Korea-wissenschaftlicher Aufbruch und soziale Umbruche. Arbeits- und Diskussionspapier 1/2005, Bonn, 2005, S. 41-45.

"Zivilprozess und Verfassung. Betrachtungen zum Thema aus deutscher Sicht", in : Tagung der koreanischen Vereinigung für Zivilprozessrechit am 19. 2. 2005, Hanyang University, College of Law, Seoul (Korea), 2005, S. 1-23.

"Prozessrechtsvergleichung/Comparative Procedural Law", in : Center for Comparative Studies and Legal System (ed.) BK 21, Rechtsvergleichende Forschrung (III), Tagung am 24. 2. 2005, Seoul National University, Seoul (Korea), 2005, S. 40-59.

著者紹介

ペーター・ギレス（Peter GILLES）
　フランクフルト大学名誉教授　法学博士
　2002年　中央大学客員教授
　民法・民事訴訟法および比較法専攻

編・訳者紹介

小島　武司　中央大学法科大学院教授・法学部教授
川嶋　四郎　九州大学大学院法学研究院教授
森　　勇　　中央大学法科大学院教授
金井　幸子　名古屋大学大学院法学研究科後期博士課程
佐野　裕志　鹿児島大学法科大学院教授
石垣　茂光　東北学院大学教授
藤原　正則　北海道大学法学研究科・法学部教授

ペーター・ギレス教授講演集
民事司法システムの将来　日本比較法研究所翻訳叢書（53）

2005年10月15日　初版第1刷発行

　　　　　編　者　小　島　武　司
　　　　　発行者　辰　川　弘　敬
　　　　　発行所　中央大学出版部
　　　　　〒192-0393
　　　　　東京都八王子市東中野742-1
　　　　　電話 0426(74)2351・FAX 0426(74)2354

© 2005　　　ISBN4-8057-0354-7　　　大森印刷

日本比較法研究所翻訳叢書

0	杉山直治郎訳	仏蘭西法諺	B6判（品切）
1	F・H・ローソン 小堀憲助他訳	イギリス法の合理性	A5判 1260円
2	B・N・カドーゾ 守屋善輝訳	法の成長	B6判（品切）
3	B・N・カドーゾ 守屋善輝訳	司法過程の性質	B6判（品切）
4	B・N・カドーゾ 守屋善輝訳	法律学上の矛盾対立	B6判 735円
5	ヴィノグラドフ 矢田一男他訳	中世ヨーロッパにおけるローマ法	A5判 1155円
6	R・E・メガリ 金子文六他訳	イギリスの弁護士・裁判官	A5判 1260円
7	K・ラーレンツ 神田博司他訳	行為基礎と契約の履行	A5判（品切）
8	F・H・ローソン 小堀憲助他訳	英米法とヨーロッパ大陸法	A5判（品切）
9	I・ジュニングス 柳沢義男他訳	イギリス地方行政法原理	A5判（品切）
10	守屋善輝編	英米法諺	B6判 3150円
11	G・ボーリー他 新井正男他訳	〔新版〕消費者保護	A5判 2940円
12	A・Z・ヤマニー 真田芳憲訳	イスラーム法と現代の諸問題	B6判 945円
13	ワインスタイン 小島武司編訳	裁判所規則制定過程の改革	A5判 1575円
14	カペレッティ編 小島武司編訳	裁判・紛争処理の比較研究(上)	A5判 2310円
15	カペレッティ 小島武司他訳	手続保障の比較法的研究	A5判 1680円
16	J・M・ホールデン 高窪利一監訳	英国流通証券法史論	A5判 4725円
17	ゴールドシュテイン 渥美東洋監訳	控えめな裁判所	A5判 1260円
18	カペレッティ編 小島武司編訳	裁判・紛争処理の比較研究(下)	A5判 2730円
19	ドゥロープニク他編 真田芳憲他訳	法社会学と比較法	A5判 3150円

日本比較法研究所翻訳叢書

20	カペレッティ編 小島・谷口編訳	正義へのアクセスと福祉国家	Ａ５判 4725円
21	P・アーレンス編 小島　武司編訳	西独民事訴訟法の現在	Ａ５判 3045円
22	D・ヘーンリッヒ編 桑田　三郎編訳	西ドイツ比較法学の諸問題	Ａ５判 5040円
23	P・ギレス編 小島　武司編訳	西独訴訟制度の課題	Ａ５判 4410円
24	M・アサド 真田　芳憲訳	イスラームの国家と統治の原則	Ａ５判 2040円
25	A・Mプラット 藤本・河合訳	児童救済運動	Ａ５判 2549円
26	M・ローゼンバーグ 小島・大村編訳	民事司法の展望	Ａ５判 2345円
27	B・グロスフェルト 山内惟介訳	国際企業法の諸相	Ａ５判 4200円
28	H・U・エーリヒゼン 中西又三訳	西ドイツにおける自治団体	Ａ５判 1680円
29	P・シュロッサー 小島武司編訳	国際民事訴訟の法理	Ａ５判 1155円
30	P・シュロッサー他 小島武司編訳	各国仲裁の法とプラクティス	Ａ５判 1575円
31	P・シュロッサー 小島武司編訳	国際仲裁の法理	Ａ５判 1470円
32	張　　晋　藩 真田芳憲監修	中国法制史（上）	Ａ５判 (品切)
33	W・M・フライエンフェルス 田村五郎編訳	ドイツ現代家族法	Ａ５判 3360円
34	K・F・クロイツァー 山内惟介監修	国際私法・比較法論集	Ａ５判 3675円
35	張　　晋　藩 真田芳憲監修	中国法制史（下）	Ａ５判 4095円
36	J・レジエ他 山野目章夫他訳	フランス私法講演集	Ａ５判 1575円
37	G・C・ハザード他 小島武司編訳	民事司法の国際動向	Ａ５判 1890円
38	オトー・ザンドロック 丸山秀平編訳	国際契約法の諸問題	Ａ５判 1470円
39	E・シャーマン 大村雅彦訳	ＡＤＲと民事訴訟	Ａ５判 1365円

日本比較法研究所翻訳叢書

40	ルイ・ファボルー他 植野妙実子編訳	フランス公法講演集	A5判 3150円
41	S・ウォーカー 藤本哲也監訳	民衆司法——アメリカ刑事司法の歴史	A5判 4200円
42	ウルリッヒ・フーバー他 吉田豊・勢子訳	ドイツ不法行為法論文集	A5判 7665円
43	スティーヴン・L・ペパー 住吉博編訳	道徳を超えたところにある法律家の役割	A5判 4200円
44	W.マイケル・リースマン他 宮野洋一他訳	国家の非公然活動と国際法	A5判 3780円
45	ハインツ・D.アスマン 丸山秀平編訳	ドイツ資本市場法の諸問題	A5判 1995円
46	デイヴィド・ルーバン 住吉博編訳	法律家倫理と良き判断力	A5判 6300円
47	D・H・ショイイング 石川敏行監訳	ヨーロッパ法への道	A5判 3150円
48	ヴェルナー・F.エブケ 山内惟介訳	経済統合・国際企業法・法の調整	A5判 2835円
49	トビアス・ヘルムス 野沢・遠藤訳	生物学的出自と親子法	A5判 3885円
50	ハインリッヒ・デルナー 野沢・山内編訳	ドイツ民法・国際私法論集	A5判 2415円
51	フリッツ・シュルツ 眞田芳憲・森光訳	ローマ法の原理	A5判 4305円
52	シュテファン・カーデルバッハ 山内惟介編訳	国際法・ヨーロッパ公法の現状と課題	A5判 1995円

＊価格は消費税5％を含みます。